全国交通运输职业教育教学指导委员会规划教材

教育部中等职业教育汽车专业技能课教材

Qiche Dianzi Shangwu

汽车电子商务

全国交通运输职业教育教学指导委员会
中国汽车维修行业协会 组织编写

李晶 主编

人民交通出版社股份有限公司
China Communications Press Co.,Ltd.

内 容 提 要

　　本书为全国交通运输职业教育教学指导委员会规划教材,全书共五个单元,内容包括:汽车电子商务概述、汽车电子商务系统、电商环境下的汽车贸易、电商环境下的客户服务和管理、汽车电子商务运行环境。

　　本书可作为中等职业学校汽车整车与配件营销等专业的教材,也可供汽车销售相关人员参考阅读。

图书在版编目(CIP)数据

　　汽车电子商务 / 李晶主编. —北京:人民交通出版社股份有限公司,2017.3
　　全国交通运输职业教育教学指导委员会规划教材. 教育部中等职业教育汽车专业技能课教材
　　ISBN 978-7-114-12446-4

　　Ⅰ.①汽… Ⅱ.①李… Ⅲ.①汽车—电子商务—中等专业学校—教材 Ⅳ.①F766-39

　　中国版本图书馆 CIP 数据核字(2015)第 192374 号

书　　名:	汽车电子商务
著 作 者:	李　晶
责任编辑:	刘　洋　李　良
出版发行:	人民交通出版社股份有限公司
地　　址:	(100011)北京市朝阳区安定门外外馆斜街 3 号
网　　址:	http://www.ccpcl.com.cn
销售电话:	(010)59757973
总 经 销:	人民交通出版社股份有限公司发行部
经　　销:	各地新华书店
印　　刷:	北京虎彩文化传播有限公司
开　　本:	787×1092　1/16
印　　张:	13
字　　数:	273 千
版　　次:	2017 年 3 月　第 1 版
印　　次:	2023 年 8 月　第 3 次印刷
书　　号:	ISBN 978-7-114-12446-4
定　　价:	30.00 元

(有印刷、装订质量问题的图书由本公司负责调换)

编审委员会

为深入贯彻落实全国职业教育工作会议精神和《国务院关于加快发展现代职业教育的决定》，促进职业教育专业教学科学化、标准化、规范化，教育部组织制定了《中等职业学校专业教学标准（试行）》。全国交通运输职业教育教学指导委员会具体承担了汽车运用与维修（专业代码082500）、汽车车身修复（专业代码082600）、汽车美容与装潢（专业代码082700）、汽车整车与配件营销（专业代码082800）4个汽车类专业教学标准的制定工作。

根据教育部《关于中等职业教育专业技能课教材选题立项的函》（教职成司函[2012]95号）文件精神，人民交通出版社申报的上述4个汽车类专业技能课教材选题成功立项。

2014年10月，人民交通出版社联合全国交通运输职业教育教学指导委员会、中国汽车维修行业协会在北京召开了"教育部中等职业教育汽车专业技能课教材编写会"，并成立了由全国交通运输职业教育教学指导委员会领导、中国汽车维修行业协会领导、知名汽车维修专家及院校教师组成的教材编审委员会。会上，确定了4个汽车类专业34本教材的编写团队及编写大纲，正式启动了教材编写。

教材的组织编写，是以教育部组织制定的4个汽车类专业教学标准为基本依据进行的。教材从编写到成稿形成以下特色：

1. "五位一体"的编审团队。从组织编写之初，就本着"高起点、高标准、高要求"的原则，成立了由国内一流的院校、一流的教师、一流的专家、一流的企业、一流的出版社组成的五位一体的编审团队。

2. 精品化的内容。编审团队认真总结了中职院校的优秀教学成果，结合了企业的职业岗位需求，吸收了发达国家的先进职教理念。教材文字精练、插图丰富，尤其是实操性的内容，配了大量实景照片。

3. 理实一体的编写模式。教材理论内容浅显易懂，实操内容贴合生产一线，将知识传授、技能训练融为一体，体现"做中学、学中做"的职教思想。

4. 覆盖全国的广泛适用性。本套教材充分考虑了全国各地院校的分布和实际情况，教材中涉及的车型和设备具有代表性和普适性，能满足全国绝大多数中职院校的实际需求。

5. 完善的配套。本套教材包含"思考与练习"、"技能考核标准"，并配有电子课件和微视频，以达到巩固知识、强化技能、易教易学的目的。

《汽车电子商务》是本套教材中的一本。与传统同类教材相比，本书更加注重汽车电子商务中汽车这个角色，大量引入汽车电商平台的典型案例，全面介绍了汽车行业电子商务的应用情况，让学生能够了解汽车企业电商环境下的组织架构、客户管理、人才需求等，并在了解的基础上加以拓展，让学生掌握汽车电子商务的基本技能，帮助学生找准职业定位和发展方向。

武汉市东西湖职业技术学校的明凤琴参与编写了单元一，武汉市第三职业教育中心的叶婷婷参与编写了单元二，武汉市东西湖职业技术学校的李晶参与编写了单元三与单元四，叶梅、代磊参与编写了单元五。全书由李晶担任主编。

限于编者水平，又是完全按照新的教学标准编写，书中难免有不当之处，敬请广大院校师生提出意见和建议，以便再版时完善。

编审委员会
2016 年 3 月

目录
Contents

单元一　汽车电子商务概述

学习目标

完成本单元学习后,你应能:

1. 叙述电子商务的基本定义和内涵;
2. 知道电子商务的分类和基本流程;
3. 知道电子商务的功能优势和存在的问题;
4. 分析电子商务的应用现状和未来发展前景;
5. 了解电子商务相关企业的组织架构和人才需求。

建议课时

10 课时。

课题 1　电子商务概述

一　电子商务的定义

电子商务由于其自身的种种特点已广泛地引起了人们注意,但是人们对电子商务却没有统一、规范的认识。电子商务的主要推动者——IT 厂商也出于各自的商业目的,对电子商务各执一词。这些使得本已对电子商务知之甚少的人们,对电子商务的概念上的理解更加模糊不清。于是人们按照各自的理解为电子商务加上了定义。具体如下所述:

(1)加拿大电子商务协会给电子商务的定义是:电子商务是通过数字通令进行商品和服务的买卖以及资金的转账,它还包括公司间和公司内利用电子邮件(E-mail)、电子数据交换(EDI)、文件传输、传真、电视会议、远程计算机联网所能实现的全部功能(如:市场营销、金融结算、销售及商务谈判)。

（2）美国政府在其《全球电子商务纲要》中,比较笼统地指出电子商务是指通过因特网(Internet)进行的各项商务活动,包括:广告、交易、支付、服务等活动,全球电子商务将会涉及全球各国。

（3）IBM 公司的企业电子商务(E-Business)概念包括三个部分:企业内部网(Internet)、企业外部网(Extranet)、电子商务(E-Commerce)。它所强调的是在网络计算机环境下的商业化应用,不仅仅是硬件和软件的结合,也不仅仅是我们通常意义下的强调交易意识狭义的电子商务,而是把买方、卖方、厂商及其合作伙伴在因特网、企业内部网和企业外部网结合起来的应用。其同时强调这三部分是有层次的:只有先建立良好 Intranet,建立好比较完善的标准和各种信息基础设施才能顺利扩展到 Extranet,最后扩展到 E-Commerce。

（4）有的专家从过程角度定义电子商务为"在计算机与通信网络基础上,利用电子工具实现商业交换和行政作业的全过程"。

（5）有的专家从应用角度认为电子商务从本质上讲是一组电子工具在商务过程中的应用,这些工具包括:电子数据交换、电子邮件、电子公告系统(BBS)、条码(Barcode)、图像处理、智能卡等。而应用的前提和基础是完善的现代通信网络和人们的思想意识的提高以及管理体制的转变。

综合上述定义,电子商务即使在各国或不同的领域有不同的定义,但其关键依然是依靠着电子设备和网络技术进行的商业模式,随着电子商务的高速发展,它已不仅仅包括其购物的主要内涵,还应包括物流配送等附带服务。

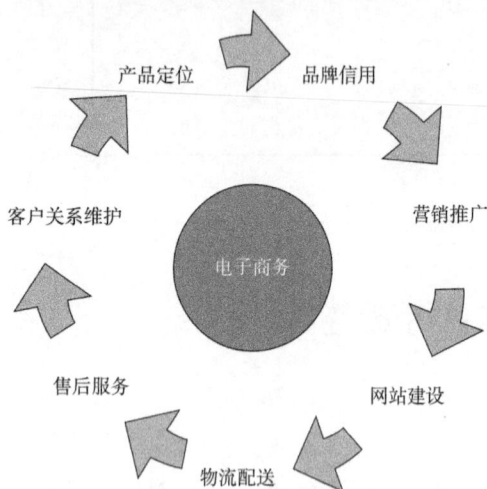

图 1-1 电子商务全过程

其实,早在 1997 年布鲁塞尔全球信息社会标准大会上已提出了一个关于电子商务的较严密完整的定义:"电子商务是各参与方之间以电子方式而不是通过物理交换或直接物理接触完成业务交易"。这里的电子方式包括电子数据交换、电子支付手段、电子订货系统、电子邮件、传真、网络、电子公告系统、条码、图像处理、智能卡等。一次完整的商业贸易过程是复杂的。包括交易前的了解商情、询价、报价,发送订单,应答订单,应签订单,发送、接收送货通知、取货凭证、支付汇兑过程等(图 1-1)。此外还有涉及行政过程的认证等行为,涉及了资金流、物流、信息流的流动。严格地说来,只有所有这些过程都实现了无纸贸易,即全部是非人工介入,而是使用各种电子工具完成,才能称之为一次完整的电子商务过程。

联合国国际贸易程序简化工作组对电子商务的定义是:采用电子形式开展的商务活动,它包括在供应商、客户、政府及其他参与方之间通过任何电子工具(如 EDI、Web 技术、电子邮件等)共享非结构化商务信息,管理并完成在商务活动、管理活动和消费活动中的各种交易。

电子商务是利用计算机技术、网络技术和远程通信技术,实现电子化、数字化和网络化,商务化的整个商务过程。电子商务是以商务活动为主体,以计算机网络为基础,以电子化方式为手段,在法律许可范围内所进行的商务活动交易过程。电子商务是运用数字信息技术,对企业的各项活动进行持续优化的过程。

二 电子商务的内涵

我们知道,商业行为是整个人类联系行为的最主要内容之一,对于任何一笔商业行为,买方和卖方交换的是他们的需求。而任何贸易活动必然包含物流、资金流和信息流,这是从人类最初的简单的以物易物到今天的纷繁复杂的商业活动所共同遵循的。然而变化了的是什么呢?是这条交易链上出现了新的环节,是商品的物流、资金流、信息流的日益分离。下面我们从商务活动的演变过程来分析电子商务,看看电子商务的服务流程和传统的商务服务流程究竟有什么不同。

人类最早是采取"以物易物"的商品交换方式。由于当时没有资金流,商品所有权的转换是紧紧随着物资流的转换而发生的。随着货币的产生,人类的交易链出现了第一层中介——货币,人们开始用钱来买东西,不过这时是"一手交钱,一手交货"。商品所有权的转换,仍然是紧随物流的,不过是以货币为媒介的。这个阶段由于生产力的发展和社会分工的出现,信息流开始表现出来。再后来随着社会分工的日益细化和商业信用的发展,专门为货币做中介服务的第二层中介商出现了。它们是一些专门的机构,比如银行,它们所从事的是货币中介服务和货币买卖。由于有了它们,物流和资金流开始分离,产生了多种交易款方式,如交易前的预先付款;交易中的托收、支票、汇票;交易后付款,如分期付款、延付款。这就意味着商品所有权的转换和物流的转换脱离开来,这种情况下,信息流的作用就突出来。因为这种分离带来了一个风险问题,要规避这种风险就得依靠获取尽可能多的信息,比如:对方的商品质量信息、价格信息、支付能力、支付信誉等。事实上,仔细分析一下,每一层中介的引入在方便我们更好更多地做更大贸易的同时,还引入了新信用风险,并完成了信用风险的转移和分担。

随着电子技术和网络的发展,电子中介作为一种工具被引入了生产、交换和消费中,但人们进行贸易的顺序并没有变,还是要有交易前、交易中和交易后几个阶段。但在这几个阶段中,人们进行联系和交流的工具变了,比如以前我们用纸面单证,现在改用电子单证,这只是一个最简单的应用。但不要小看这种改变,因为我们知道生产工具的变化必定会改变生产方式,譬如机器的出现使我们从手工业社会进入到工业社会。而这种生产式的变化必将形成新的经济秩序。在这个过程中,有的行业会兴起,有的行业会没落,有的商业形式会产生,有的商业形式会消失,这就是为什么我们称电子商务是一次社会经济革命。仅从交换这个范围来看,电子工具是通过改变中介机构进行货币中介服务的工具而改变其工作方式,从而使它们产生了新的业务,甚至出现了新的中介机构。这个阶段的一个重要特点就是信息流处于一个极为重要的地位,让它在一个更高的位置对商品流通整个过程进行控制。所以,我们认为电子商务同现代社会正逐步兴起的信息经济是密不可分的。

具体地讲,电子商务的内涵可以认为是信息内容、集成信息资源、商务贸易、协作交流。

❶ 信息内容

以前由于需要,为特定的用户构建特定的输入输出方式,那些核心商务系统中的信息很难为更多的人所使用。而现在,通过通用的浏览器界面,解决了输入输出的问题。

❷ 集成信息资源

企业数据包括客户数据库、库存记录、银行账号、安全密码等最有价值的信息,这些宝贵的信息财富支撑着一个企业的运作。将这些信息与自己的网络站点集成起来,就可以把成百上千的雇员和商业伙伴连接起来,并由此引来成千上万的客户。此时,Web 就会使公司雇员工作效率更高、供货渠道更畅通、客户也更满意。如果把企业的事务处理系统与网络集成起来,那么企业就真正步入电子商务的王国,在此,客户不仅可以从企业数据库中浏览当前的商品信息,还可以实时地购买和支付。目前世界上的许多公司正在把他们丰富的后台资源与 Web 进行集成,直接投入商业应用,从而扩大全球的商业合作伙伴和客户。如卡特彼拉(Caterpillar)拖拉机制造公司每天要通过邮件和传真回复二万次的零部件图纸的索询,现在该公司已把零部件数据库与 Web 集成,这样供应商和分销商可直接通过浏览器访问这些图纸数据。由此可知,Internet 标准协议把信息技术转变为具有巨大商业应用潜力的最先进的交互媒体。

❸ 商务贸易

商务贸易并不仅仅是在线购物,还应该为各公司间建立起营销网络服务。电子商务的一个发展方向是网上在线交易,这是一种全新的做生意的方式。1997 年,Web 上出现的网络书店(亚马逊 Amazon),一夜之间,它成为全世界最大的书店,能提供 110 万种英文图书。

现在商业贸易的新模式每天都在不断涌现。美国航空公司对未能售出的空座位进行拍卖,人们在 Web 上投标订座,结果使飞机空座率直线下降。另一个例子是 E-Schwab 公司,该公司提供电子贸易已有 13 年的历史,但他们在 Web 上进行贸易只有 1 年的时间,然而这一年内,他们的新客户比他们以前 13 年来的客户总数还要多。

❹ 协作交流

人人都能参与的新闻组讨论是交流的重要组成部分,但对于商务贸易来说,几个人通过 Internet,以一种非常安全、非常秘密的方式进行交流是更有意义的方式。

现在电子化的商业贸易已经蓬勃发展起来,而电子商务最强有力的方面就是协作交流。IBM 的 Java Beau 正是为通过 Internet 进行全球协作的商品。

Web 首次允许我们走出自己的世界,与世界上任何人进行交流协作,向大家展示我们自己的想法,同时也面对更多的竞争。网络时代的竞争不仅可能来自你从未听说过的地方,还可能来自你从未预料到的行业领域。

这就是说,通信、集成、安全技术是将商业基础环境带入电子商务王国的关键。目前越来越多的公司正在为这种转变而努力。这意味着从市场调研到商品买卖,从电子购物到商品销售,从订单兑现到售后服务的整个过程的变革。这是一个艰巨的任务。任何渴望步入电子商务的公司需要寻找既精通技术又懂商业运作的合作伙伴,帮助开发基于Web 的安全、灵活、可拓展的商业应用方案。较小的公司对这种技术支持服务更有兴趣,因为这种技术支持使它们节省了大量的软硬件投资,直接通过 Web 即可展开他们的业务。同样,对于那些富有创意但缺少资本的新兴技术行业,这种服务是通向电子商务的理想选择。

Internet 这一新的媒体正以极快的速度演进,前进中的障碍终将被克服,计算机网络将给商业机构带来无尽的拓展空间,并带来无穷的选择能力。而电子商务将会是使 Internet 持续演进的驱动力量。

我们要记住,电子商务不仅仅是技术问题,还是如何更好地满足市场需求的问题,这也是商务基础设施自始至终的用途。因此,电子商务惊人之处不是带宽或浏览器,也不是服务器和安全技术,而是其传递商品和服务的能力以及发掘需求,并用现有技术去满足这种需求的能力。

三 电子商务的应用领域

由于商务活动时刻运作在我们每个人的生存空间,因此,电子商务的范围波及人们的生活、工作、学习及消费等领域,其服务和管理也涉及政府、工商、金融及用户等诸多方面。Internet 正逐渐渗透到每个人的生活中,而各种业务在网络上的相继展开也在不断推动电子商务这一新兴领域的昌盛和繁荣。电子商务可应用于小到家庭理财、个人购物,大至企业经营、国际贸易等诸方面。具体地说,其内容大致可以分为三个方面:企业间的商务活动、企业内的业务运作以及个人网上服务。

自 1997 年底,我国第一家专业电子商务网站中国化工网诞生以来,我国至今已有包括百万网、阿里巴巴、网盛生意宝、焦点科技、慧聪网、际通宝等在内的多家 B2B 电子商务上市公司,淘宝网、拍拍网、卓越亚马逊、当当网、新蛋中国、京东商城、VANCL、乐淘网、鹏程万里贸易商城、苏宁易购、走秀网、唯品会、时尚起义、玛萨玛索、麦包包、戴维尼、钻石小鸟、乐友、麦网等 B2C 电商平台,支付宝、财付通、百付宝、快钱、易宝支付等知名第三方支付平台(图 1-2)。

作为电子商务的主要应用领域,电子商务系统为信息流、物流、资金流的实现手段,应用极其广泛,尤其适于以下场合:

(1)国际旅游和各国旅行服务行业,例如旅店、宾馆、饭店、机场、车站的订票、订房间、信息发布等一系列服务;

(2)传统的出版社和电子书刊、音像出版部门;

(3)网上商城:批发、零售商品,汽车、房地产、拍卖等交易活动;

(4)Web 工作站和工作网点;

(5)计算机、网络、数据通信软件和硬件生产商;

(6)无收入的慈善机构;

（7）进行金融服务的银行和金融机构,持有各种电子货币或电子现金者(例如电子信用卡、磁卡、智能卡、电子钱包等持有者);

（8）政府机关部门的电子政务,如:电子税收、电子商检、电子海关、电子政府管理;

（9）信息公司、咨询服务公司、顾问公司;

（10）进行小规模现金交易的金融组织和证券公司;

（11）分布在全世界的各种应用项目和服务项目等。

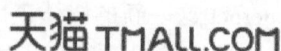

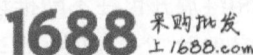

图 1-2　国内部分电子商务平台

案例拓展

Dell 公司的沟通模式

Dell 公司迈克尔·戴尔的经营思想是:"绕过分销商等传统价值链中的中间环节,按单定制并将商品直接销售到客户手中"。

Dell 公司以客户为中心并与之建立直接的联系、与供应商建立合作伙伴关系、大规模按单定制、实时生产和零库存,这些都已是相当熟悉的概念了。Dell 公司的成功更在于将新观念与网络创造性地结合。正是这种结合推动了 Dell 得以与其客户和供应商之间更高效地进行直接的沟通,更紧密地合作与分享信息。

Dell 模式的核心就是与客户进行直接沟通。

传统价值链中生产厂商与供应商以及与最终客户之间的界限正在变得模糊,通过直接沟通,Dell 不仅避免了中间环节的加价和时滞,减少了商品的销售费用和库存的成本与风险,还使公司与客户之间建立了一种直接的联系,这种联系带来了有价值的信息,这些信息又进一步加强和巩固了 Dell 与客户以及与供应商之间的关系。Dell 与客户的沟通方式主要有:

1. 电话沟通

公司向客户提供"800"免费电话服务。直销人员通过电话针对不同技术层次的客户回答各种问题并引导客户选择配置。

2. 网络沟通

客户只要到公司的 Web 站点就可以获取有关 Dell 的信息并可在线订购商品。Dell 同时还提供在线支持工具以帮助客户解决各类常见的技术问题。此外,Dell 还与全球 200 多家最大的客户建有特制的企业内部网站(Premier Pages)。在防火墙的安全保护下,这些大客户可以直接进入网站订购并获取相关技术信息。

Dell 为 5000 多个有 400 名以上员工的美国公司建立了首页,这些首页同客户的 Internet 连接,让获准的雇员在线配置个人计算机和付款,跟踪交付情况,每天约有 500 万美元的 Dell PC 以这种方式订货。

作为使用新观念、新技术的先锋,Dell 将网上销售看作其直接销售模式的一种自然延伸。网上销售意味着客户在不与销售商见面的情况下,在线自主完成购物的全部过程——从收到商品信息、选择、比较乃至付款订购(除了提货)。尽管如此,Dell 仍很重视传统面对面的人员沟通方式。Dell 的逻辑是借助信息技术使技术人员摆脱简单的琐事,以便投入到复杂的咨询工作中。

3. 面对面的人员沟通

(1)销售人员拜访客户,了解和引导需求。

Dell 的销售人员经常拜访客户,这样做可以使 Dell 更好地倾听客户的需求,了解他们的问题与困难,并增进与客户之间的信任和联系。

(2)技术小组驻扎客户内部,面对面解决问题。

对于大客户,Dell 则索性派出技术小组驻扎在客户内部,以便随时协助客户解决复杂的技术问题。例如,Dell 在波音公司(该公司已购买了 10 万台 Dell PC 机)派驻了 30 名技术人员,与波音公司人员一起亲密合作,共同进行 PC 机及网络的规划和配置。

几年来,Dell 的销售额每年都以两位数甚至三位数的速度迅速增长,令业界刮目相看。

那么,Dell 是靠什么达到如此快速发展的呢?从 Dell 公司 CEO 迈克尔·戴尔先生的多次讲话中可以归纳出三条最基本的法宝:

一是靠直销模式。在此模式中有两条基本的实施方法:通过与客户洽谈实施面对面销售,这主要针对大客户,如政府机构、大企业、银行等;通过 800 免费热线电话订销商品。

二是靠按订单加工生产。这种方法是用户订购什么样的商品,我就生产什么样的商品,绝对满足需求。

三是网上销售。近年 Internet 的飞速发展,电子商务、网上商店成为一种时髦的交易方式。Dell 公司在 1996 年便不失时机地设立了网上商店,当时每天的销售额约为 100 万美元。现在每天的网上销售额达 600 万美元,Dell 网址每周约有 200 万人访问。

直销减少了中间环节的开销,节省了成本。目前 Dell 公司收入的 65% 来自 800 免费电话;按订单进行生产,减少了库存,加速了商品的上市时间;网上商店方便了客户浏览厂家的商品和服务,进一步扩展了直销渠道,降低了成本。

互联网时代的高效性和可交互性,彻底改变了传统的经营方式。对用户来讲,通过互联网络可以得到自己想要得到的东西;对企业来讲,无论是营销还是直接的销售行为,或者是服务,完全可以根据用户的需要来定制专项的服务或者商品。而这种方式,在传统的工业时代是不可能实现的,因为成本太高。而在互联网时代能够实现,因为只要通过鼠标的点击,用户就可以定制自己需要的任何东西。

课题2 汽车电子商务的分类和流程

一 电子商务涵盖范围

电子商务涵盖的范围很广,一般可分为企业对企业(Business-to-Business,B2B)、企业对消费者(Business-to-Consumer,B2C)、个人对消费者(Consumer-to-Consumer,C2C)、企业对政府(Business-to-Government)、线上对线下(Online-to-Offline)、商业机构对家庭消费(Business-to-Family)、供给方对需求方(Provide-to-Demand)、门店在线(Online-to-Partner,O2P)、线上到线下(Online to Offline,O2O)九种模式,其中主要有企业对企业(B2B)、企业对消费者(B2C)两种模式。消费者对企业(C2B)也开始兴起,并被马云等认为是电子商务的未来,同时线上到线下模式(O2O)在汽车相关产业电子商务中也占有着越来越重要的地位。随着国内 Internet 使用人数的增加,利用 Internet 进行网络购物并以银行卡付款的消费方式已日渐流行,市场份额也在迅速增长,电子商务网站也层出不穷。电子商务最常见之安全机制有 SSL(安全套接层协议)及 SET(安全电子交易协议)两种。

电子商务是一个不断发展的概念。IBM 公司于 1996 年提出了 E-Commerce(Electronic Commerce)的概念,到了 1997 年,该公司又提出了 E-Business(Electronic Business)的概念。但我国在引进这些概念的时候都翻译成电子商务,很多人对这两者的概念产生了混淆。事实上,这两个概念及内容是有区别的。E-Commerce 应翻译成电子商业,有人将 E-Commerce 称为狭义的电子商务,将 E-Business 称为广义的电子商务。E-Commerce 是指实现整个贸易过程中各阶段贸易活动的电子化,E-Business 是利用网络实现所有商务活动业务流程的电子化。

二 电子商务的类型

❶ 按照商业活动的运行方式划分

按照商业活动的运行方式划分电子商务可以分为完全电子商务和非完全电子商务。

❷ 按照商务活动的内容划分

根据商务活动的不同内容,电子商务主要包括间接电子商务(有形货物的电子订货和付款,仍然需要利用传统渠道如邮政服务和商业快递车送货)和直接电子商务(无形货物和服务,如某些计算机软件、娱乐商品的联机订购、付款和交付,或者是全球规模的信息服务)。

❸ 按照开展电子交易的范围划分

根据开展电子交易的范围,电子商务可以分为区域化电子商务、远程国内电子商务、全球电子商务。

❹ 按照使用网络的类型划分

按照使用网络类型,电子商务可以分为基于专门增值网络(EDI)的电子商务、基于互联网的电子商务、基于 Intranet 的电子商务。

❺ 按照交易对象划分

根据交易对象的不同,电子商务可以分为企业对企业的电子商务(B2B),企业对消费者的电子商务(B2C),企业对政府的电子商务(B2G),消费者对政府的电子商务(C2G),消费者对消费者的电子商务(C2C),企业、消费者、代理商三者相互转化的电子商务(ABC),以消费者为中心的全新商业模式(C2B2S),以供需方为目标的新型电子商务(P2D)。

(1)C2B2S(Customer-to-Business-Share)。

C2B2S 模式是 C2B 模式的进一步延伸,该模式很好地解决了 C2B 模式中客户发布需求商品初期无法聚集庞大的客户群体而致使与邀约的商家交易失败的问题。全国首家采用该模式的平台:晴天乐客。

(2)B2B(Business-to-Business)。

商家(泛指企业)对商家的电子商务,即企业与企业之间通过互联网进行商品、服务及信息的交换。通俗的说法是指进行电子商务交易的供需双方都是商家(或企业、公司),她(他)们使用了 Internet 的技术或各种商务网络平台(拓商网),完成商务交易的过程(图 1-3)。

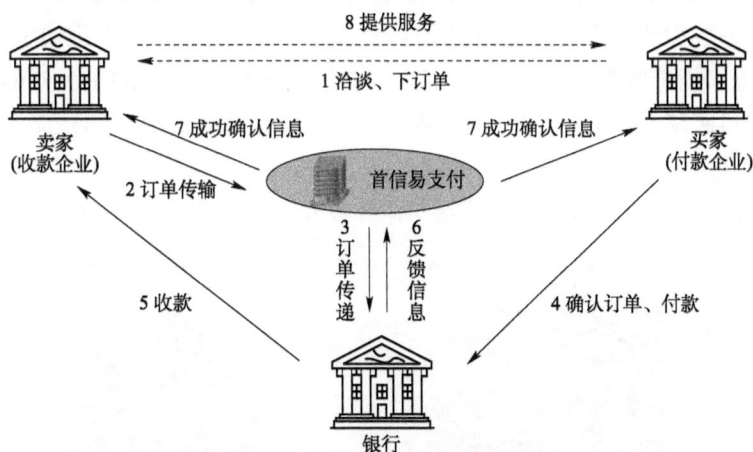

图 1-3　B2B 电子商务模式

(3)B2C(Business-to-Customer)。

B2C 模式是我国最早产生的电子商务模式,如今的 B2C 电子商务网站非常多,较大型的有天猫商城、京东商城、一号商城、亚马逊、苏宁易购、国美在线等。B2C 模式与 B2B

模式有机结合就形成了从批发商到零售商到客户的完整销售链(图1-4)。

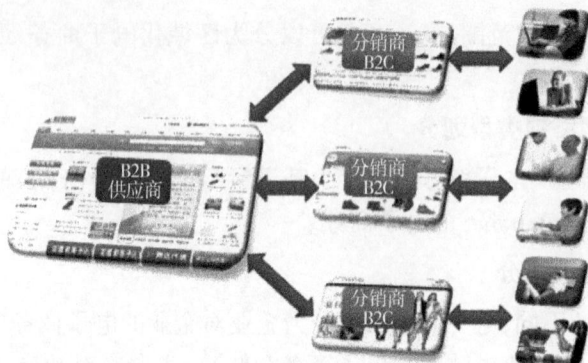

图1-4　B2C 模式与 B2B 模式的结合

(4) C2C(Consumer-to-Consumer)。

C2C 同 B2B、B2C 一样,都是电子商务的几种模式之一。不同的是 C2C 是用户对用户的模式,C2C 商务平台就是通过为买卖双方提供一个在线交易平台,使卖方可以主动提供商品上网拍卖,而买方可以自行选择商品进行竞价。

(5) ABC(Agent、Business、Consumer)。

ABC 模式是新型电子商务模式的一种,被誉为继阿里巴巴 B2B 模式、京东商城 B2C 模式以及淘宝 C2C 模式之后电子商务界的第四大模式。它由代理商、商家和消费者共同搭建的集生产、经营、消费为一体的电子商务平台。三者之间可以转化,并且相互服务,相互支持,你中有我,我中有你,真正形成一个利益共同体。

(6) O2O(Online-to-Offline)。

O2O 是新兴起的一种电子商务新商业模式,即将线下商务的机会与互联网结合在了一起,让互联网成为线下交易的前台(图1-5)。这样线下服务就可以用线上来揽客,消费者可以用线上来筛选服务,还有成交可以在线结算。该模式最重要的特点是:推广效果可查,每笔交易可跟踪。以美乐乐的 O2O 模式为例,其通过搜索引擎和社交平台建立海量网站入口,将在网络的一批家居网购消费者吸引到美乐乐家居网,进而引流到当地的美乐乐体验馆。线下体验馆则承担商品展示与体验以及部分的售后服务功能。

图1-5　O2O 电子商务模式

（7）B2T（Business-to-Team）。

B2T 是继 B2B、B2C、C2C 后的又一电子商务模式。即为一个团队向商家采购。团购 B2T，本来是"团体采购"的定义，而今，网络的普及让团购成了很多中国人参与的消费革命。所谓网络团购，就是互不认识的消费者，借助互联网的"网聚人的力量"来聚集资金，加大与商家的谈判能力，以求得最优的价格。尽管网络团购的出现只有短短两年多的时间，却已经成为在网民中流行的一种新消费方式。据了解，网络团购的主力军是年龄 25 岁到 35 岁的年轻群体，在北京、上海、深圳等大城市十分普遍。

✂ **想一想：**

目前我国电子商务市场还存在着其他的一些模式，你还能够举例吗？

三　电子商务的交易阶段

电子商务的商品交易过程包括三个阶段。

❶ 交易前的准备

这一阶段主要是指买、卖双方和参加交易各方在签约前的准备活动。

买方根据自己要买的商品，准备购货款，制订购货计划，利用互联网和各种电子商务网络，进行货源市场调查和市场分析，反复进行市场查询，了解各个卖方国家的贸易政策，反复修改购货计划和进货计划，确定和审批购货计划。

卖方根据自己所销售的商品，召开商品新闻发布会，制作广告进行宣传，全面进行市场调查和市场分析，制定各种销售策略和销售方式，了解各个买方国家的贸易政策，利用互联网、各种电子商务网络发布商品广告，寻求贸易伙伴和贸易机会，扩大贸易范围和商品所占市场的份额。

其他参加交易各方有中介方、银行金融机构、信用卡公司、海关系统、商检系统、保险公司、税务系统、运输公司，也都为进行电子商务交易做好准备。

在电子商务系统中，信息交流通常都是通过双方的网址和主页来完成的。这种信息的沟通方式，无论从效率上还是从时间上，都是传统方法无法比拟的。

❷ 交易磋商

在商品的供需双方都了解到有关商品的供需信息后，具体商品交易磋商过程就开始了。各种各样的电子商务系统和专用数据交换协议保证了网络信息传递的准确性和安全可靠性。

电子商务的特点是可以签订电子商务贸易合同，交易双方可以利用现代电子通信设备和通信方法，经过认真谈判和磋商后，将双方在交易中的权利，所承担的义务，对所购买商品的种类、数量、价格、交货地点、交货期、交易方式和运输方式、违约和索赔等合同条款，全部以电子交易合同做出全面详细的规定，合同双方可以利用电子数据交换进行签约，通过数字签名等方式签名。

❸ 签订合同与办理手续

在网络化环境下的电子商贸系统中,书面合同失去了它传统的功效。因为网络协议和应用系统自身已经保证了所有贸易磋商日志文件的准确性和安全可靠性,故双方都可以通过磋商日志或文件来约束商贸行为和执行磋商结果。同时,第三方在授权的情况下,可以通过它们来仲裁执行过程中所产生的纠纷。

买卖双方签订合同后到合同开始履行之前还需办理各种手续,也是双方贸易前的交易准备过程。交易主要涉及的有关各方,以及可能要涉及的中介方:银行金融机构、信用卡公司、海关系统、商检系统、保险公司、税务系统、运输公司等。买卖双方均要利用 EDI 与有关各方进行各种电子票据和电子单证的交换,直到办理完可以将所购商品从卖方按合同规定开始向买方发货的一切手续为止。

❹ 合同的履行和支付过程

这一阶段是从买卖双方办完所有各种手续之后开始,卖方要备货和组织货源,同时进行报关、保险、取证等。卖方将买方所购商品交付给运输公司包装、起运、发货,买卖双方可以通过电子商务服务器跟踪发出的货物,银行和金融机构也按照合同,处理双方收付款、进行结算,出具相应的银行单据等,直到买方收到自己所购商品,完成整个交易过程。

四 电子商务的业务流程

❶ 生产型企业的电子商务业务流程(图1-6)

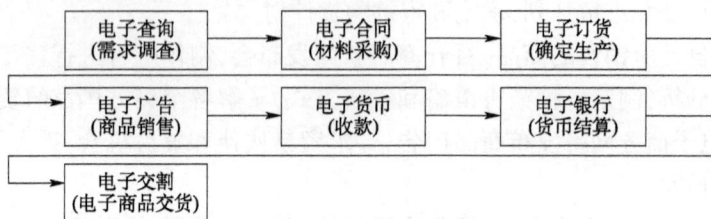

图1-6 生产型企业电子商务业务流程

(1)作为商品生产企业,它首先要千方百计地摸清市场的需求,于是商务活动从此开始。调查现有商品的价格、效益情况,以便预测生产前景——生产什么、为谁生产和如何生产。电子工具在这方面具有无可比拟的优越性。利用计算机网络、E-mail、电视、电话等工具对商品市场(商场、商店)进行咨询、统计,对商品用户进行访问、抽样调查或专访等,尤其是远距离访问(跨地区、跨国界访问等)可以获得较高的效率而花费较少的费用。

(2)在决定了生产什么商品之后,要制订原材料、能源的购买计划。借助电子工具来进行原材料价格、质量的综合调查、比较和分析,通过筛选实现采购。电子订货在此得到使用。

(3)当商品生产出来以后,就要按生产合同通知需求方付款、提货或送货,这时电子通知单需要发出。如果还有未按合同生产的商品,则要迅速进行推销,这时,电子广告就成为必需品向社会推出。

（4）当商品需求方按合同或非合同购货时,必须进行资金支付,电子货币投入使用。

（5）收到货币、发出货（或发货票）后,要由本企业财务部门会同开户银行及时进行货款结算,电子货币结算必然投入使用。

（6）生产商品的交割。如果所交换的商品是电子软件数据、图像制品等就可以直接进行电子交换,通过网络传递商品。

❷ 商贸型企业的电子商务业务流程

依照电子商务,商贸企业可以更及时地获取消费者信息,准确订货,并通过电子网络促进销售,从而提高效率、降低成本、获得更大效益,其业务流程如图 1-7 所示。

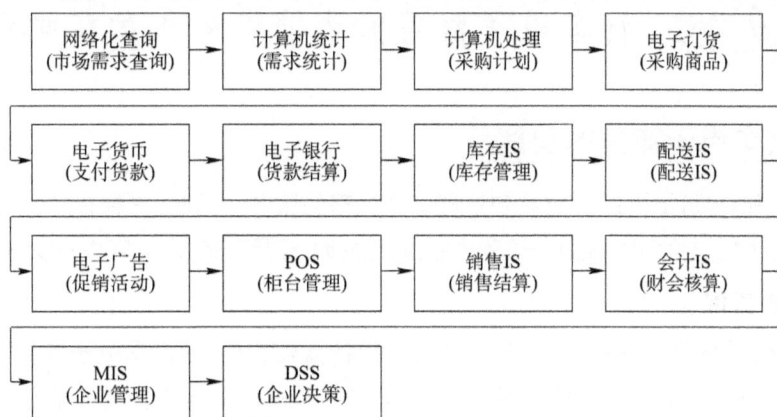

图 1-7　商贸型企业的电子商务业务流程

❸ 消费者的电子商务业务流程

随着电子商务的出现,消费观念、消费方式、消费者的地位正在发生着重要的变化,其流程如图 1-8 所示。

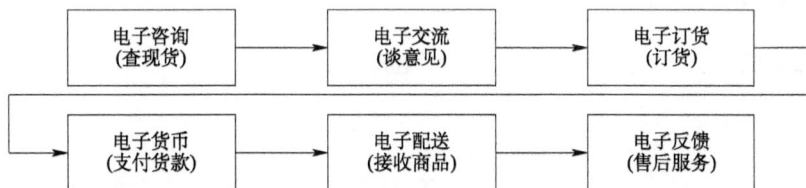

图 1-8　消费者电子商务业务流程

❹ 政府的电子商务业务流程

在市场经济环境下,国家政府或地方政府通过电子商务管理和参与经济活动可以更好地发挥政府的作用（图 1-9）。这是因为:第一,在市场经济条件下,商品生产、流通、消费主要是由市场引导,政府可以从计划经济形态下的计划制订者的位置撤离出来,将主要的精力用于建立健全市场秩序,维护正常的竞争,防止市场的失灵等方面,真正充当法规制定者和裁判员的角色;第二,政府的调节、管理由于是通过电子工具、计算机网络等来进行的,所以及时性、全面性、持续性、动态性都能很好地得到保证。

```
┌──────────────┐     ┌──────────────┐     ┌──────────────┐
│  电子查询     │ ──> │  电子文件     │ ──> │  电子公告     │
│ (了解市场)    │     │ (规范市场)    │     │ (调节市场)    │
└──────────────┘     └──────────────┘     └──────────────┘

  ┌──────────────┐     ┌──────────────┐     ┌──────────────┐
  │  电子命令     │ ──> │  电子订货     │ ──> │  电子货币     │
  │ (控制市场)    │     │ (采购商品)    │     │ (支付货款)    │
  └──────────────┘     └──────────────┘     └──────────────┘

┌──────────────┐     ┌──────────────┐
│  电子银行     │ ──> │  电子配送     │ ──> 售后服务
│ (结算货款)    │     │ (接收货物)    │
└──────────────┘     └──────────────┘
```

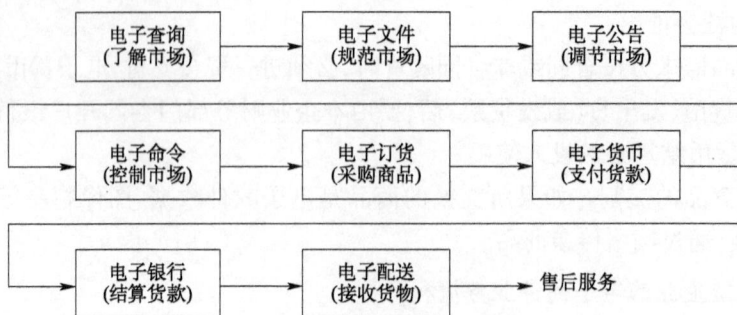

图 1-9　政府的电子商务业务流程

课题 3　汽车电子商务的功能优势和存在问题

一　汽车电子商务的功能

汽车电子商务可提供网上交易和管理等全过程的服务。因此，它具有广告宣传、咨询洽谈、网上定购、网上支付、电子账户、服务传递、意见征询、交易管理、潜在客户开发等各项功能。

1 广告宣传

传统广告宣传方式，受限于时间、空间，使得传播面有限，而汽车电子商务可凭借汽车相关互联网企业的 Web 服务器和客户的浏览，在 Internet 上传播各类商业信息。客户可借助网上的检索工具（Search）迅速地找到所需的汽车商品信息，而商家可利用网上主页（Home Page）和电子邮件（E-mail）在全球范围内做广告宣传。与以往的各类广告相比，网上的广告成本最为低廉，而给客户的信息量却最为丰富和便捷。同时由于客户对汽车商品的性能和使用有具体要求，在网络上还很容易形成讨论、测评等氛围，更有利于消费者直观地了解商品（图 1-10）。

图 1-10　汽车之家车型宣传页面

❷ 咨询洽谈

电子商务可借助非实时的电子邮件(E-mail)、新闻组(News Group)和实时的讨论组(Chat)来了解市场和商品信息、洽谈交易事务,汽车相关企业如有进一步的需求,还可用网上的白板会议(Whiteboard Conference)来交流即时的图形信息。网上的咨询和洽谈能超越人们面对面洽谈的限制,提供多种方便的异地交谈形式。同时由于移动网络设备的兴起,平板电脑、智能手机的广泛应用,在各种通信软件上也能有效地实现咨询和洽谈。

❸ 网上订购

电子商务可借助网络交易平台实现网上订购。网上订购通常都是在商品介绍的页面上提供十分友好的订购提示信息和订购交互沟通软件。当客户填完订购单后,通常系统会回复确认信息单来保证订购信息的收悉。订购信息也可采用加密或者第三方担保的方式使客户和商家的商业信息不会泄漏。

❹ 网上支付

电子商务要成为一个完整的过程,网上支付是重要的环节。客户和商家之间可采用银行卡账号实施支付。在网上直接采用电子支付手段将可减少交易中很多人员的开销。网上支付将需要更为可靠的信息传输安全性控制以防止欺骗、窃听、冒用等非法行为,现在网上支付一般由第三方交易平台担保付款,比如支付宝、财付通等(图1-11)。

图1-11　第三方支付平台

❺ 电子账户

网上支付必须要有电子金融来支持,即银行或信用卡公司及保险公司等金融单位要为金融服务提供网上操作的服务,而电子账户管理其基本的组成部分。信用卡号或银行账号都是电子账户的标志,而其可信度需配以必要技术措施来保证,如数字凭证、数字签名、加密等手段的应用保证了电子账户的安全性。

❻ 服务传递

对于已付了款的客户应将其订购的车辆尽快地传递到他们的手中。而有些车辆在本地,有些车辆在异地,电子邮件能在网络中进行物流的调配。而最适合在网上直接传递的是商品信息。它能直接从车辆库存中寻找信息,确保客户尽快提车。

❼ 意见征询

电子商务能十分方便地采用网页上的"选择"、"填空"等格式文件来收集用户对销售服务的反馈意见。这样使企业的市场运营能形成一个封闭的回路。客户的反馈意见不仅能提高售后服务的水平,更使企业获得改进商品、发现市场的商业机会。

❽ 交易管理

整个交易管理将涉及人、财、物多个方面,企业和企业、企业和客户及企业内部等各方面的协调和管理。因此,交易管理是涉及商务活动全过程的管理。电子商务的发展,将会提供一个良好的交易管理的网络环境及多种多样的应用服务系统,这样能保障电子商务获得更广泛的应用。

二 汽车电子商务的优势

汽车电子商务将传统商业活动中物流、资金流、信息流的传递方式利用网络科技整合,企业将重要的信息以全球信息网、企业内部网或外联网直接与分布各地的客户、员工、经销商及供应商连接,创造更具竞争力的经营优势。汽车电子商务与传统的商务活动方式相比,具有以下几个特点。

❶ 交易虚拟化

通过 Internet 为代表的计算机互联网络进行的贸易,贸易双方从贸易磋商、合同签订到支付等,无须当面进行,均通过计算机互联网络完成,整个交易完全虚拟化。对卖方来说,可以到网络管理机构申请域名,制作自己的主页,组织商品信息上网。而虚拟现实、网上聊天等新技术的发展使买方能够根据自己的需求选择广告,并将信息反馈给卖方。通过信息的互动,签订电子合同,完成交易并进行电子支付。整个交易都在网络这个虚拟的环境中进行。

❷ 交易成本低

电子商务使得买卖双方的交易成本大大降低,具体表现在:

(1)距离越远,网络上进行信息传递的成本相对于信件、电话、传真而言就越低,此外,缩短时间及减少重复的数据录入也降低了信息成本;

(2)买卖双方通过网络进行商务活动,无须中介者参与,减少了交易的有关环节;

(3)卖方可通过互联网络进行商品介绍、宣传,减少了在传统方式下做广告、发印刷商品等大量费用;

(4)电子商务实行"无纸贸易",可减少90%的文件处理费用;

(5)互联网使买卖双方即时沟通供需信息,使无库存生产和无库存销售成为可能,从而使库存成本降为零;

(6)企业利用内部网(Intranet)可实现"无纸办公(OA)",提高了内部信息传递的效率,并降低管理成本。通过互联网络把其公司总部、代理商以及分布在其他国家的子公司、分公司联系在一起,及时对各地市场情况做出反应,即时生产,即时销售,降低存货费用,采用高效快捷的配送公司提供交货服务,从而降低商品成本;

(7)传统的贸易平台是地面店铺,新的电子商务贸易平台则是电脑或移动通信终端。

③ 交易效率高

由于互联网络将贸易中的商业报文标准化,使商业报文能在世界各地瞬间完成传递与计算机自动处理,将原料采购、商品生产、需求与销售、银行汇兑、保险、货物托运及申报等过程无须人员干预,而在最短的时间内完成。传统贸易方式中,用信件、电话和传真传递信息,必须有人的参与,且每个环节都要花不少时间。有时由于人员合作和工作时间的问题,会延误传输时间,失去最佳商机。电子商务克服了传统贸易方式费用高、易出错、处理速度慢等缺点,极大地缩短了交易时间,使整个交易非常简捷与方便。

④ 交易透明化

买卖双方从交易的洽谈、签约以及货款的支付、交货通知等整个交易过程都在网络上进行。通畅、快捷的信息传输可以保证各种信息之间互相核对,可以防止伪造信息的流通。例如,在典型的许可证 EDI 系统中,由于加强了发证单位和验证单位的通信核对,虚假的许可证就不易漏网。海关 EDI 也帮助杜绝边境的假出口、兜圈子、骗退税等行径。

三 我国汽车行业电子商务发展存在的主要问题

我国汽车行业电子商务的发展已经有了一定的基础,但存在的问题还很多,集中体现在以下一些方面。

① 认识问题

由于电子商务是一项新生事物,到目前为止,不少汽车企业还对其缺乏正确的认识,存在几种不正确的思想:(1)汽车行业发展电子商务还为时过早,等到时机成熟时再考虑;(2)电子商务就是建设网站,所以有的企业建起了一个没有实质性内容的网站就以为已经开展电子商务了;(3)电子商务就是网上售车,如果不能达到这一目的,就对电子商务的实际意义产生怀疑;(4)认为开展电子商务是企业信息管理部门的事,只要重视对计算机系统、网络系统和应用软件等技术平台建设的投入就能解决问题了。这些对电子商务的错误认识,导致了汽车电子商务的发展进展缓慢。因此,树立对汽车电子商务的正确思想,特别是转变汽车企业主要领导的思想观念,使他们积极主动地推动汽车电子商务的发展既十分必要,也极为紧迫。

② 管理问题

管理落后是制约我国企业发展壮大的根本性原因。作为国民经济支柱产业的汽车工业同样存在着管理水平滞后的问题,与电子商务的发展要求存在较大的差距。目前,我国绝大多数汽车生产企业在采购、生产、销售、售后服务等许多方面还是相对独立的手工操作,对人和物的管理还相对粗放,信息流、资金流和物流还基本没有实行集约经营管理,致使企业资源的配置不能得到最优化,毫无疑问,这种管理模式难以适应电子商务条件下各环节高效、协调、统一、即时的要求。

对于大多数的汽车企业而言,缺乏高效、先进的企业管理信息系统的支持,是影响其电子商务发展的重要原因,因为在生产、库存、财务管理、客户支持等相关环节没有相应的资源共享和信息支持,电子商务很难实现。几乎所有的世界著名汽车生产厂商都拥有高度发达的企业资源计划(ERP)、客户关系管理(CRM)、供应链管理(SCM)等系统,这些信息系统的应用可有效地提高企业的生产管理水平、降低商品库存、提高销售能力和客户服务的水平,是电子商务的基本组成部分。而我国的汽车企业在这方面存在较大的差距,尽管有些企业已经实施了ERP等系统,但是,由于原来的管理基础较差以及管理人员的水平较低等原因,真正能发挥这些信息系统的作用,并使其与电子商务发展做到有机集成的汽车企业可以说还非常少。加强管理系统的开发与应用,切实提高企业的管理水平,是我国汽车企业发展电子商务的重要前提。

❸ 标准问题

由于汽车商品的品种多、规格复杂,不同的企业执行各自的标准,导致整个汽车行业的标准统一极为困难,特别是汽车零部件由于自身基础、国家归口管理等多方面的原因,长期来缺乏适用于生产和销售的商品标准,导致整个行业的"散、乱、杂"的局面,以致产生了鱼龙混杂、假冒伪劣商品泛滥的结局。这种缺乏行业标准或行业标准混乱的现象很大程度上会影响汽车电子商务的有序进行。因此,加强标准的统一和规范,并通过法律、法规的形式加以贯彻实施是促进电子商务发展的重要条件。

❹ 网络安全问题

在我国,尽管离真正在网上实现汽车交易还有很长的路要走,但是汽车零部件、装饰件等的网上交易,以及汽车供应商和生产商的网上交易在现阶段不但可行,而且十分必要。而目前的网络安全问题还在一定程度上影响着网上交易的进行,无论是消费者个人隐私权的保护,还是在线支付的安全性问题,都有待进一步完善。

❺ 消费者的观念问题

要开展B2C的汽车交易,不能不考虑消费者的观念问题。目前,我国消费者对电子商务的接受程度还比较低,据有关调查,经常光顾汽车网站的访问者中,真正愿意全过程体验网上购车者不到15%。由于汽车消费在消费者投资中占据着较高的比重,许多消费者仍相信眼见为实,谨慎投资。所以在当前,希望能有较大规模的B2C汽车网上交易是不现实的。

课题 4 汽车电子商务的应用和发展前景

一 电子商务在汽车行业中的主要应用

汽车行业电子商务的应用一般可分为六个层次:一是企业建立专门的网站,向客户提供企业的信息,以树立良好的企业形象;二是进行网上市场调研,并实行有效的客户关系管理;三是实现零部件的网上采购;四是企业建立起与分销渠道网络联系模式,实现网络化分销;五是实现供应链网上集成,实现一体化运作;六是实现网上直接销售,向客户提供定制化的商品和服务。根据国内外领先的汽车企业的实践,目前汽车行业的电子商务应用主要表现在以下一些方面。

1 网上车展

向客户提供汽车展示是实现销售的第一步。而在传统方式下,利用实物进行展示,一方面需要投入较多的人力、物力和场地,另一方面,展示的信息和辐射面都极为有限,而且需要客户到特定的展示地点才能看到展示效果。因此,实物展示已经越来越不适应汽车企业和消费者的需要。而网上车展在很大程度上克服了传统展示的不足,它是在网上模拟车展的形式,为汽车企业包括整车厂、零配件厂、汽车及其零配件经销商、代理商、汽车保险、汽配厂商等,提供一个展示自己的企业形象、商品特色的信息渠道。网上车展因为其信息量大、展示形式多样、展示费用低廉以及可实现交互等许多优点,已为越来越多的企业和客户所认同。网上车展既有单个企业组建网站进行的,也有专业从事车展服务的网站实现的。易车网(图 1-12)已经向全国的汽车行业企业提供了专门的网上车展服务,它帮助参展企业提供包括厂商主页、企业简介、商品服务、质量保证体系、销售区域、联系方式六个方面的内容。

图 1-12 易车网主页

易车网为汽车经销商、汽配、汽保企业提供了信息交流的平台,方便企业发布和收集自己所需的信息,大大加快了对市场的反应速度,而且使信息收集和处理的费用也大大降低,较好地解决了汽车企业成本高、市场反应慢的缺陷。

由于"网上车展"突破了时空的限制,既可以把一个企业众多的商品展示给客户,也可以把众多企业的商品集中在一起,形成一个网上车市,同时其将大大提高汽车展示的效果,并为汽车交易带来极大的便利。

❷ 网上零部件采购

汽车生产牵涉到的零部件数量十分可观,零部件采购一直是许多企业投入大量人力、物力的环节。在传统采购方式下,由于采购的对象数量有限,又受到地域限制,采购效率和采购成本都很难达到较为理想的水平。实施零部件的电子商务采购,能够大大缩短采购的周期,提高采购的准确性和效率,降低采购成本,扩大采购范围,减少无效库存,保证库存的合理性。因此,网上零部件采购已成为汽车行业电子商务的重要应用。2000 年 2 月 25 日,通用、福特、戴姆勒—克莱斯勒汽车公司联合宣布,终止各自的零部件网络采购计划,转向共同建立零部件采购的电子商务网站——www.covisint.com(图 1-13),并邀请丰田、日产、雷诺、三菱公司加盟,组成世界汽车第一网,进一步奠定了最新型的汽车网络基石,成为优秀的购物和供货平台。这一年采购额达 2500 亿美元的网上市场,直接导致了汽车生产成本的下降和零部件产业的快速发展。

图 1-13 科纬迅公司网站主页

目前,除科纬迅公司网站外,世界其他地区的汽车企业也开始筹建汽车零部件采购的电子商务市场,如日本汽车高速通信网 JNX、宝马、大众也有类似计划。

❸ 提供高水平的客户服务

对我国的汽车制造商来说,真正要实现在网上售车还有不少障碍,但通过网络实现高水平的客户服务是十分容易做到的。高水平的客户服务可体现在以下一些方面:

(1)向客户提供全方位的商品和服务信息。在网上介绍商品、提供技术支持、查询订单处理信息,不仅可以大大减轻客户服务人员的工作量,让他们有更多的时间与客户增加进一步的接触,开拓更多的新用户,有效改善企业与客户的关系,而且因为网络独有的实时交互性使客户在任何时间、任何地点均可调阅企业最新的资料,使客户的满意度得到提高。目前已有越来越多的企业开始重视网络在向客户提供全方位商品和服务信息中的作用。

(2)向客户提供知识服务。经常访问汽车网站的客户可分成三类:第一类是已经有买车打算,希望通过网站了解最新的商品信息,以帮助自己做出正确的购车决策;第二类是已经买车的客户想了解有关汽车各方面的知识;第三类则是那些还没有购车,而且短时间内也不准备购车的访问者,但他们对汽车知识有浓厚的兴趣。因此,利用网站向客户提供专业化的知识服务,对这三类客户都有重要意义。对第一类访问者,可向他们提供选车购车相关常识,购车程序及材料手续等相关知识,通过专业、系统的知识服务吸引他们的注意力,尽可能让他们选购本公司的商品;对第二类访问者,可向他们提供汽车保险、出险后索赔理赔、养车修车、安全驾驶、质量纠纷、租车、救援、二手车交易等知识和信息,通过细致入微的服务,增进他们使用本企业商品的感情,提高他们的忠诚度,并通过他们开发更多的潜在客户;对第三类客户,尽管目前尚不具备购车实力,但他们是未来汽车消费的主力军,向他们提供丰富的汽车文化、与汽车相关的趣闻轶事以及汽车行业的最新发展知识,培养他们对本公司商品和品牌的认知度,对企业的发展具有重要的意义。

(3)向客户提供网上订购服务。汽车企业可以利用网站建立起网络销售平台,鼓励客户直接在网上订购汽车配件、养护用品、工具、设备,依托整个连锁体系来开展对客户的直接销售和配送,并通过互联网延伸客户服务。通过网络销售,消费者可对车型、颜色、内饰等进行特别订货,最大限度地满足个性化消费的需要。目前大多数企业主要是通过需求预测来组织生产和销售的,而需求预测与实际需求量之间往往存在较大差距,导致了汽车商品在一些销售店紧缺,却在另一些销售店堆积。使用互联网后,企业可及时调整货源配置,也使客户收货时间得以大大缩短。目前,尽管世界范围内能真正做到订单生产的企业还几乎没有,但这是大势所趋,也是汽车企业提高竞争力的必由之路。可以预见,在未来三五年,将会有越来越多的汽车生产企业朝这个方向努力,并会对汽车生产和销售的方式带来革命性的变革。

④ 提高内部管理水平

汽车企业的内部管理极为复杂,业务运作牵涉到总部、分销中心、仓储配送中心、连锁店、加盟店、养护中心、维修厂、快修中心等众多机构和部门,企业内部实行的管理信息系统包括汽配的"进、销、存"管理系统、汽修业务管理系统、办公自动化系统等。内部电子商务的实施可以起到强化内部管理、规范经营管理模式等作用,促进组织体系各个组成部分实施规范化管理。在财务管理方面,电子商务可以实施动态地掌握企业各个环节的销售、库存等情况,分析优化资金流,减少呆账、坏账,缩短账期,增加整个经营体系的资金周转率。

⑤ 加快新商品的开发和生产

汽车行业的激烈竞争使得传统的依靠降价策略维持生存已经变得越来越困难,新商品的开发的能力和速度直接影响企业的竞争地位。利用互联网丰富的信息渠道寻求技术支持,合作开发项目,解决技术难题,协同开发出适宜市场需求、灵活多变的商品,已成为众多企业提高新商品开发能力的重要思路。不少企业已经开始利用互联网,以公开招标的形式面向全世界选择合适的合作伙伴,并在网上进行远程合作开发,既可节约高额的通信费用和交通费用,又可显著缩短开发时间,从而大大提高对市场的反应能力。

⑥ 提高物流配送的效率

物流配送在汽车行业中占有极其重要的地位。传统的物流配送由于缺乏信息流的支持,不但效率低下,而且物流成本极为庞大,严重影响了汽车企业的经济效益。实施物流配送的电子商务解决方案,在分销中心与供货商之间、分销中心与连锁店、分销中心与客户之间、连锁店与客户之间、各分销中心之间、各连锁店之间构筑起畅通的物流配送网络化通道,可以全方位统筹配送任务,显著提高配送效率,大幅度降低配送成本,而且还可大大降低库存。因此,物流系统的电子商务化对汽车行业的发展具有十分重要的意义。

7 为汽车零部件企业提供直接交易平台

据统计,我国注册的生产汽车零部件的中、小企业(含生产厂家与经销商)数量达数十万,对这些企业来说,实施电子商务的需要更为迫切。由于这些企业在规模、资金和管理方面的实力比较弱小,适应市场的能力较为低下,受地域和自身条件的限制,一般只能为很少数量的客户服务。而电子商务则可以帮助这些企业全面提升开拓市场的能力,因为因特网为他们提供了开发新市场、赢得新客户的有效手段,使他们直接参与到与大企业的竞争中去,拥有更为广阔的市场空间。网络使汽车零部件的流通减少了许多中间环节,提高了流通的效率,降低了流通的成本,使汽车零部件产业的发展进入一个全新的阶段。

二 我国汽车电子商务发展现状

电子商务在选车、试乘试驾、议价、保险选择、付款、提车、用品和配件等汽车消费的各个环节中提供服务,一项消费者调查显示,现在我国消费者认为自己会在线购车的比例远高于欧美国家,在线购车意愿强烈。

350亿!2013年的"双11",淘宝制造了物理空间完全不可能实现的销售神话,在这其中不乏网购汽车的身影。据天猫提供的数据显示,2013年11月11日,共有16家大汽车厂家、91个车系、200余款车型、1730家经销商参与天猫"双11"购物狂欢节,这些店铺覆盖全国25个省、228个市、139个县。本次活动共完成1.07万辆车的预订,是去年同期销量的5倍。与此同时,超过40个汽车品牌在易车、汽车之家、搜狐汽车等汽车垂直类门户网站同样举办了"双11"促销活动,汽车预订总量达16.8万辆,他们普遍采用的是,通过预收定金或保证金的方式实现集客,但由于定金或保证金可退,最终实际成交量可能低于这一数字。即使是这样,一种新的购车方式已来到了消费者的身边。

但是从发展来看,我国汽车消费电子商务还处于探索期。我国最早的网上购车出现在2000年,之后销声匿迹。2007年上海车展期间,奇瑞A1开创了线下试驾体验、网上提交订单、经销商送货上门的新的营销模式。自此,网上购车逐渐活跃起来,多个品牌尝试过多种电子商务模式。目前,新车电子商务的模式有直销、定购、团购、购车节、竞价等模式。

图1-14 O2O模式的网上购车流程

但近几年,国内汽车的电子商务发展并没有达到能够送货上门,而是形成了O2O模式,即线上达成购买意向、线下体验、实际交易的模式(图1-14)。这种模式的弊端是,虽然线上已经达成购车意向,但未完成交易,而且部分网站的定金可退,导致线下转化率较低。形成线上的虚假繁荣,因此目前广大厂商和经销商都将此作为集客或收集销售线索的重要渠道,尚未成为销售的重要渠道。

三 中外汽车消费电子商务对比

与国内相比,国外汽车消费电子商务略为成熟(表1-1)。欧美的汽车网站大多是以新车和二手车的销售为主体赢利模式,以资讯作为主要载体的模式并不多。目前美国在线汽车经销商渐成气候。据美国汽车经销商协会(NADA)调查,83%的经销商有自己的网站,有网站的经销商中,62%已进行了网上售车,98%的交易网站是互动式的,消费者可以发 E-mail 在线订货、在线进行现金交易,经销商能够按消费者需求组装并在数天内供货。

中外汽车消费电子商务对比 表1-1

国　　内	国　　外
分别提供新车或二手车	同时提供新车、二手车,及配件、用品
提供服务少,仅有预订功能	可提供服务多,如信贷、保险、代购、上门试驾等
仅有集客和收集销售线索功能	可实现送货上门的真正的"网上购车"
第三方网站活跃,厂家和经销商都有参与,厂家参与影响更大	以经销商和第三方网站行为为主,经销商作用更大
几乎尚未实现盈利,电商模式正在探索中	已形成一些成熟模式,以信息费、服务费、直接车辆销售等形式实现盈利,新的模式仍在涌现
规模尚小	网上销售已达到百万级,销量超过整个市场的10%

四 我国汽车电子商务发展前景

未来,我国汽车电子商务发展中 O2O 模式还将持续,更趋向于经销商在一线而整车厂家呐喊助威,更依托第三方平台,二手车网购和新车网购将继续分离。

整体来说,我国的汽车电子商务还处于探索阶段,未来发展将呈现以下特点。

❶ O2O 模式还将持续

我国的消费者还以首次购车为主,消费者对车并不熟悉,需要眼见为实,另外,市场上车型上市、更新速度快,2013 年有 108 款全新车型上市,大多数消费者还是需要到 4S 店看车,以获得真实的体验。因此,线上线下相结合的网购模式更适合我国市场,不过这种模式需要线上购车有足够的价格优势,否则消费者失去选择线上购车的意义。

❷ 经销商在一线,整车厂家摇旗助威

从中外汽车电商的经验来看,厂家直接售车的效果并不好,真正实现网上购车服务的主体还应是经销商,因为消费者看车、试驾、提车等环节直接面对的还是经销商。在整个过程中厂家应该做的是支持经销商,和网站配合共同实现销售,而厂家自身则是做好宣传工作,树立良好品牌形象,帮助经销商集客。

❸ 依托第三方平台

中国人购物喜欢货比三家,同一品牌也要选择两家 4S 店比一比,因此,无论是厂家投入的购车网站还是某个经销商建设的单一品牌的购车网站市场空间都很狭窄。而像天猫商城这样既有品牌保证,又可以进行多款商品比较的购物型网站,会是我国网上购车的主要平台。同时,易车网等汽车垂直网站在和4S店合作的模式上不断探索,也将是一种重要的网购途径。总之,厂家或经销商和第三方平台的合作不可避免。

④ 二手车网购和新车网购继续分离

我国二手车市场还不成熟,规模还不大,年交易量仅为新车交易量的1/4。而且二手车市场本身存在着一些的问题,需要和新车采用不同的规则进行交易。因此新车和二手车网购在我国将会探索出不同的模式。

课题5 汽车电商企业的组织架构及岗位分析

一 汽车电商企业的组织架构

除了人力资源和财务部门外,汽车电子商务业务一般分为5个部门,包括客服部、市场部、采购及物流部、技术部和网站运营部。采购和物流其实是可以分开的,在规模到达一定程度以后,会裂变成采购部和仓储物流部两个部门,现在的描述中还是以一个部门说明。

(1)客服部的职能就是客服服务、客户咨询、客服培训和客服考核等,其通过各种方式提高用户满意度、订单转化率和平均订单金额;

(2)技术部负责网站建设,呼叫中心建设,电子商务系统建设,采购系统、仓储系统、CRM系统以及各种系统之间的对接等;

(3)市场部负责互联网和其他媒体推广、品牌宣传和公关、网站合作、支付合作、网站策划、CRM营销(会员制分级、EDM营销、会员合作营销、数据挖掘等);

(4)采购及物流部负责根据采购名单进行招标和采购,网站仓储在全国的布局和设计,制定仓储标准和物流配送标准,设计仓储管理系统,选择物流配送合作伙伴,设计商品配送包装,根据订单的进行配送,并根据销售状况调节商品在不同仓储之间的库存;

(5)网站运营部负责制定商品定价、策划并设计商品文案,拍摄并处理商品图片,负责分析各类型商品,制定采购名单,负责优化购物流程,提高用户的购物体验,负责各频道专题和内容的策划和编辑工作,负责根据销售状况制订促销方案,并配合市场部完成对外推广的促销宣传(搜索引擎、EDM、通栏等)。

二 汽车电商企业运营模式

① 完全虚拟型

这种模式电子商务运营完全依托于网站,像谷歌、百度、淘宝、阿里巴巴、新浪、搜狐、网易、腾讯、雅虎等属于这个阵营,他们完全依靠网站为浏览者提供服务。这种企业所提供的服务90%以上都以文字、图片、声音、视频的形式展现给消费者。

门户网站以汽车频道内容为主,打造内容服务综合平台;门户网站汽车频道的营收方式主要以品牌网络广告为主,广告投放以首页为核心载体,汽车频道主要为支撑作用,广告销售以打包方式为主。同时,门户网站汽车频道在优势资讯的基础上,开始注重网站互动性建设,满足车友、车主、车迷等普通消费者选车、买车、用车、玩车等方面的实用性和服务性需求。

垂直汽车网站基于社区互动优势,用户黏性占优:在营销模式上,目前主要的垂直汽车媒体营收依然主要以品牌网络广告为主,还包括部分经销商的渠道分成。在广告形式上,除了品牌广告外,垂直类汽车网站开始借助社区的互动性,与网站内容进行结合;同时开展一些线下活动,与车友会、4S店等合作,以促进销售。垂直汽车网站正在通过对内容的深度挖掘,达成较好的用户黏性,弥补了网民到达率不高的缺陷。

(1)综合门户汽车频道。

继续丰富汽车资讯,强化优势资源:继续丰富专业的汽车资讯,建立更加完善的车型、价格等数据库,打造涵盖汽车产业链的综合资讯及服务平台,巩固流量优势。

注重精准、互动,优化媒体资源:需深入挖掘圈群资源,加强广告投放的精准性和互动性;同时有效结合其他众多频道资源,优化媒介组合,打包售卖,进行整合的互动营销。

(2)汽车垂直网站。

深入媒体厂商合作,实现三方共赢:网站可加强与厂商之间的合作,根据用户需求及时推出新商品信息及促销信息,满足用户需求的同时可针对不同用户群体进行精准营销,实现厂商、媒体、用户三方共赢。

有效借助口碑传播,促进互动营销:汽车垂直网站可以利用站内商品资源和用户内容资源,加强对用户真实需求的挖掘,进行精准和互动营销,达到口碑相传的目的。如借助用户对社区内部的虚拟货币、等级等价值的认同,开展各种商品调查,并根据用户讨论热点进行深入挖掘,推出相应的推广措施,加强用户之间沟通交流的积极性,产生口碑效应,以拉动商品销售。

❷ 衔接通道型

M2E是英文Manufacturers to E-Commerce(厂商与电子商务)的缩写,是驾驭在电子商务上的一种新型行业,是一个以节省厂商销售成本和帮助中小企业的供应链资源整合的运作模式。2007年美国电商峰会上由知名经济学家提出,国内代表企业有广州点动信息科技有限公司。

❸ 服务型网店

"亦得代购,购遍全球。"亦得可以帮你到全世界各地去购买你想要的商品,并以收取适量的服务费赢利。

服务型的网店越来越多,都是为了满足人们不同的个性需求,甚至是帮你排队买电影票,都有人交易,而且更多服务形式的网店将会出现。

❹ 导购引擎型

用户可以通过这里分享商品体验点评,用户也热衷于将自己用过的商品体验告诉给更多的用户。

作为 B2C 的上游商,需要给商家带去客户。服务业必须站在消费者的角度,这才是王道。许多电商网站力争成为有效的流量采购平台,降低 B2C 商家的营销成本。

❺ 社交电商

社交电子商务(Social commerce)是电子商务的一种新的衍生模式。它借助社交媒介、网络媒介的传播途径,通过社交互动、用户自生内容等手段来辅助商品的购买和销售行为。在 Web2.0 时代,越来越多的内容和行为是由终端用户来产生和主导的,比如博客、微博。其一般可以分为两类:一类是专注于商品信息的,主要是通过用户在社交平台上分享个人购物体验、在社交圈推荐商品的应用;另一类是比较新的模式,通过社交平台直接介入了商品的销售过程,这类是让终端用户也介入到商品销售过程中,通过社交媒介来销售商品。

❻ 团购模式

团购就是团体线上购物,指认识或不认识的消费者联合起来,加大与商家的谈判筹码,取得最优价格的一种购物方式。根据薄利多销的原则,商家可以给出低于零售价格的团购折扣和单独购买得不到的优质服务。团购作为一种新兴的电子商务模式,通过消费者自行组团、专业团购网、商家组织团购等形式,提升用户与商家的议价能力,并极大程度地获得商品让利,引起消费者及业内厂商、甚至是资本市场关注。团购的商品价格更为优惠,尽管团购还不是主流消费模式,但它所具有的爆炸力已逐渐显露出来。团购的主要方式是网络团购。

❼ 线上线下

线上订购、线下消费是 O2O 的主要模式,是指消费者在线上订购商品,再到线下实体店进行消费的购物模式。这种商务模式能够吸引更多热衷于实体店购物的消费者,传统网购的以次充好、图片与实物不符等虚假信息的缺点在这里都将彻底消失。传统的 O2O 核心是在线支付,是将 O2O 经过改良,把在线支付变成线下体验后再付款,消除消费者对网购诸多方面不信任的心理。消费者可以在网上的众多商家提供的商品里面挑选最合适的商品,亲自体验购物过程,不仅放心有保障,而且也是一种快乐的享受过程。

❽ 其他模式

由于商务活动时刻运作在我们每个人的生存空间。因此,电子商务的范围涉及人们的生活、工作、学习及消费等广泛领域,其服务和管理也涉及政府、工商、金融及用户等诸多方面。Internet 逐渐渗透到每个人的生活中,而各种业务在网络上的相继展开,也在不断推动电子商务这一新兴领域的昌盛和繁荣。电子商务可应用于小到家庭理财、个人购物,大至企业经营、国际贸易等诸方面。具体地说,其内容大致可以分为三个方面:企业间的商务活动、企业内的业务运作以及个人网上服务。

三 汽车电商企业岗位分析

❶ 技术类

(1)电子商务平台设计(代表性岗位:网站策划/编辑人员):主要从事电子商务平台

规划、网络编程、电子商务平台安全设计等工作。

(2)电子商务网站设计(代表性岗位:网站设计/开发人员):主要从事电子商务网页设计、数据库建设、程序设计、站点管理与技术维护等工作。

(3)电子商务平台美术设计(代表性岗位:网站美工人员):主要从事平台颜色处理、文字处理、图像处理、视频处理等工作。

2 商务类

(1)企业网络营销业务(代表性岗位:网络营销人员):主要是利用网站为企业开拓网上业务、管理网络品牌、服务客户等工作。

(2)网上国际贸易(代表性岗位:外贸电子商务人员):利用网络平台开发国际市场,进行国际贸易。

(3)新型网络服务商的内容服务(代表性岗位:网站运营人员/主管):频道规划、信息管理、频道推广、客户管理等。

(4)电子商务支持系统的推广(代表性岗位:网站推广人员):负责销售电子商务系统和提供电子商务支持服务、客户管理等。

(5)电子商务创业:借助电子商务这个平台,利用虚拟市场提供商品和服务,又可以直接为虚拟市场提供服务。

3 综合管理类

(1)电子商务平台综合管理(代表性岗位:电子商务项目经理):这类人才要求既对计算机、网络和社会经济都有深刻的认识,又具备项目管理能力。

(2)企业电子商务综合管理(代表性岗位:电子商务部门经理):主要从事企业电子商务整体规划、建设、运营和管理等工作。

通过以上内容显示,电子商务行业对人才的综合性提出了很高的要求。比如说技术型人才,它包含了程序设计、网络技术、网站设计、美术设计、安全、系统规划等知识,又要求了解商务流程、客户心理和客户服务等。技术型人才要求有扎实的计算机根底,但考虑到最终设计的系统是为解决企业的管理和业务服务,又需要分析企业的客户需求,所以该类人才还应该对企业的流程、管理需求以及消费者心理有一定了解,而这将成为电子商务人才的特色所在。商务型人才在传统商业活动中都有雏形,不同之处在于他们是网络虚拟市场的使用者和服务者:一方面要求他们是管理和营销的高手,同时也熟悉网络虚拟市场下新的经济规律,另一方面也要求他们必须掌握网络和电子商务平台的基本操作。综合管理人才则难以直接从学校培养,而是市场磨炼的产物。

四 电子商务师资格认证

1 认证考试对象

针对相关行业系统:结合相关行业系统的实际情况,全面开展培训考试项目与定制化培训相结合的 IT 职业教育,为行业系统培训应用型、管理型信息技术人才。

面向各类职业院校(学校)、高等院校:依据"国务院大力发展职业教育的决定"(国发

[2005]35 号)文件、教育部与国家相关六部委联合发的《关于进一步加强职业教育工作的若干意见》(教职成[2004]12 号)文件要求,同时根据《中华人民共和国职业教育法》、《中华人民共和国劳动法》及国家职业技术标准要求,职业院校、高等院校学生应同时获得学历证书及相应的技能证书,面向各类院校开展"IT 职业技能水平测评及培训"活动,旨在提高在校学生的就业能力。

❷ 认证级别

中华人民共和国工业和信息化部认证电子商务师分为三个等级:员级(初级),师级(中级),高师级(高级)。

❸ 报考和认证条件

(1)中华人民共和国工业和信息化部认证电子商务师。适合零基础,或有一定基础但电子商务网络营销知识不全面,想进入电子商务网络营销行业,或想进一步深造,系统全面地学习电子商务网络营销知识、SEO、SEM、网盟等推广方法,熟练掌握各种网络营销手段,以此获得网络营销中高层主管等高薪职位,或网络营销高新兼职项目的人士,学历不限。

(2)商业技能鉴定与饮食服务发展中心认证电子商务师。电子商务师资格认证考试由国家统一组织,考试时间为上半年的五月和下半年的十月左右,考试内容包括电子商务概论、电子商务网络与营销、电子商务与物流等。二级电子商务师申报也需满足在本职业连续工作 13 年以上,取得本职业三级职业资格证书后,连续从事本职业工作 5 年以上等七项条件。

单元小结

电子商务较传统商务有着明显的优势,是汽车行业推广发展的必然趋势,本单元以电子商务的概念引入,介绍了电子商务的分类和基本流程,分析了汽车电子商务的功能优势和存在的实际问题,并且使同学们了解了汽车行业电子商务的应用现状和未来的发展前景,还具体介绍了汽车电子商务相关企业的组织架构和人才需求,明确了学习目标和个人发展规划,为后续章节的学习打下了良好的基础。

思考与练习

(一)填空题

1.电子商务是利用_____、_____和_____,实现电子化、数字化和网络化、商务化的整个商务过程。

2.举出 4 家我国专业电子商务网站:_____、_____、_____、_____。

3.根据交易对象的不同,电子商务可以分为_____(B2B),_____(B2C),_____(B2G),_____(C2G),_____(C2C),_____(ABC)。

4.汽车电子商务可提供网上交易和管理等全过程的服务。因此,它具有_____、_____、_____、_____、_____、_____、_____、_____。

5.除了人力资源和财务部门外,汽车电子商务业务一般分为5个部门,包括_____、_____、_____、_____和_____。

(二)判断题

1.IBM 公司的电子商务(E-Business)概念包括三个部分:企业内部网(Internet)、企业外部网(Extranet)、电子商务(E-Commerce)。　　　　　　　　　　　　　　(　　)

2.电子商务是各参与方之间以网络方式而不是通过物理交换或直接理接触完成业务交易。　　　　　　　　　　　　　　　　　　　　　　　　　　　　　　(　　)

3.电子商务是新兴行业,不能运用于传统行业。　　　　　　　　　　　　(　　)

4.Online to Offline,即 O2O 模式,是指利用线上交易代替线下交易过程。　(　　)

5.对我国的汽车制造商来说,真正要实现在网上售车还有不少障碍,但可以通过网络实现高水平的客户服务。　　　　　　　　　　　　　　　　　　　　　　(　　)

(三)课外拓展题

搜集 5 家国内汽车类专业网站,并完成其中 1～2 家普通会员注册,并通过浏览加以了解。

单元二 汽车电子商务系统

📚 **学习目标**

完成本单元学习后,你应能:

1. 理解汽车电子商务系统概念及结构功能;
2. 认识一些典型的汽车电商平台;
3. 掌握汽车行业电子商务营销模式;
4. 了解汽车电子商务支付系统;
5. 了解汽车电子商务安全技术。

⏱ **建议课时**

16课时。

课题 1 电子商务系统概述

一 电子商务系统流程要素及其相互关系

① 电子商务系统流程要素

电子商务分为四个主体,即购买者、供应商、金融服务商、物流服务商,一笔交易的达成就是各种要素在这四大主体之间的传递(图2-1)。电子商务的任何一笔交易,都包含了信息流、资金流、商流和物流四大要素。

(1)信息流。信息流包括提供商品信息、促销、售后服务等内容,询价单、报价单、付款通知单、转账单等商业单证,交易双方的信誉、支付能力等信息。

(2)资金流。资金流包括货币或资金的转移过程。

(3)商流。商流是指商品在购销之间进行交易和商品所有权转移的运动过程。

（4）物流。物流是指物质实体的流动过程,包括运输、储存、配送、装卸、保管、物流信息管理等。

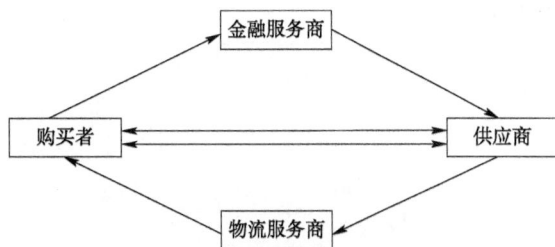

图 2-1　电子商务系统的主体

② 电子商务中信息流、资金流、物流的相互关系

电子商务四大要素相互依存,以信息流为依据,通过资金流实现商品的价值,通过物流实现商品的使用价值(图 2-2)。

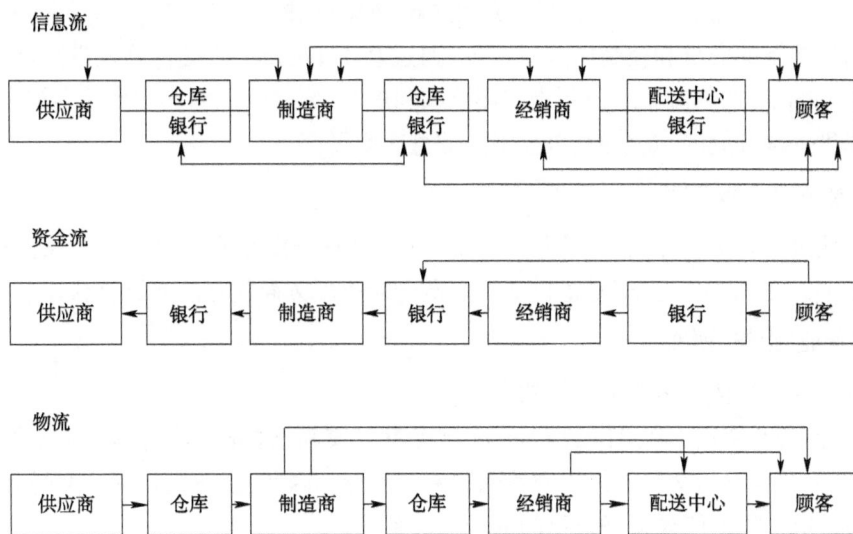

图 2-2　信息流、资金流、物流的流通过程

物流是资金流的前提和条件;资金流是物流的依托和价值担保,并为适应物流的变化而不断进行调整;信息流对资金流和物流运动起指导和控制作用,并为资金流和物流活动提供决策的依据。

二　电子商务系统的组成

电子商务系统是实现网上交易的体系保证。网上交易的双方在空间是分离的,为保证交易双方进行平等、自由交换,必须提供相应货物配送手段和支付结算手段。为保证企业、组织、消费者能够利用网络顺利进行交易,需要专门提供这方面服务的中间商参与,即电子商务服务商。基础电子商务系统组成如图 2-3 所示。

❶ Internet 信息系统

Internet 信息系统是指企业、组织和 ISP 在 Internet 基础上开发设计的信息系统,它是电子商务系统的核心和基石。

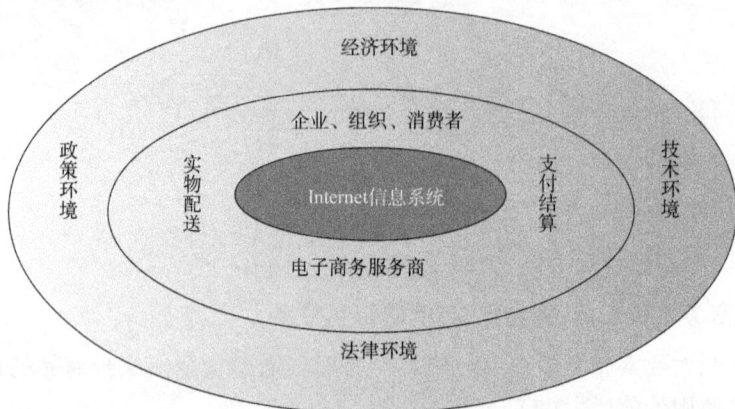

图 2-3 基础电子商务系统的组成

在信息系统的安全和控制措施保证下,通过基于 Internet 的支付系统进行网上支付,通过基于 Internet 的物流系统控制物流环节顺利进行,最终保证网上交易的实现。其主要作用为提供一种开放的、安全的、可控制的信息交换平台。

❷ 电子商务服务商

与其他服务系统一样,在电子商务系统中,需要有一批专业化分工者相互协作,为企业、组织、个人在 Internet 上交易提供支持。电子商务服务商就是起着这种作用。

❸ 企业、组织、消费者

企业、组织、消费者是网上交易的主体。

组织、消费者使用 ISP 提供的 Internet 服务参与交易,过程比较简单。企业作为交易主体,必须为其他参与交易方提供一系列服务和支持。因此,企业进行网上交易是很复杂的,必须系统规划,才能建设好自己的电子商务系统。

❹ 实物配送

如果消费者通过 Internet 订货、付款后,不能在允诺的期限内将货物送到指定的地点,会使消费者在进行网上交易时驻足不前。

没有高效的物流系统的支撑,网上交易是难以进行的。这是我国目前电子商务系统中需要大力发展,也是最需要规范的一个环节。

❺ 支付结算

支付结算关系到消费者能否安全、及时地将货款交付到商家,关系到商家能否及时收回资金,促进企业经营良性循环。

由于我国电子商务还处于初级阶段,诸多问题还未解决,如信用和网上安全问题等。许多交易只是通过网络查询信息、订货、签订协议等,然后利用传统手段进行支付结算。

不过随着第三方支付平台的兴起,这种现象开始得到改观。

三　电子商务系统环境

❶ 经济环境

经济环境涉及企业信息化、商业电子化和金融电子化的程度,以及电子商务税收制度、信息访问的收费、传输成本等制定的政策等,是影响电子商务发展的基本环境。

❷ 社会环境

社会环境包括网络消费者市场的发展和消费者的购买行为、网上产业市场的发展及其购买行为、网上一般组织机构的市场发展及其购买行为等。

❸ 法律环境

法律环境包括电子商务交易方面的法规、电子商务安全方面的法规、电子商务知识产权方面的法规及其电子商务的司法管辖权等。

❹ 技术环境

技术环境包括技术标准的设定、电子商务系统加密技术、认证技术等。

(1)技术标准。其为信息发布与传递的基础,是网络信息一致性的保证。

(2)加密技术。加密是用基于数学算法程序和密钥对信息进行编码,生成外人难以理解的字符串,从而防止信息被盗窃和篡改。

目前常用的加密技术有散列编码、对称加密、非对称加密等。同时,人们还制定了一些安全标准,如 SSL 协议、SET 协议等。

(3)认证技术。其用来确保信息的真实性,主要包括数字认证和身份认证两方面。

数字认证:证书所有者的姓名、公钥、公钥的有效期、颁证单位、证书序列号等。

身份认证:接受交易方的数字申请、核实情况、数字证书,证书管理等。

四　电子商务系统的结构

电子商务整体结构包括电子商务应用层结构、支持应用实现的基础结构。基础结构又包括三个层次和两个支柱。三个层次之上是各种特定的电子商务应用,可见三个基础层次和两个支柱是电子商务应用的条件(图2-4)。

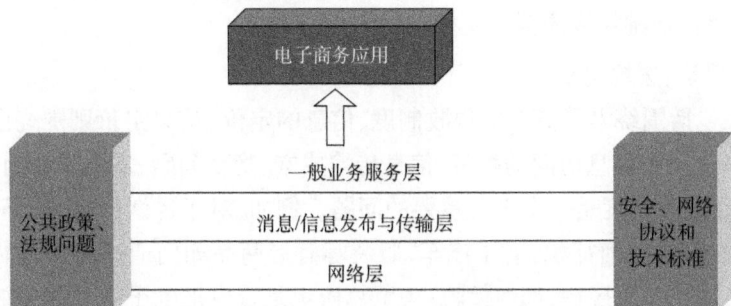

图2-4　电子商务系统结构

❶ 电子商务基础结构的三个层次

（1）网络层。网络层是电子商务的硬件基础设施，是信息的传输系统，其主要包括远程通信网（Telecom）、有线电视网（Cable TV）、无线通信网（Wireless）和互联网（Internet）。远程通信网包括电话、电报；无线通信网包括移动通信和卫星网；互联网是计算机网络。目前，这些网络基本上是独立的，研究部门正在研究将这些网络连接在一起，到那时传输线路的拥挤现象将会彻底改变。

当前大部分的电子商务应用还是基于 Internet。互联网络的主要硬件包括计算机、通信设备、集线器（hub）、数字交换机、路由器（routers）、调制解调器等（图 2-5）。当前主要由 ISP 提供这些服务。

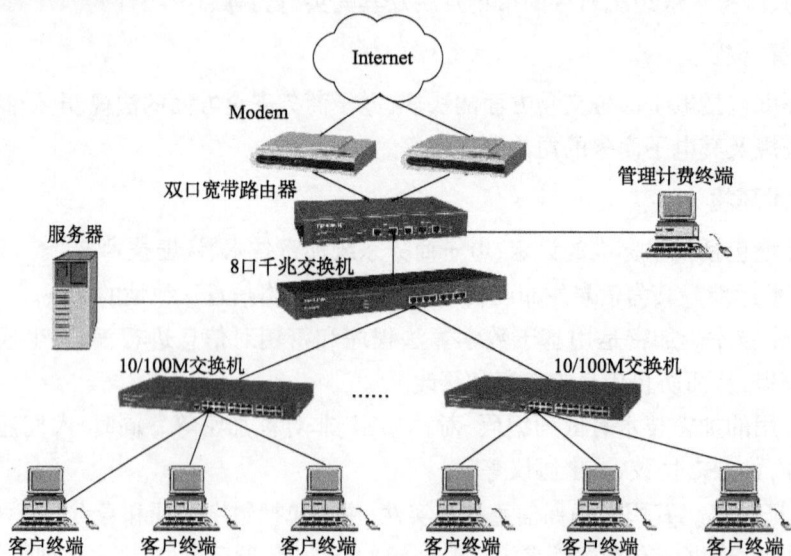

图 2-5　互联网硬件设备

（2）消息/信息发布与传输层。线路上传输最复杂的信息就是多媒体信息，它是文本、声音、图像的综合。最常用的信息发布应用是 WWW，其用 HTML 或 JAVA 将多媒体内容发布在 Web 服务器上，然后通过一些传输协议将发布的信息传送给接收者。

（3）一般业务服务层。用来实现标准的网上商务活动服务，包括标准商品目录服务、电子支付工具的开发、商业信息安全传送方法。

❷ 电子商务基础结构的两个支柱

（1）公共政策、法规问题。

公共政策包括围绕电子商务的税收制度、信息的定价（信息定价则围绕谁花钱来进行信息高速公路建设）、信息访问的收费、信息传输成本、隐私问题、需要政府制定的政策等。其中，如何制定税收制度是一个至关重要的问题。例如，对于咨询信息、电子书籍、软件等无形商品是否征税，如何征税；对于汽车、服装等有形商品如何通过海关，如何征税；税收制度是否应与国际惯例接轨，如何接轨；关贸总协定是否应把电子商务部分纳入其中。这些问题不妥善解决，则会阻碍电子商务的发展。

法规维系着商务活动的正常运作,违规活动必须受到法律制裁。网上商务活动有其独特性,买卖双方很可能存在地域的差别,他们之间的纠纷如何解决?如果没有一个成熟的、统一的法律系统进行仲裁,纠纷就不可能解决。那么,这个法律系统究竟应该如何制定?应遵循什么样的原则?其效力如何保证?如何保证授权商品交易的顺利进行,如何有效遏止侵权商品或仿冒商品的销售,如何有力打击侵权行为,这些都是制定电子商务法规时应该考虑的问题。法规制定的成功与否直接关系到电子商务活动能否顺利开展。

(2)安全、网络协议和技术标准。

安全问题可以说是电子商务的中心问题。如何保障电子商务活动的安全,一直是电子商务能否正常开展的核心问题。作为一个安全的电子商务系统,首先必须具有一个安全可靠的通信网络,以保证交易信息安全、交易传递效率;其次必须保证数据库服务器的绝对安全,防止网络黑客闯入盗取信息。目前,电子签名和认证是网上比较成熟的安全手段。同时,人们还制定了一些安全标准,如安全套接层(secure sockets layer)、安全 HTTP协议(secure-HTTP)、安全电子交易(secure electronic transaction)等。

技术标准是信息发布、传递的基础,是网络信息一致性的保证。如果没有统一的技术标准,这就像不同的国家使用不同的电压传输电流,用不同的制式传输视频信号,这便限制了许多商品在世界范围的使用。EDI 标准的建立就是电子商务技术标准的一个例子。

课题 2　汽车电商平台的典型案例

一　汽车电商平台的三大种类

根据汽车之家近日公布的 2014 年"双 11"的公开数据显示,"双 11"当天,确认的订购总量为 37117 辆,订购总金额为 60.54 亿元,全款方式购车成交量为 2488 辆,销售额总计2.23 亿元。10 月 15 日至 11 月 11 日,整个"双 11"购车狂欢节期间,消费者在天猫订购整车 5.07 万台。

真正的汽车电商是培养用户在网上全款购车的习惯,成为线下厂商和 4S 店认可渠道,并且信息全对称,转化成产销一体化的交易闭环。但据《汽车消费行为调查》显示,消费者对于网络购车的热情还不高。消费者纷纷认为,看不到实物和售后问题是网络购车的最大障碍。同时,汽车电商正在走着另外一条成长路径。众所周知,普通电商是先培养用户、打造平台,再建立 B2B、B2C、C2C 模式,进而转化为生活、交易场景更丰富的 O2O。

而拥有细分用户,并已经打通线下渠道的汽车电商可以顺理成章地做 O2O 模式,但要把销售线索变成另一个主流销售渠道,就必须再进行 B2C 转化。拿汽车之家副总裁马刚的话来形容当下情形:用户已经积累,线下有需求,平台需整合。

汽车电商对用户的价值有三个,方便快捷的服务效率、可靠和完善的服务项目以及合理的价格。现在看来,第三个因素最吸引用户,汽车电商平台也最容易把控。

搭建一个安全的支付平台是整个交易过程中最重要的环节。比如汽车之家推出了"车支付"平台。和支付宝功能一样,"车支付"扮演着用户与 4S 店之间从付款到最终提车的财务信用保障。

如今的汽车电商平台市场上有三方主流势力正在拼杀。

1 厂商和经销商的自建平台

2014年3月,上汽集团斥资2亿元打造的O2O电商平台"车享网"正式上线。这标志着,厂商已经无力面对汽车销售利润下滑、4S店成本高的销售模式弊端(图2-6)。

图2-6　上汽集团自建电商平台

但这类平台最直接的问题是没有互联网基因,导致其用户群体单一,社交能力弱,线上购物体验差。优势是线下资源充足,政策优势明显。

2 垂直平台和资讯平台

垂直平台和资讯平台也是汽车电商竞争最激烈的群体,如新浪汽车、搜狐汽车、汽车之家、大搜车、易车、平安好车等。其优势是具备强大的细分用户群和社交性,比传统电商更懂汽车、市场细分以及客户。

但挑战是需解决汽车厂商和经销商之间的利益调整。"这也是最困难的一步",马刚说。汽车销售利润越来越低,成本却很高,如果减少销售环节,降低销售成本,缩减实体店数量,销售成本可以降低三分之一。如果完成实现线上销售,无处安放的经销商势必会群起而攻之,在汽车电商市场没有完全成熟之前,为了保护市场,厂商不敢轻易把线上作为其主流销售渠道。

但一个不可回避的现实是随着汽车电商的发展壮大,未来会对现有销售体系带来深刻的变革。汽车电商让经销商的运营成本大大降低,汽车电商转型为销售渠道之后,只会是线下销售渠道的补充,很多传统零售品牌都在天猫开设了旗舰店,每年"双11"期间,线下实体店几乎都是为线上导流服务的,这说明两个渠道之间的关系是越来越紧密了,最终大家的目的是一致的。

3 传统电商企业

传统电商企业,诸如天猫汽车、京东、淘宝都在汽车分类领域博弈。其优势是用户已经有网购和支付习惯,但其细分用户和线下资源整合度不足。

以上三股力量各有所长,但都需要在汽车电商之路上继续摸索。未来有可能并行,有可能交汇,但只有等线上、线下、售后全部环节打通统一后,汽车电商时代才会真正到来。

二 汽车电商平台的典型案例

(一) 车享网

1 成立背景

车享网出身"富二代",由上海汽车集团股份有限公司投资,从事汽车O2O电子商务业务。车享网上线之后,上汽集团内包括大众、荣威、别克、雪佛兰等9大品牌悉数被纳入,率先在上海、南京、杭州等8个城市超过120家经销商作为试点。在经过一段时间的磨合后,上汽旗下3000多家经销商将陆续进入车享网(图2-7)。

图2-7 车享网

依靠这些得天独厚的资源,经销商能通过线上来揽客,而消费者可以在线上筛选服务,并实现在线结算,使"车享网"很快达到规模。车享网上线以后,销量基本完成了目标。网上接了2700个订单,完成交车1800多辆,部分品牌已经超额完成了目标。

2 定位和意义

车享网的基本定位:车享网不仅仅是卖车,而且要做好后市场服务,和客户直接联络。

车享网存在意义:厂家希望提供服务,用户希望方便地享受服务,需要有个平台实现有效对接。车享网的目的就是做一个平台,把社会化需求和社会化资源进行对接。

3 会员制服务

目前,上汽只针对在车享网进行消费的用户开放会员服务,称为"车享汇"。只要在车享网注册成为会员,即可拥有道路救援、代驾服务、免费洗车、加油优惠、租车优惠等权益。

车享网根据会员获得的序列号及订单的生成,一系列的会员信息都被完整地收集起来,而接下来该会员的增购、换购、维修等过程都将在此留下新的信息。这个庞大的数据库,未来将为车企在售后服务、营销推广甚至渠道布局等方面提供重要参考。

与传统的购车模式相比,通过网上购车,商家更好地掌握了客户资源,上汽仅乘用车市场拥有的客户就已超过 2000 万个,不过,这些客户分别来自上汽旗下八个不同的乘用车品牌,四家乘用车公司,四家公司之间客户资源并不共享,其间可能有荣威的客户升级买大众,也有可能有五菱的客户升级买 MG,不过,究竟有多少客户实现了集团内的升级,在什么时候实现了升级,上汽并不知道。如果通过车享网,这些信息都可以及时掌握并及时跟踪。

而对于消费者而言,如果购车后所有的维护都在上汽集团内部完成,也可以轻松地了解自己爱车完整的维修记录,拥有了完善的档案资料,为二手车的交易增值。

④ 车享网 O2O 模式

车享网更多是从 offline 到 online,要想打通线上与线下,最大挑战是已购车用户的维系。怎么在客户买完车以后,继续能保持跟客户的联系,一个核心的点就是怎么让客户上线。

对上汽来说,线下渠道和资源比较丰富。可以整合的线下资源包括:售后资源(主要是通过 4S 店来实现)应急救援、安飞士租赁、汽车金融以及零配件资源等。

上汽的做法是将线下资源数字化:比如在预约维修方面,他们做的事情有点像打车软件,你能很快了解到在当下周围哪些 4S 店是有空的,类似于把空的出租车都显示出来。同时,4S 店也可以知道周围有哪些客户是有需求的。这样把需求方和供应方通过非常低成本的方式连接起来,就像酒店把空余房间在携程上销售是一样的。

如果车辆维修需要两三天,用户没有车确实很不方便,但他却不知道怎么很方便地租到一辆车。安飞士是上汽的一家合资企业,用户只在屏幕上稍微动动手指就可以租到车。由于你的车在上汽修,租车押金就可以免了。

目前发展:初期车享网只是覆盖 8 个城市,120 家经销商,目前还看不出消费者地域分布的太多特点。目前车享平台流量并不高,日均在 8000 人左右。但是有 56% 的流量是来自 8 个城市以外,车享网计划尽快扩大经销商的范围,来提高流量的利用率。

⑤ 推广策略

客户在买车的时候,因为要进行车型对比,所以客户习惯还是在 PC 端。但是在买完车以后,客户会倾向于用移动端来获取信息。APP 是移动端的核心产品,所以它更能方便地基于位置、基于场景为客户提供服务。

因此,和整车营销相关的,我们还是放在 PC 端,对于已购车的车主,我们的商品会依托移动端来实现。具体包括:

(1)像招商银行是通过柜台来推广下载 APP。

(2)最低成本去触及客户的方式——线下。在客户进 4S 店看车的时候,或者用电话和短信方式告诉客户我们有这样的服务,甚至会通过一些常规的广告宣传方式。因为他们有客户家庭地址,可以把广告直接做到客户家电梯里去,让其扫描二维码。

(3)用商品来承接,建设社区,做有情感有温度的营销。现在车的同质化还是很严重的,车享网要做出自己的特色,才能在市场中识别出来。

⑥ 盈利模式

广告投放对汽车之家这样的媒体是适用的,但广告投放并不是其主要盈利模式。

但是如果一直依赖广告,基本上说明平台的转型并没有成功,最终的盈利格局会跟天猫很像。

7 存在问题

(1)车享价不是最终价格。车享价即过去一周内该车成交的平均价,都低于经销商报价,车享价只是参考值,并不是最终价格,消费者不能以此价下单,具体成交价格还是要在经销商网上报价的基础上去店里确认最终价格。

(2)询价系统不完善。车享网主页设置"轻松购车"项,消费者选定车型后,可以选择其中一家经销商在线询价,填写个人信息后等待手机短信回复。如果你在未等到回复前想更换经销商,也有这个按键,但两个报价短信同时发送给消费者就容易搞混,因为落款不会注明价格究竟出自哪一家经销商。

(3)会员积分兑换不实际。会员采取积分制,10元积1分,积分有效期为1年。但3个档次的积分套餐内所有的免费服务都只针对车享平台上购买的那辆车有效。此外,汽车可不是快消品,可能有5年以上的消费间隔期。1年时间内可以用买车款积分来换服务,那第二年不买车怎么办?单靠维修也难以到达套餐档次,局限性较大。购买车辆一次性获得一定积分,积分用完以后再次获得积分基本就是好几年后的事了,积分用完以后,如何吸引消费者继续消费,保持或提升会员资格并非易事。

此外,网站体验不佳,功能也不完善,上线首批只支持8个城市,可见打造O2O整合资源困难重重,以后的路还有太多未知数。但是,网上购车毕竟是个趋势。"车享网不一定会成功,但不做车享网永远不会成功。"这是上汽某品牌经理给出的答案。

想一想:
与车享网类似的汽车企业自建的电商平台大家还能找到哪些呢?

(二)汽车之家

1 网站介绍

汽车之家(www. autohome. com. cn)于2005年6月成立,是全球访问量最大的汽车网站,根据iUserTracker数据统计,汽车之家日均覆盖人数超过500万人,月度覆盖人数超过7000万人。我国互联网汽车用户59%的时间花费在汽车之家(图2-8)。

2 网站发展历史与发展战略思路

汽车之家自2005年成立以来,历经十年磨一剑,已经是我国顶尖的汽车网络平台,并在2013年于美国上市(图2-9)。

战略思路:汽车之家经销商平台拥有逾万家的4S店,致力于为消费者提供最及时、最全面、最准确的汽车价格信息,通过对易用性的不断改进,在线商家和线上交易额逐步攀升,力争打造成我国最大的网上4S店。以用户为核心,以车主的声音为基础,打造全国最大的专业汽车交流平台。通过"人·车·生活"三位一体的经营理念,帮助用户完成从

"选择汽车"到"享受生活"的理想过程。汽车之家秉承"消费者利益至上"的原则,为广大用户提供一个庞大的、真实有效的车源展示平台,后续还将整合用户最为关注和需要的价格评估、信用担保、汽车保险等多项线下业务,全面解决用户在买卖车环节中可能存在的问题,为用户提供全方位的服务。

汽车之家是中国成立最早、发展最快的汽车网站

汽车之家(二手车之家)成立于2005年,经历了多年的高速发展,从最初的20余人,发展至今拥有北京、上海、广州3大分支机构,全国已有85个地方站,辐射100个卫星城市,是一家全国拥有超过800名员工的汽车互联网企业。

汽车之家始终坚持"疯狂满足汽车消费者需求"

汽车之家为广大汽车消费者提供选车、买车、用车、鉴赏及与汽车生活相关的全程服务,以全面、专业、可信赖、高质高效性的内容,多层次、多维度地影响广泛的汽车消费者,是中国最具价值的互联网汽车营销平台;汽车之家以全球化的视野和深刻的行业洞察力,未来将持续推出创新的服务内容,并积极拓展移动互联网领域的各种应用,始终引领汽车互联网的发展潮流。

汽车之家是全球访问量最大的汽车网站

根据业内权威第三方机构艾瑞咨询提供的数据,2012年汽车之家日均用户数超过560万,月度用户覆盖数超过7000万;中国汽车互联网用户60%的浏览时间花费在汽车之家。2012年汽车之家全年将产生近1000万的有效销售线索;汽车之家是全的领先的汽车互联网媒体和整合营销平台。

图 2-8 汽车之家

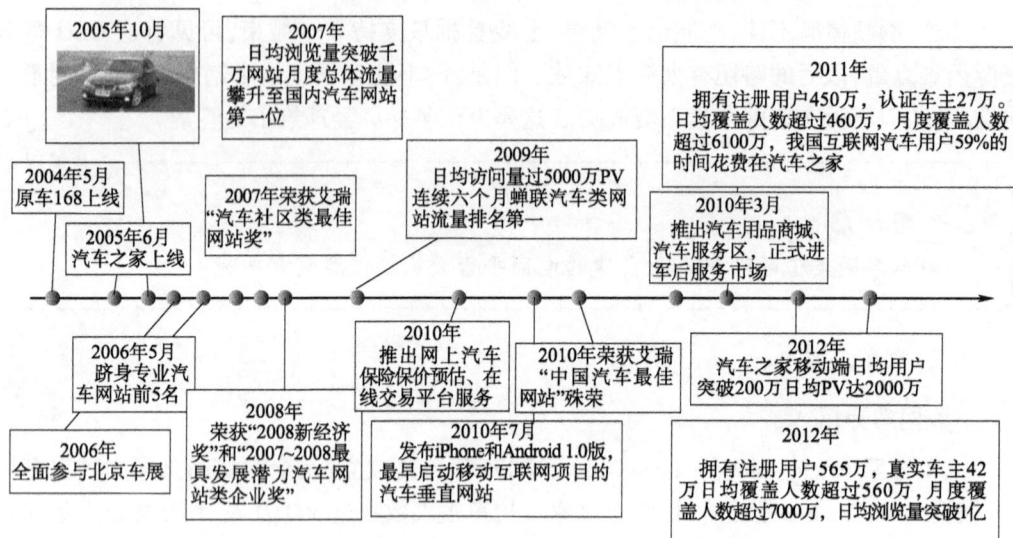

图 2-9 汽车之家发展史

❸ 特色服务平台

(1)资讯服务平台:在资讯服务方面,汽车之家是我国最具权威性的网络媒体。网络式的频道划分,包括新闻、行情、评测、导购为主的资讯频道,秉承"精辟的观点与精美的形式并重",以"内容×商品×客户"的三维立体式的资讯平台为用户提供快捷的资讯服务。

(2)数据服务平台:汽车之家拥有国内最先进,最具特色的网络商品发布平台和网络整合营销平台。包括商品信息、经销商社区、全国报价、数据调研、动态购买度查询、用户反馈、商品增值服务等多种功能。以汽车之家权威性的评测以主导,加以价格的动态变化,推荐商品的可购买指数,是互联网上最先进的关联搜索及交易平台。

(3)互动服务平台:汽车之家提供了多元化的互动平台。注册人数超过 60 万的汽车之家社区,除了丰富的资讯之外,特色竞拍、淘金和网络专卖店,给予用户不同的消费体验。

❹ 网站/电子商务模式分析

(1)网络销售模式:利用品牌与互联网开展网上销售减少销售环节,节约实际销售成本、信息采集及时、物流管理快捷。

(2)商业模式:汽车之家的战略目标定位于为客户提供免费在线的分类信息的站点,搭建资源丰富、信用度高、交互性强的分类信息平台,坚持以疯狂满足汽车消费者购车以用车需求为使命(图 2-10)。目标客户指的是有购车意愿的个人群体和商家,另外还包括想发布自己汽车信息的一些企业或者零售商等。

汽车之家:用户在平台上频繁地**互动交互**

资讯 占**35**%浏览比例　　　　**社区** 占**30**%浏览比例

日均文章点击量　　　　　　　日均发帖量

超过600万次/日　　　　**近1万**条/日

日均评论总量　　　　　　　　日均回帖量

超过4000条/日　　　　**近20万**条/日

图 2-10　汽车之家客户交流互动量

(3)经营模式:坚持以用户为主搭建全方位媒体平台,为用户提供购买前资讯服务、购买中数据服务、购买后互动服务,为汽车厂商提供精确有效的广告投放服务,为汽车经销商提供汽车销售和用户在线沟通平台(图 2-11)。

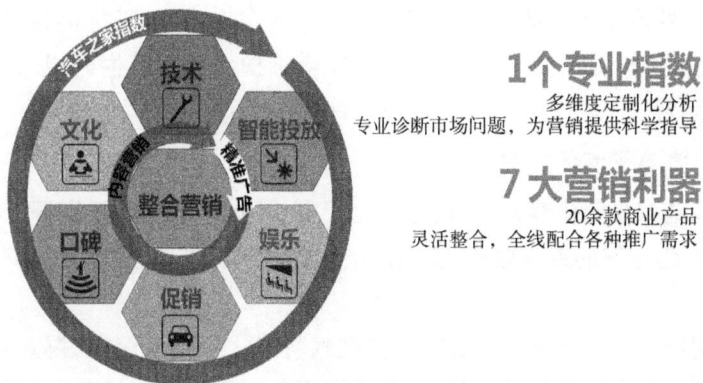

1个专业指数
多维度定制化分析
专业诊断市场问题,为营销提供科学指导

7大营销利器
20余款商业产品
灵活整合,全线配合各种推广需求

图 2-11　汽车之家营销手段

(4)盈利模式:商家广告,视频广告,还有发表一些汽车公司的软文广告(新车试驾、对比测试报告),靠广告赞助来平衡支出,取得利润。与企业合作,与一些生产汽车的生产商和零售商合作,直接卖汽车;和汽车4S店合作,进行汽车美容、换油等综合服务;与合作企业及零售商为客户提供有用的信息和低价优质的团购商品(图2-12)。

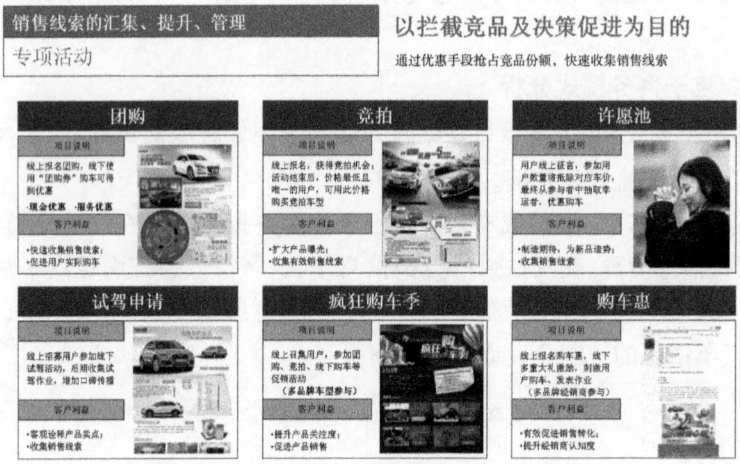

图2-12　汽车之家营销活动

(5)技术模式:先进的搜索引擎技术为用户提供信息和用户与汽车经销商或生产商之家的联系平台;利用论坛技术,实现信息的交流与沟通,增加用户的可信度;利用视频技术,提供商品或者品牌的视频宣传,汽车使用或是维护知识;利用库数据技术,全面准确的车型数据,新车数据入库以便快速及时方便查询。

(6)管理模式:汽车之家的管理模式主要可以从其客户关系的管理上来进行探讨(图2-13)。汽车之家自成立以来,严格坚守"把汽车消费者的利益放在第一位"的原则,为用户搭建全方位的媒体平台,成为目前国内访问量最高、覆盖面最广、信息量最大、最具用户影响力的专业汽车用户网站。汽车之家成功的一个原因就是其有着优秀的客户关系管理模式。具体来说就是汽车之家在为用户提供很好的信息、把客户利益放在第一位同时,也与其他客户即那些汽车生产商和零售商有着极好的客户关系,坚持再为用户提供最好的服务的同时,也为客户提供极好的价值回馈,凭借维护着关系其生命线的两大群体,保证其稳定又快速运营。

⚙ 5 汽车之家电子商务案例

(1)整合营销。多元化营销手段,全方位配合使用,全平台优质资源,深度整合,形成大曝光、高关注、强记忆的复合效应,实现多层次的传播诉求,全面提升品牌价值和商品销量(图2-14)。

(2)技术营销。专业解读,深入浅出,打破教科书式的枯燥解析,摒弃高空线路,用消费者喜爱的方式,让他们听得懂技术,从实际应用角度切入专业技术,不断挖掘商品特色和技术亮点,双向拉动品牌和商品价值(图2-15)。

(3)价格营销。有效获取真实消费线索,深度分析商品所处市场格局、用户情况、竞品动态,找准厂商销售体系下商品销售问题点,结合自身平台优势,制订极具针对性的解决方案,有效提升商品价值和销量(图2-16)。

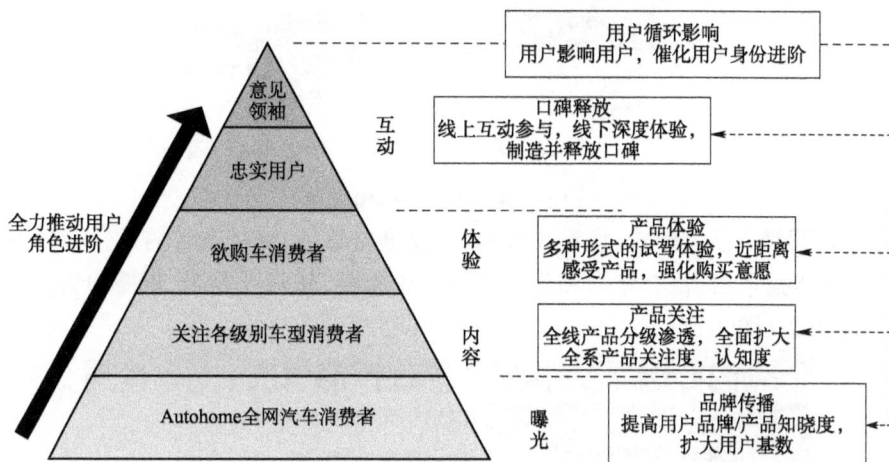

图 2-13　汽车之家客户管理

图 2-14　汽车之家整合营销案例

图 2-15　汽车之家技术营销案例

图2-16 汽车之家价格营销案例

(4)娱乐营销。多元形式,病毒式影响,结合热点事件,借势造势,打造病毒式传播因子,依托强势传播平台,富有张力和传播性的娱乐包装,让沟通升级,传播加力,情感影响品牌和商品价值(图2-17)。

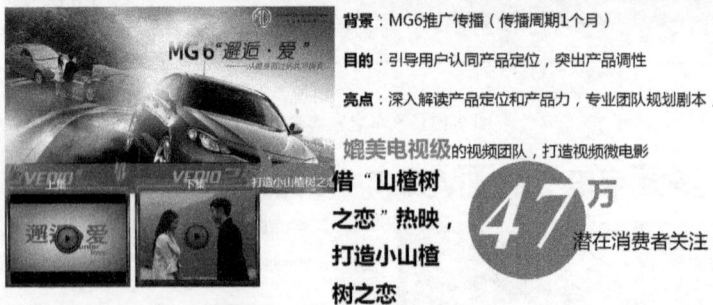

图2-17 汽车之家娱乐营销案例

✎ **想一想:**
与汽车之家类似的汽车电商平台大家还能找到哪些呢?

(三)汽车品牌天猫营销平台

❶ 东风雪铁龙天猫旗舰店

(1)运营目标。东风雪铁龙天猫旗舰店旨在利用电子商务平台有效地收集精准客户信息,形成良好的线上线下互动,从而促进汽车及相关商品销量,提升品牌口碑。

①抓住试驾线索、促进品牌传播。

以东风雪铁龙为主题经营,将销售线索从线上引导到线下,并且在协助经销商完成销售的同时,利用天猫平台,传播品牌,提高消费者对其的了解水平。

②销售整车及其备附件。

通过销售整车的同时,附带销售其精品备附件,而且其终端渠道的价格不会影响到整体的价格政策。通过赠送特别礼物,来实现与实际服务的差异化促销。

③依靠互动营销与口碑提升。

以当期各平台主打产品结合数字营销的整体规划进行互动营销,同时基于电商平台口碑的提升,建立新车在线客户中心,用户可以依靠其直接沟通与产品相关的问题。

（2）旗舰店定位及销售范围。东风雪铁龙希望天猫旗舰店能够借助成熟的电子商务平台打造其品牌的传播阵地、网络客户销售线索的收集器、品牌咨询的发布平台、品牌互动的活动中心以及用户的交流平台。旗舰店涵盖整车销售、备附件销售、精品销售以及售后服务预约服务等各项内容（图2-18）。

图2-18 东风雪铁龙天猫旗舰店

（3）东风雪铁龙天猫旗舰店运营流程（图2-19）。

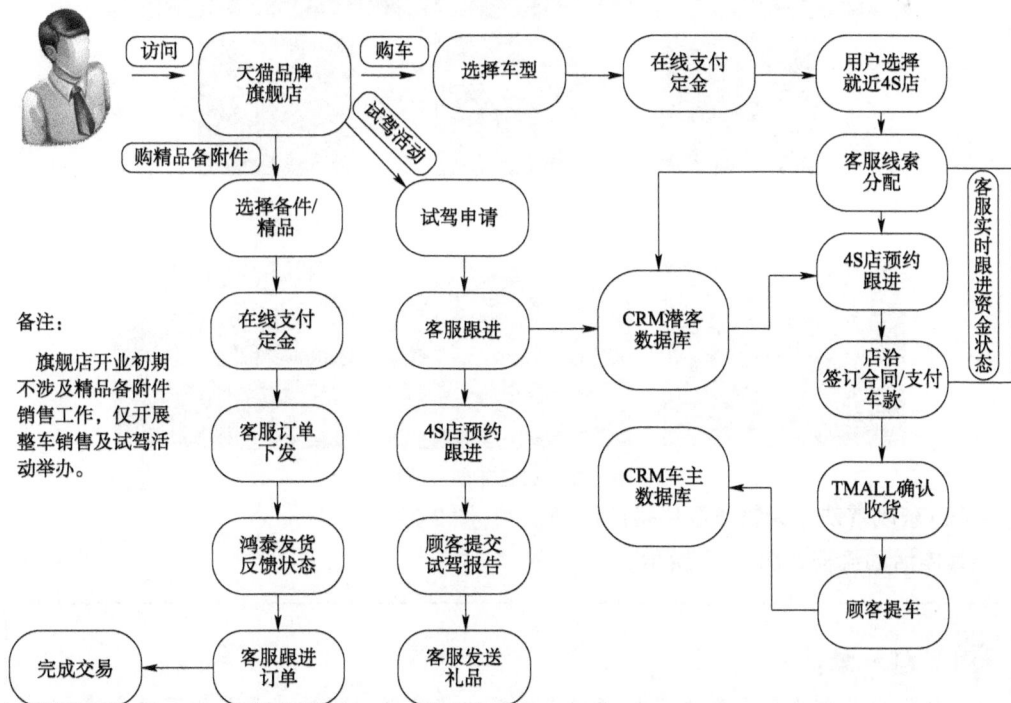

备注:
旗舰店开业初期不涉及精品备附件销售工作,仅开展整车销售及试驾活动举办。

图2-19 旗舰店运营流程

（4）东风雪铁龙天猫旗舰店资金流程（图2-20）。

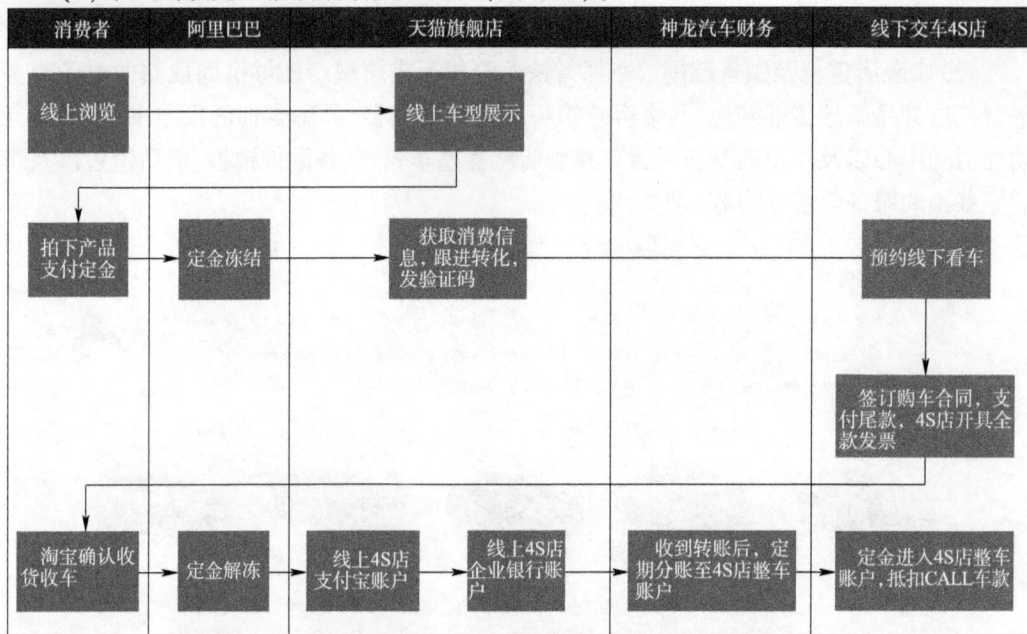

| 消费者 | 阿里巴巴 | 天猫旗舰店 | 神龙汽车财务 | 线下交车4S店 |

图2-20 旗舰店资金流程

（5）东风雪铁龙天猫旗舰店推广活动介绍（图2-21）。

图2-21 旗舰店推广活动

（6）东风雪铁龙天猫旗舰店推广活动案例（图2-22）。

具体活动流程如图2-23所示。

想一想：

你还能找到东风雪铁龙天猫旗舰店的其他推广活动吗？请与其他同学分享。

图 2-22　旗舰店"秒杀"活动

图 2-23　"秒杀"活动具体流程

❷ 天猫平台其他汽车电子商务案例

（1）天猫平台是国内最具影响力的 B2C 交易平台,覆盖了网购主流消费人群,B2C 市场份额名列第一,用户规模第一,拥有 9800 万名注册会员、50000 个商户、70000 个品牌（图 2-24）。

图 2-24　天猫商城

天猫平台如何推广汽车品牌?其方式有三种:一是精准锁定有汽车购买需求的人群,定向推送品牌车型实用信息;二是广泛覆盖更多目标用户群体,找到更多目标受众用户群;三是通过营销推广最直接地影响目标受众,发掘潜在用户的需求(图2-25)。

图2-25 天猫的精准营销式推广

(2)经典案例:"天下第一团"——首度网络汽车团购。

2010年9月9日上午10点准时开团!淘宝聚划算和奔驰合作smart团购上线,原价17.5万,聚划算价13.5万,经过3小时24分的时间,205辆奔驰smart全部一抢而空,总销售额为2767.5万(图2-26)。

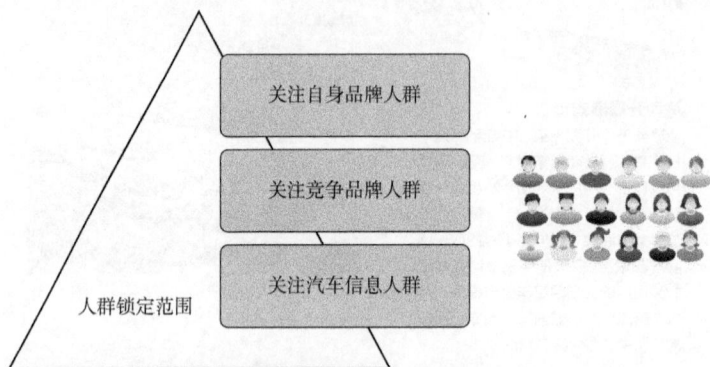

图2-26 奔驰SMART团购活动

根据奔驰官方统计,活动所在的9月份全国总销量约超过900辆,相当于奔驰在我国2009年近一年的销售量,占到smart 2010年全年销售总额的1/4,尽显淘宝平台的强大影响力和淘宝用户的高购买力。

(3)经典案例:免费试驾15天征集活动。

为配合奔驰smart推广,淘宝试用中心平台开设了免费试驾15天的试驾征集活动,该活动共有超过48741人申请,进一步带动了淘宝用户对smart汽车的关注(图2-27)。

(4)经典案例:低门槛的用户参与——竞拍。

　　低门槛的用户参与是吉利 SNS 营销活动成功非常关键的因素,本次营销活动中,除了常规的硬广告资源外,淘金币竞拍是参与最关键的低门槛入口,竞拍区别于传统的广告方式,其主要体现在用户在获知信息的同时,由于竞拍的趣味性和低门槛,还能积极参与,从而增加用户接触时间,加大用户对事件认知的程度(图 2-28)。

图 2-27　奔驰 SMART 试驾 15 天推广活动

图 2-28　吉利 SNS 竞拍活动

课题 3　汽车行业电子商务营销模式

　　随着网络的出现,人们借助网络广泛地从事商品与服务的电子商务,大大扩展了交易范围,有效地缩短交易时间、降低交易成本、提高交易效率,并使交易透明化。在这种背景下,传统制造企业纷纷应用网络技术,以实现企业电子商务化来增强企业的市场竞争力。由于不同行业的管理模式和运行模式差异很大,人们对电子商务概念理解也不同,因此电子商务的实施模式也千变万化。对于汽车行业而言,实施电子商务已成为各大汽车集团的共识(图 2-29),但是在现有的企业信息化建设水平、供应模式、销售模式和管理水平基础上,如何实施电子商务,并且随着宏观经济环境和微观管理模式的变化,汽车行业电子商务该如何发展,都需要认真思考。

图 2-29　宝马汽车入住天猫商城

一 汽车行业电子商务开展形式

如今,越来越多的汽车厂商已经逐渐认识到发展电子商务的重要性,不论是汽车制造商还是销售商都在不同程度地开展研究电子商务的应用,相关汽车的专业网站也不少,种类层出不穷。譬如一些大型的门户网站,提供有汽车专栏,介绍汽车资讯、汽车导购、车型对比、汽车评测、汽车报价、汽车知识,甚至连虚拟购车栏目也有。大致上来看,汽车行业开展电子商务如火如荼,以形式的层面来分,可以分为以下三个方面。

1 建立属于自己的汽车网

以电子商务的应用来看,开展网上销售策略也是必不可少的。在汽车网站上,用户可以得到一些汽车资讯与相关的技术知识,如汽车维护、汽车改装、汽车咨询等方面的问题。

除此之外,汽车网站还是在帮自己的汽车品牌做宣传,汽车品牌网站的主页也是以一种广告推广的形式出现,对消费者在购车、用车时所遇到的问题做出解答,获取消费者对品牌的反馈和意见并实行有效的客户关系管理。

2 业务拓展到网上,在网上提供预订服务

线上预订功能是现在众多汽车网站所能提供的服务,在国内,许多的汽车销售点开设在城市的周围,如果在现实中去购车、看车、对比汽车的话,相信会花上许多的时间,精神上的疲劳也可想而之。待到你完成这一系列的苦差后,原本想要购车的兴奋心情已经被一扫而空了。有了这项服务,消费者可以免去挤公交车、在路上奔波、遭受到热晒雨淋的苦恼,安坐在家中,与网上业务员细谈汽车的价格等条件,待谈判完成后就约定购买时间,直接到经销点试车、付款取车。

❸ 汽车零部件的网上采购

实现汽车零部件的网上采购主要是以一种 B2B 的形式进行,即汽车制造商和零部件供应商之间的合作关系。发展网上采购,可使企业产生规模收益递增效应,整合行业上下资源,给整车厂、零部件供应商乃至整个汽车行业带来深远的影响。其一,网上采购可以大大节省交易费用,降低采购成本,通过网络平台,整车厂可以迅速快捷地采购到所需的各种零部件,缩短交货期,减少库存。其二,整车厂可退出零部件生产环节,在更大范围内寻求最佳的零部件供应商,进而改变零部件的供求关系。其三,通过电子商务平台这一信息集散地,汽车零部件厂商能够迅速得到整车厂的最新发展动态,从而及时调整自己的战略重点和研究方向,缩短研发周期。目前,国内的汽车企业已经认识到发展零部件网上采购的重要性,正在努力地筹备,并与国际平台做沟通。

二　汽车行业电子商务营销模式

❶ 自身网络站点建设

这种形式是指汽车制造商通过建设自己的官方网站,以视频、声音、图片和文字的形式向网站的访问者介绍企业和企业的产品。如设立 360 度全景观车页面,包括车内全景、车体外观、中控台和排挡等,访问者可以通过点击上下左右和放大缩小图标来观看汽车的各个部位。另外访问者还可以通过站点了解到车型的配置价格、产品亮点、品牌故事、新闻活动、特约经销商等,并可以在线预约试车、下载图片和视频、提出问题等。如上海通用旗下的别克品牌网站"别克城市"就具备以上所有的功能,其站点页面绚丽大气而不失沉稳,与别克的"心静、思远、志在千里"的品牌形象极其吻合。

官方网站能否吸引大量用户流量是企业开展促销成功的关键。因此,企业在网站建设时要注意以下几点:第一是页面打开速度要快,在网上,速度决定一切,国外研究表明网民对主页打开的等待时间一般不超过 3 秒,如果时间太长,访问者就会失去耐心而离开;第二是网站的动态性要强,网站里的信息量要大且要经常更新;第三是网站的交互性要好,只有注重与顾客的沟通才能留住顾客,一般来说网站应建立自己的意见反馈专区,包括论坛、邮件列表和即时通信软件工具等。

❷ 搜索引擎营销

搜索引擎自诞生以来就开始了迅猛的发展,现已大大改变了网民们的学习、生活和工作方式。在我国,"有问题,百度一下"已经成为众多网民的一种时尚生活方式。作为在未来最被看好的互联网媒体,搜索引擎同样在企业的中发挥着重要的作用。目前我国汽车企业多在新产品推出前后和某一产品进行大型促销活动时,在百度、谷歌等搜索引擎上购买"汽车"、"轿车"、"购车"等热门关键词,以增加官方网站或促销信息网页的点击量,从而达到广告效果。

企业在进行搜索引擎推广时不要局限于购买关键词,在网站开通时进行免费搜索引擎注册,对官方网站的网页内容进行搜索引擎优化也是有效的方式。

❸ 综合门户推广

综合门户网站是目前我国互联网上最大的广告媒体,综合门户网站的首页可以发布汽车产品的视频或图片广告,其汽车频道则为消费者提供最详尽的购车资讯和最便捷的购车通道(图2-30)。汽车频道一般包括新闻、车型、导购、用车、答疑和社区等栏目,消费者可以在其中查询拟购车型所有经销商的信息、最新的车市活动等,并可在网上提交购车意向,计算购车金额等。门户网站汽车频道网络社区的建设至关重要,网络社区不仅可以增加网站人气、积聚目标受众,使营销活动更加精准,还可以催生原创力量,丰富内容。

图2-30 腾讯汽车频道

目前汽车企业还可和综合门户网站进行阶段合作,开展旨在宣传推广汽车产品的网络公关活动,将产品、公关、线下选秀和网上投票等结合在一起,制造新闻点,扩大传播影响。2006年底,由东风雪铁龙和新浪、猫扑、腾讯合作举办的"炫悦我心东风雪铁龙C2完美驾车人"网络征选活动吸引了400万人参与网上投票,最大程度地扩大了活动的影响力和对C2产品的认知度,最终取得了C2火爆的人气和良好的销售业绩,创造了汽车行业的高标准。

❹ 专业汽车站点推广

垂直类专业汽车网站是提供购车资讯和购车服务的一种汽车网络营销平台,并专注于网上汽车业务。它与汽车频道不同的是它的专业性,它专注于网上汽车业务。如定位为第一汽车购买顾问的网上车市网即专注于网上汽车业务,开通网上订车功能不到一年,就实现了单月最高6000个订单的佳绩。

专业汽车站点的品牌专区往往对汽车企业具有品牌塑造和形象建设的职能,在专区内,有时甚至可以找到汽车企业自身的官方网站上没有的信息资料。另外,一些省市级的专业汽车网站也成为当地汽车经销商发布促销信息和网友进行交流的平台。

❺ 博客以及微博(SNS社区)的应用和播客营销

我国学者冯英健认为,博客营销是一种基于个人知识资源(包括思想、体验等表现形式)的网络信息传递形式。开展博客营销的基础问题是对某个领域知识的掌握、学习和有效利用,并通过对知识的传播达到营销信息传递的目的。目前博客价值主要体现在八个方面:(1)可以直接带来潜在用户;(2)降低网站推广费用;(3)为用户通过搜索引擎获取信息提供了机会;(4)可以方便地增加企业网站的链接数量;(5)以更低的成本对读者行为进行研究;(6)博客是建立权威网站品牌效应的理想途径之一;(7)减小了被竞争者超越的潜在损失;(8)让营销人员从被动的媒体依赖转向主动的自主发布信息。

虽然博客潜藏着巨大的商业价值,并且随着博客的迅速发展,也出现了各种盈利模式,如博客门户模式、博客服务托管收费模式和增值服务模式等,但毋庸讳言,博客至今没有形成完全商业化的状态。对此也不必深究,只要营销人员和管理人员能够合理运用博客巨大的营销价值即可。

例如2011年大众汽车的"大众自造"项目,通过人人网以及新浪微博等社区的活动推广,给予普通的群众创造自己梦想之车的机会(图2-31)。这个项目是面向我国公众启动的一个探索未来汽车设计与制造的对话平台,在这个互联网平台之上,有先进的三维模型制作工具可以让人们设计自己的梦想之车。更加吸引人的是,在华大众汽车机构会将这个平台上收集到的设计直接传递到大众汽车总部最高的研发部门和设计部门,甚至有些设计细节还会出现在未来的新车之上。自2011年5月19日正式上线以来,"大众自造"网络互动平台注册用户超过26万人,共收集到超过9万份汽车设计创意作品,同时,"大众自造"官方微博也拥有了40万粉丝。这个项目为我国的汽车爱好者提供了一个绝好的机会,也向世界展示了我国人的创造力。

图2-31 大众自造微博以及SNS社区推广活动

播客营销是把博客营销中用来传递信息的文字图片变成了视频和声音。全球最大的播客网站YouTube的访问流量相继超过了《纽约时报》和BBC,2006年10月10日,Google以16.5亿美元的天价收购YouTube,正是看中了播客的无限发展前景。播客的魅力不仅体现在"草根"的飞跃,还体现在品牌体验的商业价值,其主要通过顾客在与品牌的深度沟通中亲身体验品牌本身的核心价值。

⑥ 手机网络营销

手机上的无线互联网,将是下一个甚至比计算机互联网应用还要广泛的网络,其中蕴含的商业价值无可限量(图 2-32)。截至 2010 年,我国手机网民已达 6930 万。由于手机的贴身性、直接性和关注度都较其他媒体要高,因此基于 WAP(移动手机网)的营销平台,拥有更鲜明的用户族群、更高活跃度的用户和更为精准的效果评测。目前业内已有大量通过 WAP 进行营销的成功案例,如联想笔记本电脑导购和 BENQ 数码产品推广等。2006 年雪铁龙在 C4 型汽车的平面广告中全面使用中国移动二维

图 2-32 手机上的汽车 4S 店

码,顾客通过手机拍照轻松上网,可以随时随地查询新上市的 C4 车型相关情况、查询最近的雪铁龙经销商,并可以参与抽奖活动。虽然活动没有达到预期效果,但却为雪铁龙对 WAP 营销的一次有价值的尝试。

电子商务的实质是企业经营各个环节的信息化过程,并不是简单地将过去的工作流程和规范信息化,而是要围绕电子技术和网络的应用,在科学管理和科学经营两个方面展开。因为传统的生产管理模式已不能、也不可能适应新技术产业革命的变化,必须根据网络经济的特点将企业原有的管理模式,包括计划管理、采购管理、生产管理、物流管理、销售管理、成本管理、财务管理等诸多层面进行根本性的变革。同时,由于企业的电子商务也是企业信息化建设和企业资源计划系统的一个有机组成部分,所以电子商务的高效运行还有赖于一个能够为其提供大量、动态、有效的企业经营、开发、生产、物流、财务、成本等信息的企业内部网络。总之,科学管理和科学经营应是一种紧密结合、互为作用的关系。

课题 4 汽车电子商务支付系统

一 电子支付系统的基本概念

电子支付是电子商务中不可缺少的一部分,也是电子商务存在和发展的基础。如何更安全便捷地进行网上电子支付,目前还没有一个令所有消费者满意的答案。在我国,电子支付更是作为电子商务发展的一个重要问题,时时困扰着我们。尽管如此,电子支付因其具有高效、快捷、方便、不受地域限制等优点,已日益受到人们的重视和欢迎。同时随着现代通信技术、网络技术和电子商务技术的不断发展,不断完善,网上电子支付系统的建设也将对网上交易发展的广度、深度和速度产生举足轻重的影响。

1 电子支付系统概论

(1)电子支付系统。

电子支付系统是指使用电子技术(主要包括计算机和通信技术)在网络中发出、传送

支付指令,通过电子支付工具完成支付结算的支付系统。它包括支付工具的电子化和支付技术的电子化。电子支付系统通常是指客户、商家和金融机构之间使用安全电子技术手段交换商品或服务,把新型支付工具(包括电子现金(E-Cash)、信用卡(Credit Card)、借记卡(Debit Card)、智能卡等)的支付信息通过网络安全系统传送到银行或相应的处理机构,进而完成电子支付的支付系统。其实质是存款在账户间的移动(图2-33)。主要包括两种方式:一是付款人将款项从自己的账户转到收款人的账户;二是收款人主动发出请求付款指令,经付款人确认后将款项转入收款人的账户中。

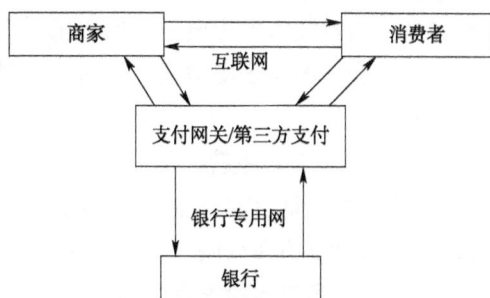

图2-33　电子支付系统架构

(2)电子化支付技术。

银行采用计算机技术、互联网技术等电子化支付的方式,分别代表了电子化支付技术发展的五个不同阶段。

①银行间电子转账(Electronic Funds Transfer,EFT)技术。

②银行与其他机构之间资金的结算,如代发工资等业务。

③利用网络终端向消费者提供的各项银行服务,如消费者在银行营业网点、大商场和宾馆等场所的自动柜员机(ATM)上进行存取款、转账和查询、密码设置和更改、账户查询等操作,ATM不受银行工作日的限制,客户可得到全时段的ATM服务。

④利用银行销售点终端POS(Point of Sales)向消费者提供的自动扣款服务,如售货点终端,指银行在饭店、商场等消费场所设置POS机,消费者在消费时凭银行卡在POS机上进行支付。

⑤网上支付。它是电子支付技术发展的新阶段,目前电子支付技术在以银行为中心的支付系统中广泛普及。其可以随时随地通过公共网络进行直接转账结算,形成电子商务环境,如信用卡授权系统(ATM提现和POS支付)和邮政支付系统(主要面向个人消费者)等。

❷ 电子支付系统分类

目前对电子支付系统的分类方法有多种,根据支付时是否需要中介机构(比如电子银行)的参与,把支付系统划分为三方支付系统(SET)和两方支付系统(SSL,如电子现金支付系统)。根据支付方式的不同,可以将电子支付系统大致分为信用卡支付系统、电子支票支付系统、电子现金支付系统等。

本节主要讲述目前常见的几种电子支付系统:电子支票支付系统、信用卡支付系统、电子现金支付系统和微型支付系统。

(1)电子支票支付系统。

电子支票支付系统一般是专用网络系统,金融机构通过自己的专用网络设备、软件及一套完整的用户识别、标准报文、数据验证等规范协议完成数据传输,从而控制安全性。

如：通过银行专用网络系统进行一定范围内普通费用的支付；通过跨省市的电子汇兑、清算，实现全国范围的资金传输，甚至世界各地银行之间的资金传输等。

电子支票支付系统主要提供发出支票、处理支票的网上服务，是纸质支票的电子化延伸，付款人向收款人发出电子支票以抵付货款，收款人用此电子支票向银行提供以启动支付，经认证合法的电子支票在支付过程中就可作为从付款人账户中将款项转入收款人账户的凭据。

(2)信用卡支付系统。

信用卡支付是目前应用最广泛的电子支付方式，并且银行发行最多的也是信用卡，它可以采用联网设备在线刷卡记账、POS 结账、ATM 提取现金等方式进行支付。信用卡支付系统主要是由客户向商家提供信用卡的账号，以供商家向银行进行验证，确认客户的支付能力，然后由商家凭借客户签名的购货单向银行兑换现金，银行再向客户送去交易的记录。

(3)电子现金支付系统。

电子现金支付系统是以电子现金取代传统现金，并可在网上完成电子支付的一种网上支付系统。它是一种通过电子记录现金来集中控制和管理现金，是一种足够安全的电子支付系统，使用时与纸质现金完全相同，多用于小额支付，可实现脱机处理。

(4)微型支付系统。

随着网络和信息技术的发展，信息产品的销售越来越得到人们的关注，如网上新闻、网上证券、信息查询、资料检索和小额软件下载等。由于信息产品本身的特点，收取的费用面额一般都非常小(如查看一条新闻收费一分等)。假如某公司规定从其服务器中查看一条新闻需向消费者收费一分钱，如果每天有 20000 名消费者要查看此条新闻，公司就可收入 200 元。如果银行采用传统的支付方式，处理一分钱的交易成本可能就高达 1 元钱。如何解决这个问题呢？

在传统商务中，一般采用支付的"预订模式"来解决，即购买者向公司提前支付并在某个固定期间内使用该公司的产品或服务。但是可以看出，"预订模式"并没能很好地解决上述问题。由于传统支付无力满足客户微型支付的要求，所以迫切需要一种新的支付系统，即具有信息传输少、管理方便、存储需求较低并可以在单笔交易中有效地转移很小金额的系统。这种系统被称之为微型支付系统。

❸ 电子支付系统的安全性

电子商务作为新兴事务，已经随着计算机和网络技术的成熟得到了飞速发展，而且使得商家的整体经营方式有了变化。通常一个典型的电子商务交易离不开三个阶段：信息搜寻阶段、订货和支付阶段以及物流配送阶段。从这三个阶段来看，电子支付是最关键的，因为电子支付一旦完成，物流的配送就顺理成章了，也就意味着整个网上交易的完成。若电子支付不能顺利进行，电子商务就停留在信息搜寻或者至多草签协议阶段，而无法进入实质的交易阶段。因此一个安全、可靠的电子支付系统是电子商务的交易活动能够正常进行的保证。但是在现实电子商务交易中，消费者和商家经常会面临下列威胁，这也极大地影响了电子商务的发展。

(1)虚假订单,假冒者以客户名义订购商品,而要求客户付款或返还商品等;

(2)客户付款后,收不到商品;

(3)商家发货后,得不到付款;

(4)信息被无故修改或盗用,如信用卡账号和密码在交易传输过程中被盗用,或商家的订单确认信息被修改等;

(5)电子钱币丢失,其可能是物理破坏,或者被偷窃,这个通常会给用户带来不可挽回的损失。

电子商务发展的核心和关键问题是交易的安全性。如何解决这些问题已经成为电子商务发展的一个重要瓶颈。由于 Internet 本身的开放性,使网上交易面临了种种危险,也由此提出了相应电子支付系统的安全控制要求。作为一个安全的电子商务系统,首先必须具有一个安全、可靠的通信网络,以保证交易信息的安全与传递效率;其次必须保证数据库服务器绝对安全,防止黑客闯入网络盗取信息等。因此在交易中必须充分考虑到信息的保密性、身份的认证性,还有信息的不可否认性和不可修改性等要素。

目前的安全技术手段主要使用数字加密技术、数字签名及数字认证技术等,而所有的安全技术主要是基于对称加密算法和非对称加密算法以及密钥的长度。

(1)数据加密技术。常见的加密技术有对称加密技术和非对称加密技术。要确保网络上通信的机密性(如商家的订单确认信息),就可以在发送前先将信息加密,信息接收后再解密。

(2)数字签名。数字签名也称电子签名,它能够核实买卖双方、合同等各种信息的真实性。它的功能与传统的书面签名的形式一样,如手签、印章、指印等,用以证明个人的身份。只是数字签名采用了电子形式的签名。如:当甲方接收到乙方所传来的资料时,甲方如何确定这些资料是乙方寄来的呢?为此,乙方在传送时只要以自己的专用密钥将资料加密,甲方在收到资料后,如果能够用乙方的公共密钥对资料进行解密,就可证明资料是从乙方发来的。

(3)数字认证技术。如数字证书(Digital certificate)主要用于确认计算机信息网络上个人或组织的身份和相应的权限,用以解决网络信息安全问题。

❹ 电子支付系统的发展

近年来,随着互联网商业化的发展,电子支付已被人们普遍接受,在银行界、零售业、在线商场、甚至是政府部门间都被广泛应用。各厂商如 IBM、惠普、微软、SUN 等纷纷推出了自己的电子商务产品和各自的解决方案。随着电子商务的发展,各种法规也随之健全,德国、韩国、意大利、西班牙和美国的许多州已经通过数字签名和身份认证法律。联合国国际贸易法委员会(UNCITRAL)已经完成电子商务相关内容的制定工作,为电子交易制定出统一通用的规则。另外,两大国际信用卡组织 VISA 和 Master Card 合作制定的安全电子交易(SET)协议定义了一种电子支付过程标准,其目的就是保护互联网上支付交易的每一个环节。SET 是专为网上支付卡业务安全所制定的标准。

我国的电子商务也方兴未艾,无论是企业、商家还是个人都深刻认识到如果依赖于诸如现金、支票、银行汇票及一般汇票,将不能适应电子商务快速变化的环境,付款及清偿的流程也将制约着电子商务的潜在的交易。电子支付已被广大用户所接受,并且北京、上海、广州等信息产业发展较快的城市的信息产业部门已经开始了电子商务相关的研究,并开通了自己的电子商务系统,如1998年10月,国家经贸委和信息产业部正式启动了"金贸"工程,并确定以"中国商品交易中心(CCEC)"为金贸工程的试点和示范单位,CCEC的工作重点是组织512户国家确定的重点企业和财政预算内的4万户企业以及国家名牌优质产品进入CCEC电子商务网络,目标用三年左右的时间,使全国80%的企业上网运行,实现电子交易额2000亿~3000亿人民币。还有首都电子商务工程、上海电子商务系统工程等相继投入运行。其他省市也纷纷开始建立电子商务系统。但是我们也不得不认识到我国的电子商务还是刚刚起步,如信用卡的认证、发行和流通不规范,电子商务法律不完善,使电子支付和电子转账业务存在问题。为了促进电子商务在我国的发展,改善我国的电子支付和电子转账业务,我国积极研究和开发相应的电子支付方式,取得了很大的成绩。经过近20年的努力,我国的金融电子化建设也取得了长足的发展,主要表现为:

(1)建立了五个全国性的电子资金转账系统。中国人民银行的电子联行系统已覆盖全部340个中心支行和大部分经济较发达地区的县级支行,四大国有商业银行的电子资金汇兑系统也已覆盖了主要的网点。这些电子支付系统的建立,大大加快了异地支付交易的处理。按保守的估计,目前至少90%的异地支付交易是经过电子支付系统处理的,基本上做到了银行间资金转账的当天结算,大大加快了资金周转速度。

(2)银行卡信息交换系统试点工程已结束,现已进入扩展阶段。为了为广大消费者提供更方便的用卡环境,努力提高用户银行卡使用率,中央银行组织各商业银行,按照联合共建的原则,进行银行卡信息交换系统试点工程建设,现已进入扩展阶段。相应的信用卡支付交易也迅速增长。目前已发行各类银行卡1亿多张。IC卡已经在某些地区广泛使用。

(3)银行同城票据交换和结算业务迅速增长。银行同城票据交换是指同一城市各银行机构之间,在指定的场所交换相互代收的业务结算凭证。并由此而引起的资金往来进行清算的一种方式。随着市场经济的快速发展,我国已在16个城市建立了票据分机系统,200多个城市建立了同城金融数据通信网络。这些设施极大地加快了同城票据的清算速度,个别城市还建立了同城电子支付系统。

(4)中国国家现代化支付系统(CNAPS)项目试点工程已进入最后阶段。CNAPS为中国人民银行正在推广应用的新一代支付清算系统,主要提供跨行的支付清算服务,支持债券交易、同业拆借、外汇交易等金融市场的资金清算和银行卡信息交换、同城票据交换等系统的资金清算。其目标是要建成适应我国社会主义市场经济发展的现代化支付体系。

(5)研究和开发适合于电子商务的电子支付方式已经成为我国支付系统现代化建设的一个重要组成部分。目前已建成的电子支付系统是发展适合电子商务中电子支付方式的重要基础,即目前银行间资金转账系统和商业银行内的各种类型的支付系统(电子资金汇兑、网上银行、银行卡等)将为电子商务提供各种服务。但是由于电子商务的环境要求,需要开发相应的支付工具,使客户能够通过 Internet 访问其银行账户。另外,在网上电子商务系统和目前的支付系统之间要建立接口,以便能把支付信息传送给银行的支付系统,完成相应的资金转账。在 SET 协议中,这种接口叫支付网关。

我国同其他国家的情况一样,银行卡将成为 Internet 电子商务中的首选支付工具。但是目前我国发行的 1 亿多张银行卡中,大部分是各商业银行自行发行的,可跨行使用的卡数量还很少,这种情况不利于统一发展电子商务。另外,电子商务的发展还要重视电子货币项目的试点,开发新的支付工具和支付系统。

三 电子支付方式

利用电子商务进行商品交易,必然会牵扯到支付,那么如何统筹世界范围内的电子商务活动的支付问题,如何处理通过信息技术网络产生的成千上万交易流的支付问题? 答案只有一个:利用电子支付。严格地说,电子支付是一种业务过程,而不是一种技术。但是,在进行电子支付活动的过程中,会涉及很多技术问题。因此,本节主要是进一步阐述电子支付过程中所涉及的各种技术和其支付方式。

① 电子支付的定义

支付有广义与狭义之分。其中广义的支付是指某种资产(包括资金和实物)的所有权、债权或劳务的价值在发生经济行为关系的双方之间转移来最终了结债权、债务关系的行为。狭义的支付主要是指资金价值的转移。由于电子支付是电子信息技术下的支付活动,则其定义又有所不同。

所谓电子支付,指的是电子交易的当事人(如消费者、厂商和金融机构)使用安全电子支付,通过网络进行的货币支付或资金流转的行为。

② 电子支付的特点

传统的支付工具主要包括金属货币和纸质凭证。而在传统的支付方式中,如邮局汇款、银行电汇、货到付款等一般采用现金和票据等工具进行支付。传统支付中,支付指令的传递完全依靠面对面的手工处理和经过邮政、电信部门的委托传递,因此结算成本高、凭证传递时间长、在途资金积压大、资金周转慢。与传统的支付方式比较,电子支付具有以下特点。

(1)电子支付是采用先进的技术通过电子流转来完成信息传输的,其各种支付方式都采用电子化的方式进行款项支付;而传统的支付方式则是通过现金的流转、票据的转让及银行的汇兑等物理实体的流转来完成款项支付。

(2)电子支付的工作环境是基于一个开放的系统平台(因特网)之中;而传统的支付方式则是在较为封闭的系统中运行。

(3)电子支付使用的是最先进的通信手段,如 Internet、Extranet,而传统支付使用的则是传统的通信媒介。电子支付对软件、硬件设施的要求很高,一般要求有联网的微机、相关的软件及其他一些配套设施,而传统支付则没有这么高的要求。

(4)电子支付具有方便、快捷、高效、经济的优势。用户只要拥有一台能上网的PC,便可足不出户,在很短的时间内完成整个支付过程。支付费用仅相当于传统支付的几十分之一,甚至几百分之一。

目前,电子支付仍然存在一些缺陷。比如安全问题一直是困扰电子支付发展的关键性问题。大规模地推广电子支付,必须解决防止黑客入侵、防止内部作案、防止密码泄漏等涉及资金安全的问题。此外,还有一个支付存在的条件问题。消费者所选用的电子支付工具必须满足多个条件,要有消费者账户所在地银行发行,有相应的支付系统和商户所在银行的支付,被商户认可等。如果消费者的支付工具得不到商户的认可,或者说缺乏相应的系统支持,电子支付也还是难以实现的。

❸ 电子支付的载体:网上银行

(1)网上银行的概念和特点。

网上银行(Internet Bank),又叫网络银行、在线银行(On-line Bank),简称网银,是指银行利用Internet和Intranet等技术,为客户提供综合、统一、安全、实时的银行服务,包括提供对公、对私的各种零售和批发的全方位银行业务,还可以为客户提供跨国支付与清算等其他的贸易,以及非贸易的银行业务服务。

网上银行从诞生之日起,就具有如下鲜明特征:依托计算机、计算机网络与现代通信技术;银行业务直接在互联网上推出;支持企业用户和个人用户开展电子支付,进行电子商务;采用多种先进技术来保证交易安全。

(2)网上银行的发展模式。

一种是建立完全依赖于Internet的全新的网上虚拟银行,其所有银行业务服务全都通过Internet进行;另一种是传统银行在互联网上建立网站,通过Internet开展网上银行业务服务,特别是通过Internet发展家庭银行服务和企业银行服务。

(3)网上银行功能及建设领域。

不管是直接银行还是混合银行,其网上银行发展战略均是要实现金融及其相关业务的服务职能,为客户提供快捷、方便和安全的金融产品。网上银行主要功能包括以下方面。

①银行业务项目:个人银行(对私业务)、企业银行(对公业务)、信用卡业务、多种付款方式、国际业务、信贷及特色服务等。

②商务服务:包括投资理财、资本市场、政府服务等。

③信息发布:国际市场外汇行情、对公利率、储蓄利率、汇率、国际金融信息、证券行情、银行信息等。

总体而言,网上银行建设应该包括如图2-34所示的六大领域。

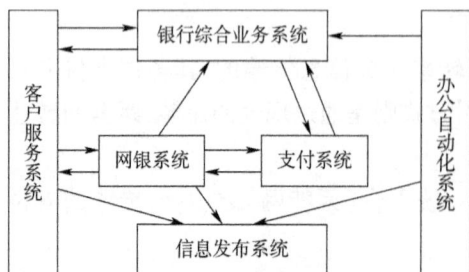
图2-34 网上银行建设领域

（4）网上银行实例：招商银行。

招商银行的网上银行（又名"一网通"）是指通过因特网或其他公用信息网（如"视聆通"），将客户的电脑终端连接至银行，实现将银行服务直接送到客户办公室、家中和手中的服务系统。它拉近客户与银行的距离，使客户不再受限于银行的地理环境、上班时间，突破空间距离和物体媒介的限制，使客户足不出户就可以享受到招商银行的服务。"一网通"包括"企业银行"、"个人银行"、"网上支付"、"网上证券"和"网上商城"等具体内容。

网上支付系统向客户提供网上消费支付结算服务，招商银行网站已通过国际权威（CA）认证且采用了先进的加密技术，客户在使用网上支付时，所有数据均经过加密后才在网上传输，因此是安全可靠的。凡在招商银行办理"一卡通"的客户均可享受此项服务。招商银行的网上银行主页如图 2-35 所示。

图 2-35　招商银行网上银行主页

想一想：

招商银行网上银行能实现哪些具体功能？

4 电子支付工具

（1）银行卡。

银行卡包括借记卡、贷记卡、准贷记卡等。借记卡是先存款、后消费、不可透支的卡。贷记卡是先消费、后还款的信用卡，准贷记卡是先存款、后消费、允许小额透支的信用卡。

自 20 世纪 60 年代以来，信用卡机制就已成为一种支付方式。作为支付工具创新的成果，信用卡对金融事业的发展产生了重大的影响。目前世界上五大主要的国际信用卡组织为 Visa、Master、American Express、JCB 和 Dinners Club，我国正在倾力打造"中国银联"。

现在比较流行的信用卡支付包括三种模式：通过经纪人的支付模式、简单的支付加密模式、SET 模式，信用卡支付的一般流程如图 2-36 所示。

（2）电子支票。

电子支票是用电子方式实现纸质支票功能的新型电子支付工具。电子支票与纸质支票相似,采用电子方式呈现,使用数字签名来验证付款者、付款银行和银行账号,它的安全系统由公开密钥密码法的电子签名来完成。

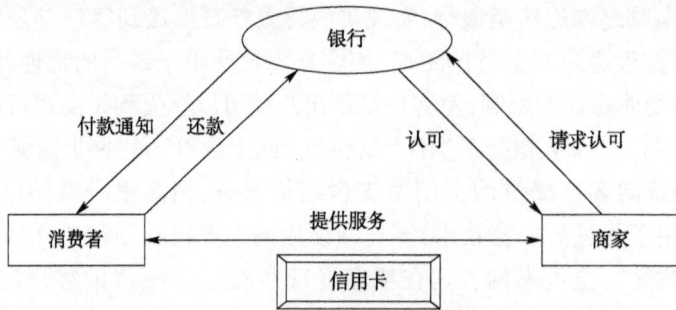

图2-36 信用卡支付流程图

电子支票的支付过程涉及三个参与者:消费者、商家、银行。电子支票的支付流程如图2-37所示。

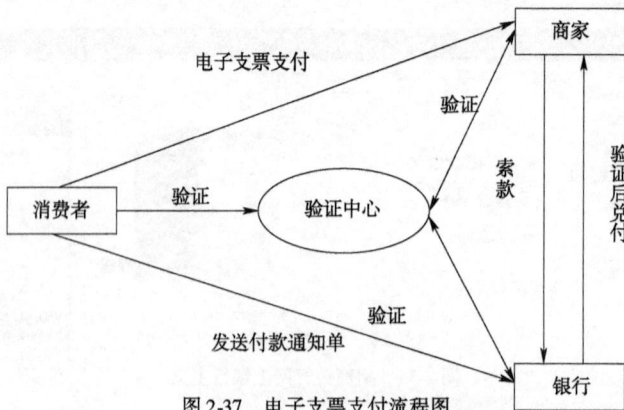

图2-37 电子支票支付流程图

①消费者选择了商品以后,与商家协商由电子支票来支付;

②消费者在得到商家的确认后向商家发出电子支票,并同时向自己的开户银行发出付款通知单;

③商家通过验证中心来验证消费者的电子支票的可用性,若电子支票无误,就可以将支票送消费者开户行索款;

④银行在收到商家的索款通知后,也要通过验证中心来验证电子支票,在确认无误后向商家进行兑付。

（3）电子现金。

电子现金是一种以电子形式存在的现金货币,又称为数字现金。它把现金数值转换成一系列的加密序列数,通过这些序列数来表示现实中各种金额的币值。电子现金使用时与纸质现金完全类似,多用于小额支付,是一种储值型的支付工具。电子现金的支付流程如图2-38所示。

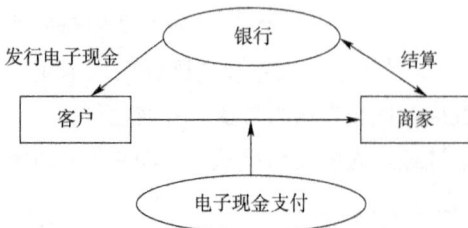

图2-38 电子现金的支付流程图

（4）移动支付。

移动支付，是指用户使用移动电子设备通过移动运营商向约定银行提供的计算机网络系统发出支付指令，由银行通过计算机网络将货币支付给服务商的一种支付方式。

5 第三方支付

支付环节是电子商务发展的关键要素之一。随着电子商务的发展，第三方支付应运而生，并且迅速发展，已经成为解决电子商务在线交易安全支付问题的重要手段。据市场研究公司易观国际发表的研究报告称，2012 年我国电子商务市场第三方支付服务平台的总交易额已接近 2800 亿元人民币，分列前三位的第三方支付平台分别为阿里巴巴旗下的支付宝（Ali Pay）、中国银联电子支付平台（China Pay）和腾讯旗下的财付通（Ten Pay）。

（1）第三方支付的概念。

所谓第三方支付，就是一些具备一定实力和信誉保障的第三方独立机构与国内外各大银行签约后提供的与银行支付结算系统具有接口的支付平台。

第三方支付作为目前重要的网络交易手段和信用中介，起到了在网上消费者、网上商家和银行之间建立起连接，实现第三方监管和保障的作用。采用第三方支付，可以安全实现从消费者、金融机构到商家的在线货币支付、现金流转、资金清算、查询统计等流程，为开展 B2B、B2C、C2C 等电子商务活动和其他增值服务提供完善的支持。

（2）第三方支付的经营模式。

第三方支付的经营模式大致分为两种。一种是第三方支付在具备与银行支付结算系统相连功能的同时，充当信用中介，为客户提供账户，进行交易资金代管，由其完成客户与商家的支付后，定期统一与银行结算，如"支付宝"。另一种是第三方支付与银行或银联合作，实现多家银行数十种银行卡的直通服务，充当客户和商家的第三方银行支付网关，如中国银联电子支付平台。

（3）第三方支付的流程。

具体来说，通过第三方支付进行交易的流程如下：

①付款人、收款人分别在第三方支付平台上开通账户；

②付款人将实体资金转移到第三方支付平台的账户中；

③付款人购买商品或服务；

④付款人发出支付授权，第三方支付平台将付款人账户中相应的资金转移到第三方支付平台的专门账户中临时保管；

⑤第三方支付平台通知收款人已经收到货款，可以发货；

⑥收款人完成发货或完成服务；

⑦付款人确认后通知第三方支付平台可以付款；

⑧第三方支付平台将临时保管的资金划拨到收款人账户中；

⑨收款人可以将账户中的款项通过第三方支付平台和实际支付层的支付平台兑换成实体货币，也可以将此款项用于购买商品。

（4）第三方支付的特点。

第三方支付以下的一些特点,也正是它的优点。

①国内的第三方支付平台依托于中国银联与金卡工程,得到了各大商业银行的大力支持,用户接入后,就可以接通众多的银行网关,方便地使用国内银行发行的各种银行卡和国际信用卡组织发行的各种信用卡。第三方支付大大丰富了网上交易的支付手段,使网上交易渠道更加畅通。

②第三方支付作为中立的一方,具有公信度。一旦发生交易纠纷,第三方支付会对消费者和商家采取双向保护,在交易双方之间进行公平、公正的协调处理,确保双方的合法利益得到最大限度的维护。

③相对于传统的资金划拨交易方式,第三方支付比较有效地保障了货物质量、交易诚信、退换要求等环节,在整个交易过程中,都可以对交易双方进行约束和监督,为保证交易成功提供了必要的支持。

④交易安全。用户的信用卡信息或银行账户信息仅需要告知第三方支付平台,而无须告知每一个收款人,大大减少了信用卡信息和银行账户信息失密的风险。

⑤支付成本较低。第三方支付集中了大量的电子商务小额交易,形成规模效应,因而降低了支付成本。

⑥使用方便。第三方支付平台提供一系列应用接口程序,将多种银行卡支付方式整合到一个界面上,对支付者而言,他所面对的是友好的界面,不必考虑背后复杂的操作过程。

(5)第三方支付实例:支付宝。

支付宝是阿里巴巴公司旗下的支付网站,针对网上交易推出安全付款服务,以支付宝为信用中介,在买家确认收到商品前,由支付宝替买卖双方暂时保管货款,确保了买家和卖家双方的利益。

目前支付宝支持国内外主要的银行卡。截至 2013 年底,支付宝的注册用户已经超过3 亿,日移动交易额突破 113 亿元人民币,日交易笔数突破 1.88 亿笔。支付宝庞大的用户群吸引着越来越多的互联网商家主动选择集成支付宝产品和服务。目前除淘宝和阿里巴巴外,支持使用支付宝交易服务的商家已经超过 46 万家(图 2-39)。

图 2-39　支付宝

支付宝以其在电子商务支付领域先进的技术、风险管理与控制等能力赢得银行等合作伙伴的认同,目前已和国内工商银行、建设银行、农业银行、招商银行等各大商业银行、中国银联以及 VISA 国际组织等各大金融机构建立了战略合作,成为金融机构在网上支付领域极为信任的合作伙伴(图 2-40)。

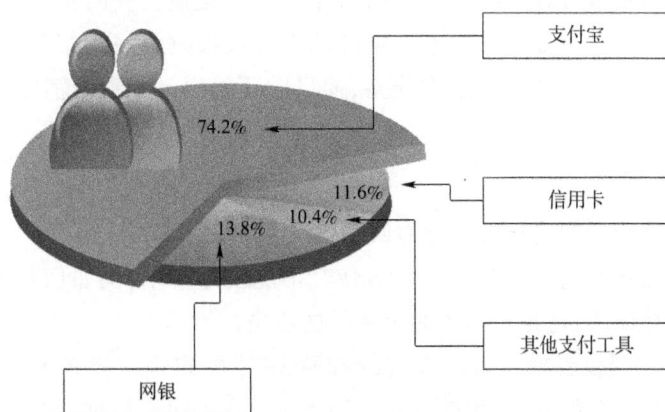

图 2-40　网络购物使用各种电子支付的比例

支付宝是互联网发展过程中的一个创举,也是电子商务发展的一个里程碑。支付宝品牌以安全、诚信赢得了用户和业界的一致好评。2005 年,支付宝获得"网上支付最佳人气奖"、中国互联网产业调查"电子支付"第一名,被评为"中国最具创造力产品",名列我国互联网产业品牌 50 强。2006 年,支付宝获得"用户安全使用奖",被评为"用户最信赖互联网支付平台"。2007 年,支付宝公司被中国电子商务协会授予"中国优秀电子支付企业"称号;在由《电子商务世界》杂志主办的"2007 年(第三届)中国电子支付高层论坛"上,支付宝获得"电子支付行业最佳人气奖"。

想一想:

访问"支付宝"网站(www. alipay. com),全面了解"支付宝"这一第三方支付平台,并找出其他常用的第三方支付平台。

课题 5　汽车电子商务安全技术

一　汽车电子商务面临的安全问题

1 计算机安全问题

计算机是电子商务活动中所使用的重要工具,因此计算机的安全对于电子商务安全具有很重要的影响,如何保证计算机的安全也就成为电子商务安全中所需重点关注的问题。

安全专家通常把计算机安全分成三类：保密、完整和即需。保密是指防止未经授权的数据暴露并确保数据源的可靠性；完整是防止未经授权的数据修改；即需是防止延迟或拒绝服务。计算机安全中最知名的领域是保密，新闻媒体上每个月都会有非法进入政府计算机或用偷来的信用卡号订购商品的报道。相对来说完整所受的安全威胁较少，因此民众对这个领域比较陌生。如果一封电子邮件的内容被篡改成完全相反的意思，这就是对完整性的破坏。对即需性破坏的案例很多，而且频繁发生。延迟或消除一个消息有时会带来灾难性的后果。

❷ 网络安全问题

网络安全所遭受到的攻击可以分为四类。

(1)中断：系统的部分组件遭到破坏或使其不能发挥作用，例如切断系统主机对外的网络连线使其无法使用，这是对系统的可用性的攻击。

(2)介入：未经授权者授权取得系统的资源，其中的未经授权者可以是一台计算机、一个人，或是一组程序，例如，利用软件窃取网络上传送的机密数据，就是对数据机密性的攻击。

(3)篡改：系统资源被未经授权的人所取得乃至篡改，例如在网络上传送的订单遭到任意改变，是对数据的正确性的攻击。

(4)假造：未经授权者授权将假造数据放入系统中，这是对数据的真实性的攻击，如在网络上假造身份证明文件以假冒他人。

而网络安全的隐患主要表现在以下四个方面。

(1)开放性。开放性和资源共享是 Internet 最大的特点，也是其优点，但它的问题却不容忽视。因为，当甲用户可以轻易地访问乙用户的计算机时，如果不采取任何安全措施，乙用户也可以同样方便地访问甲用户的计算机。Internet 上连接的计算机是如此之多，这种开放性所带来的隐患确实不容忽视。

(2)传输协议。Internet 采用 TCP/IP 传输协议，这种协议本身并没有采取任何措施来保护传输内容不被窃取。TCP/IP 协议是一种包交换网络，各个数据包在网络上都是透明传输的，可能经过不同的网络，并由网络上的路由器转发，才能到达目标计算机。由于 TCP/IP 协议本身没有考虑安全传输，所以很多应用程序(如 Telnet、FTP 等)甚至使用明文来传输非常敏感的口令数据。

(3)操作系统。Internet 底层的操作系统是 Unix，Unix 的诞生并不是出于商业目的，所以其源代码是公开的，这样就很容易被发现漏洞，给 Internet 用户带来安全问题。例如木马程序主要就是利用操作系统的漏洞展开攻击的。木马程序是指一个程序表面上在执行一个任务，实际上却在执行另一个任务。黑客的木马程序事先已经以某种方式潜入他人的机器，并在适当的时候激活，潜伏在后台监视系统中运行，它同一般程序一样，能实现一定的功能。例如，拷贝或删除文件、格式化硬盘、发送电子邮件等。典型的木马程序可以窃取别人在网络上的账号和口令，有时在用户合法的登录前伪造登录现场，提示用户输入账号和口令,然后将账号和口令保存至一个文件中,显示登录错误,然后退出木马程序。这时用户以为自己输错了,再试一次时,已经是正常的登录了,用户也就不会有怀疑。其实,木马程序已完成了任务,躲到一边去了。

(4)信息电子化。与传统的书面信函相比,电子化信息的固有弱点就是缺乏可信度,因为电子信息是否正确完整是很难由信息本身来鉴别的,另外电子信息还存在着难以确认信息的发出者以及信息是否被正确无误地传递给接收方的问题。

二 汽车电子商务对安全的基本要求

电子商务的安全不仅仅是狭义上的网络安全,比如防病毒、防黑客、入侵检测等,从广义上讲还包括交易安全,从这种意义上来说,电子商务的安全涵盖面比一般的网络安全要广泛得多,其要求也就超过了网络安全的要求范围。

首先,电子商务的安全是一个复杂的管理问题。管理公司内部的网络环境很复杂,当把企业网与 Internet 相连时,性能、安全、可管理性等方面就面临挑战。

其次,电子商务安全是一个技术安全问题。电子商务应由合法的系统进行确认和支持。文件上的数字签字在法庭上与书面签字具有同等效力。电子商务是通过信息网络传输商务信息和进行贸易的,与传统的有纸贸易相比减少了直接的票据传递和确认等商业活动,因此,要求电子商务比有纸贸易更安全、更可靠。这需要技术上的保证,如电子签名等技术手段的使用。

再次,电子商务安全是一个法律问题,电子商务安全问题的真正解决需要通过法律的完善来加以保证。

电子商务安全的基本要求体现在以下几个方面。

❶ 有效性、真实性

有效性、真实性就是能对信息和实体进行鉴别。电子商务以电子形式取代了纸张,如何保证这种电子形式的贸易信息的有效性和真实性则是开展电子商务的前提。电子商务作为贸易的一种形式,其信息的有效性和真实性将直接关系到个人、企业或国家的经济利益和声誉。因此,要对网络故障、操作错误、应用程序错误、硬件故障、系统软件错误及计算机病毒所产生的潜在威胁加以控制和预防,以保证贸易数据在确定的时刻、确定的地点的真实有效。

❷ 机密性

机密性要求指能保证信息不被泄露给非授权的人或实体。在利用网络进行的交易中,必须保证发送者和接收者之间所交换的信息的机密性。电子商务作为贸易的一种手段,其信息直接代表着个人、企业或国家的商业机密。传统的纸面贸易都是通过邮寄封装的信件或通过可靠的通信渠道发送商业报文来达到保守机密目的。电子商务是建立在一个开放的网络环境上的,防止商业泄密是电子商务全面推广应用的重要保障。因此,要预防非法的信息存取和信息在传输过程中被非法窃取,确保只有合法用户才能看到数据,防止泄密事件。

3 数据的完整性

完整性要求是能保证数据的一致性,防止数据被非授权者访问修改和破坏(图2-41)。电子商务简化了贸易过程,减少了人为的干预,同时也带来维护商业信息的完整统一的问题。由于数据输入时的意外差错或欺诈行为,可能导致贸易各方信息的差异。此外,数据传输过程中信息的丢失、信息重复或信息传送的次序差异也会导致贸易各方信息的不同。而贸易各方信息的完整性将影响贸易各方的交易和经营策略,保持贸易各方信息的完整性是电子商务应用的基础。因此,要预防对信息的随意修改和删除,同时要防止数据传送过程中信息的丢失和重复,并保证信息传送顺序的统一。

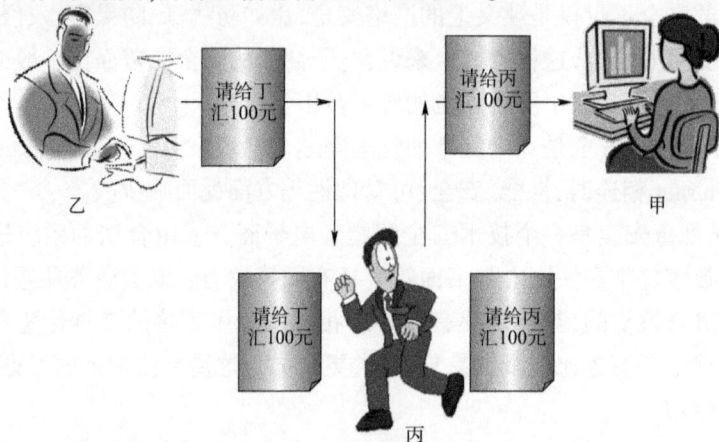

图2-41　保证信息的完整性

4 可靠性、不可抵赖性和可控性

可靠性要求即是能保证合法用户对信息和资源的使用不会被不正当地拒绝;不可抵赖性要求即是能建立有效的责任机制,防止实体否认其行为;可控性要求即是能控制使用资源的人或实体的使用方式。电子商务直接关系到贸易双方的商业交易,如何确定要进行交易的贸易对方这一问题则是保证电子商务顺利进行的关键。在传统的纸面贸易中,贸易双方通过在交易合同、契约或贸易单据等书面文件上手写签名或印章来鉴别贸易伙伴,确定合同、契约、单据的可靠性并预防抵赖行为的发生。这也就是人们常说的"白纸黑字",一旦交易开展后便不可撤销。交易中的任何一方都不得否认其在该交易中的作用。

而在无纸化的电子商务方式下,通过手写签名和印章进行贸易方的鉴别已是不可能的。因此,要在交易信息的传输过程中为参与交易的个人、企业或国家提供可靠的标识,以保证数据发送方在发送数据后不能抵赖,数据接收方在接收数据后也不能抵赖。为了进行业务交易,各方还必须能够对另一方的身份进行鉴别,一旦双方就某项交易签订合同后,这项交易就应受到保护以防止被篡改或伪造。

三　汽车电子商务的安全对策

1 完善安全管理制度

安全管理制度是用文字形式对各项安全要求所做的规定,企业在参与电子商务初期,

就应当形成一套完整的、适应于网络环境的安全管理制度,这些制度应当包括:

(1)人员管理制度。保障计算机系统的安全,首先要从体制和管理上下功夫,要建立完善的安全管理的体制和制度,建立一套行之有效的安全管理措施和手段。

(2)保密制度。建立完善的保密体系,提出相应的保密措施,加强对密钥的管理。

(3)跟踪审计制度。跟踪是指企业建立网络交易系统日志机制,记录系统运行的全过程,审计包括对系统日志的检查、审核,以便及时发现故意入侵系统行为的记录和违反系统安全要求的记录等。

(4)系统维护制度。包括软硬件的日常维护工作,做好数据备份工作。

(5)病毒防范制度。要有较强的病毒防范意识,要安装防病毒软件,注意不打开来自陌生地址的电子邮件,建立病毒清理制度等。

(6)应急措施。在紧急事故发生时,利用各项应急措施来保障计算机信息系统继续运行或紧急恢复,如采用瞬时复制技术、远程磁盘镜像技术和数据库恢复技术等。

❷ 技术对策

技术对策指通过各种产品和技术来保证网络的安全。如:

(1)网络安全检测设备,如可以通过网络安全监控系统找出安全隐患,提供堵住安全漏洞所必需的校正方案,监控各种变化情况,从而使用户可以找出经常发生问题的根源所在;

(2)开发各种具有较高安全性的访问设备,如安全磁盘、智能卡等;

(3)通过认证中心进行证书的认证和发放;

(4)保护传输线路安全,传输线路应有露天保护措施或埋于地下,并要求远离各种辐射源,以减少由于电磁干扰引起的数据错误;

(5)要有较强的防入侵措施,利用报警系统检测违反安全规程的行为,对在规定次数内不正确的安全密码使用者,网络系统可以采取行动锁住该终端并报警;

(6)加强数据加密的工作,网络中的数据加密方式有链路加密、节点加密和端对端加密等方式;

(7)进行严格的访问控制,当主体试图非法使用一个未经授权的资源时,访问控制机制将拒绝这一企图;

(8)建立合理的鉴别机制,包括报文鉴别、数字签名和终端识别技术,以便查明某一个实体身份;

(9)进行通信流的控制,使网络中的数据流量比较平衡,以防止破坏者通过分析网络中的某一路径的信息流量和流向来判断某事件的发生;

(10)数据完整性的控制,包括数据是否来自正确的发送方而非假冒,数据接收的内容与发送时是否一致等。

四 防火墙

❶ 防火墙的基本概念

防火墙的概念是借用了建筑学上的一个术语。在建筑学中的防火墙是用来防止大火从建筑物的一部分蔓延到另一部分而设置的阻挡机构。计算机网络的防火墙是用来防止互联网的损坏,如黑客攻击、病毒破坏、资源被盗用或文件被篡改等波及内部网络的危害,它是指一个由软件和硬件设备组合而成的,在内部网和外部网之间、专用网和公共网之间的界面上构造的保护屏障(图2-42)。

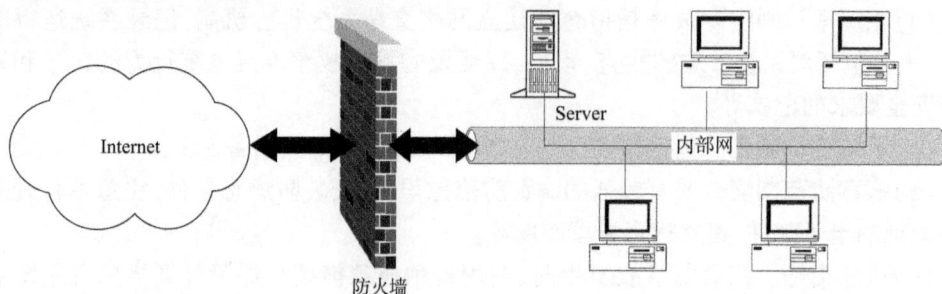

Internet

Server

内部网

防火墙

图 2-42　防火墙模型

防火墙是一种安全有效的防范技术,是访问控制机制、安全策略和防入侵措施。从狭义上来讲,防火墙是指安装了防火墙软件的主机或路由器系统;从广义上讲,防火墙还包括了整个网络的安全策略和安全行为。它是通过在网络边界上建立起来的相应的网络安全监测系统来隔离内部和外部网络,以确定哪些内部服务允许外部访问,以及允许哪些外部服务访问内部网络,阻挡外部网络的入侵。防火墙是在两个网络通信时执行的一种访问控制尺度,它能允许"同意"的人和数据进入内部网络,同时将"不同意"的人和数据拒之门外,最大限度地阻止网络中的黑客来访问内部网络。如果不通过防火墙,内部网络的人就无法访问外部网络,外部网络上的人也无法和内部网络的人进行通信。

❷ 防火墙的优势

采用防火墙系统的优点是显而易见的,主要有以下几点:

(1)防止易受攻击的服务。

防火墙可以大大提高网络安全性,并通过过滤不安全的服务来降低子网上主系统的风险。因此,子网网络环境可经受较少的风险,因为只有经过选择的协议才能通过防火墙。例如,防火墙可以禁止某些易受攻击的服务进入或离开受保护的子网。这样得到的好处是可防护这些服务不会被外部攻击者利用,而同时允许在大大降低被外部攻击者利用的风险情况下使用这些服务。对局域网特别有用的服务(如 NIS 或 NFS)因而可得到公用,并用来减轻主系统管理负担。

(2)控制访问网点系统。

防火墙还有能力控制对网点系统的访问。例如,某些主系统可以由外部网络访问,而其他主系统则能有效地封闭起来,防护有害的访问。除了邮件服务器或信息服务器等特殊情况外,网点可以防止外部对其主系统的访问,这就把防火墙特别擅长执行的访问策略置于重要地位。

(3)集中安全。

如果一个子网的所有或大部分需要改动的软件以及附加的安全软件能集中地放在防

火墙系统中,而不是分散到每个主机中,这样防火墙的保护就相对集中一些,也相对便宜一点。尤其对于密码口令系统或其他的身份认证软件等,放在防火墙系统中更是优于放在每个 Internet 用户都可以访问的机器上。

(4)增强保密性、强化私有权。

对一些站点而言,私有权是很重要的,因为某些看似不甚重要的信息往往会成为攻击者灵感的源泉。使用防火墙系统,站点可以防止非法的 Finger 探测。Finger 命令会列出当前使用者名单、上次登录的时间、是否读过邮件等。但 Finger 同时会不经意地告诉攻击者该系统的使用频率,是否有用户正在使用,以及是否有可能发动攻击而不被发现。防火墙也能封锁域名服务信息,从而使外部主机无法获取站点名和 IP 地址。通过封锁这些信息,可以防止攻击者从中获得另外一些有用信息。

(5)有关网络使用、滥用的记录和统计。

如果对 Internet 的往返访问都通过防火墙,那么防火墙可以记录各次访问,并提供有关网络使用率的有价值的统计数字。如果一个防火墙能在可疑活动发生时发出音响报警,则同时还可以提供防火墙和网络是否受到试探或攻击的细节。采集网络使用率统计数字和试探的证据是很重要的,最主要的原因就是可以知道防火墙能否抵御试探和攻击,并确定防火墙上的控制措施是否得当。网络使用率统计数字也很重要的,因为它可作为网络需求的研究和风险分析活动的输入。

五 数据加密与信息安全技术

数据加密技术是网络中最基本的安全技术,主要是通过对网络中传输的信息进行数据加密来保障其安全性。所谓加密,就是将有关信息进行编码,使它成为一种不可理解的形式。加密后的内容叫作密文。加密技术能避免各种存储介质上或通过 Internet 传送的敏感数据被侵袭者窃取。由于原文经过加密,具有机密性,所以加密技术也适用于检查信息的真实性与完整性。数据加密技术是一种主动安全防御策略,用很小的代价即可为信息提供相当大的安全保护。

① 数据加密技术的基本概念

加密技术是认证技术及其他许多安全技术的基础。

"加密",简单地说,就是使用数学的方法将原始信息重新组织与变换成只有授权用户才能解读的密码形式。而"解密"就是将密文重新恢复成明文。

数据加密技术与密码编码学和密码分析学有关。密码编码学是密码体制的设计学,密码分析学则是在未知密钥的情况下,从密文中推演出明文或密钥的技术,这两门学科合起来称为密码学。在加密和解密的过程中,都要涉及信息(明文和密文)、密钥(加密密钥和解密密钥)和算法(加密算法和解密算法)。解密是加密的逆过程,加密和解密过程中依靠"算法"和"密钥"两个基本元素,缺一不可。

② 对称密钥加密技术

对称密钥加密技术利用一个密钥对数据进行加密,对方接收到数据后,需要用同一密钥来进行解密。对称密钥加密技术中最具有代表性的算法是 IBM 公司提出的 DES 算法，该算法于 1977 年被美国国家标准局 NBS 颁布为商用数据加密标准。近 20 多年来 DES 算法得到了广泛的应用。

DES 综合运用了置换、代替、代数等多种密码技术，把消息分成 64 位大小的块，使用 56 位密钥，加密算法的迭代轮数为 16 轮。DES 密码算法输入的是 64bit 的明文，在 64bit 密钥的控制下产生 64bit 的密文；反之输入 64bit 的密文，输出 64bit 的明文。64bit 的密钥中含有 8 个 bit 的奇偶校验位，所以实际有效密钥长度为 56bit。DES 算法加密时把明文以 64bit 为单位分成块，而后用密钥把每一块明文转化成同样 64bit 的密文块。DES 提供 72×1015 个密钥，用每微秒可进行一次 DES 加密的机器来破译密码需两千年。

对称加密算法在电子商务交易过程中存在几个问题。

（1）要求提供一条安全的渠道使通信双方在首次通信时协商一个共同的密钥。直接的面对面协商可能是不现实而且难于实施的，所以双方可能需要借助于邮件和电话等其他相对不够安全的手段来进行协商。

（2）密钥的数目难于管理。因为对于每一个合作者都需要使用不同的密钥，很难适应开放社会中大量的信息交流的需要。

（3）对称加密算法一般不能提供信息完整性的鉴别。它无法验证发送者和接收者的身份。

（4）对称密钥的管理和分发工作是一件具有潜在危险的和烦琐过程的任务。对称加密是基于共同保守秘密的前提来实现的，采用对称加密技术的贸易双方必须保证采用相同的密钥，保证彼此密钥的交换是安全可靠的，同时还要设定防止密钥泄密和更改密钥的程序。

③ 非对称密钥加密技术

对称密码技术的缺陷之一是通信双方在进行通信之前需通过一个安全信道事先交换密钥。这在实际应用中通常是非常困难的。如果事先约定密钥，则进行网络通信的每个人都要保留其他所有人的密钥，这就给密钥的管理和更新带来了困难。针对这些问题，1976 年，美国学者 Diffre 和 Hellman 提出一种新的密钥交换协议，允许通信双方在不安全的媒体上交换信息，安全地达成一致的密钥，这就是"公开密钥系统"。这种算法需要两个密钥：公开密钥（public key）和私有密钥（private key）。因为加密和解密使用的是两个不同的密钥，所以这种算法也叫作非对称加密算法。这对密钥中的任何一把都可作为公开密钥通过非保密方式向他人公开，而另一把则作为专用密钥加以保存。公开密钥用于对机密性的加密，专用密钥则用于对加密信息的解密。专用密钥只能由生成密钥对的交易方掌握，公开密钥可广泛发布，但它只对应于该密钥的交易方有用。虽然解密密钥在理论上可由加密密钥推算出来，但这种算法设计在实际上是不可能的，或者虽然能够推算出，但要花费很长的时间，因而是不可行的。

④ 数字签名

对文件进行加密只解决了传送信息的保密问题，而防止他人对传输的文件进行破坏，以及如何确定发信人的身份还需要采取其他的手段,这一手段就是数字签名。在电子商务安全保密系统中,数字签名技术有着特别重要的地位,在电子商务安全服务中的源鉴别、完整性服务、不可否认服务中,都要用到数字签名技术。在电子商务中,完善的数字签名应具备签字方不能抵赖、他人不能伪造、在公证人面前能够验证真伪的能力。

数字签名的加密和解密过程与一般密钥的加密和解密过程虽然都使用公开密钥系统,但实现的过程正好相反,使用的密钥对也不同。数字签名使用的是发送方的密钥对,发送方用自己的私有密钥进行加密,接收方用发送方的公开密钥进行解密。这是一个一对多的关系:任何拥有发送方公开密钥的人都可以验证数字签名的正确性。而一般密钥的加密解密则使用的是接收方的密钥对,这是多对一的关系;任何知道接收方公开密钥的人都可以向接收方发送加密信息,只有唯一拥有接收方私有密钥的人才能对信息解密。这是一个复杂但又很有趣的过程。

应用广泛的数字签名方法主要有三种,即 RSA 签名、DSS 签名和 Hash 签名。这三种算法可单独使用,也可综合在一起使用。数字签名是通过密码算法对数据进行加、解密变换实现的,用 DES 算去、RSA 算法都可实现数字签名。

❺ 数字时间戳

在电子商务交易文件中,时间是十分重要的信息。数字时间戳服务(Digital Time Stamp Service,DTS)是网上电子商务安全服务项目之一,能提供电子文件的日期和时间信息的安全保护,由专门的机构提供。

数字时间戳(time-stamp)是一个经加密后形成的凭证文档,它包括三个部分:需加时间戳的文件的摘要(digest)、DTS 收到文件的日期和时间、数字签名。一般来说,时间戳产生的过程为:用户首先将需要加时间戳的文件用 Hash 编码加密形成摘要,然后将该摘要发送到 DTS,DTS 在加入了收到文件摘要的日期和时间信息后再对该文件加密,然后送回用户。

❻ 数字信封

数字信封是数据加密技术的应用,信息发送端用接收端的公开密钥,将一个通信密钥加密后传送到接收端,只有指定的接收端才能打开信封,取得私有密钥用它来解开传送来的信息。

六 数字证书

❶ 数字证书的概念

电子商务系统技术可以使在网上购物的顾客能够极其方便轻松地获得商家和企业的信息,但同时也增加了对某些敏感或有价值的数据被滥用的风险。买方和卖方都必须确保在互联网上进行的一切金融交易运作都是真实可靠的,并且要使顾客、商家和企业等交易各方都具有绝对的信心,而能方便而可靠地确认对方身份是交易的前提。对于为顾客或用户开展服务的银行、信用卡公司和销售商店,为了安全、保密、可靠地开展服务活动,都要进行身份认证的工作。并且由于商情的千变万化,交易一旦达成是不能被否认的,否则必然会损害一方的利益。人们在感叹电子商务的巨大潜力的同时,不得不冷静地思考,在人与人不见面的计算机互联网上进行交易和作业时,怎么才能保证交易的公正性和安全性,保证交易方身份的真实性。国际上已经有比较成熟的安全解决方案,那就是建立安全证书体系结构。数字安全证书提供了一种在网上验证身份的方式。

数字证书也称公开密钥证书,在网络通信中标志通信各方身份信息的一系列数据,其作用类似于现实生活中的身份证(图2-43)。它主要包含用户身份信息、用户公钥信息以及身份验证机构数字签名等数据。身份验证机构的数字签名可以确保证书信息的真实性,用户公钥信息可以保证数字信息传输的完整性,用户的数字签名可以保证数字信息的不可否认性。

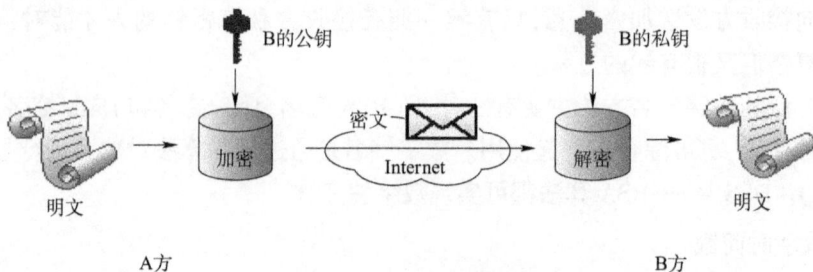

图 2-43　公钥加密模型

数字证书是各类终端实体和最终用户在网上进行信息交流及商务活动的身份证明,在电子交易的各个环节,交易的各方都需验证对方数字证书的有效性,从而解决相互间的信任问题。人们可以在交往中用它来识别对方的身份,交易伙伴可以使用数字证书来交换公开密钥。

数字证书是一个经证书认证中心(CA)发行的文件。认证中心(CA)作为权威的、可信赖的、公正的第三方机构,专门负责为各种认证需求提供数字证书服务。认证中心颁发的数字证书均遵循 X. 509V3 标准。X. 509 是国际电信联盟(ITU)制定的标准,该标准等同于国际标准化组织(ISO)与国际电工委员会(IEC)联合发布的 ISO/IEC95944:195 标准。用 X. 509 标准在编排公共密钥密码格式方面已被广为接受。X. 509 证书已应用于许多网络安全,其中包括 IPSec(IP 安全)、SSL、SET、S/MIME。

❷ 数字证书的类型

数字证书通常分为三种类型:个人证书;企业证书;软件证书。

(1)个人证书(Personal Digital ID),它仅仅为某一个用户提供凭证,以帮助其个人在网上进行安全交易操作。个人身份的数字证书通常是安装在客户端的浏览器内,并通过安全的电子邮件进行交易操作。网景公司的浏览器(Navigator)和微软公司的浏览器(Internet Explorer)都支持该功能。个人数字证书是通过浏览器来申请获得的,认证中心对申请者的电子邮件地址、个人身份及信用卡号等进行核实后,就发放个人数字证书,并将数字证书安置在用户所用的浏览器或电子邮件的应用系统中,同时也给申请者发一个通知。个人数字证书的使用方法是集成在用户的浏览器的相关功能中,用户其实只要做出相应的选择就行了。

（2）企业服务器凭证，也就是服务器证书（Server ID），它是对网上的服务器提供一个证书，拥有 WEB 服务器的企业就可以用具有证书的 Internet 网站（WEB Site）来进行安全电子交易。拥有数字证书的服务器可以自动与客户进行加密通信，有证书的 WEB 服务器会自动地将其与客户端 WEB 浏览器通信的信息加密。服务器的拥有者（相关的企业或组织），有了证书，就可以进行安全电子交易。服务器证书的发放较为复杂。因为服务器证书是一个企业在网络上的形象，是企业在网络空间信任度的体现。

（3）软件证书（Developer ID），通常为互联网中被下载的软件提供证书，该证书用于和微软公司 Authenticode 技术合法化软化的软件，以使用户在下载软件时能获得所需的信息。

上述三类证书中前两类是常用的证书，第三类则用于较特殊的场合，大部分认证中心提供前两类证书，能完全提供各类证书的认证中心并不普遍。

❸ 认证中心简介

CA（Certificate Authority）是数字证书认证中心的简称，是指发放、管理、废除数字证书的机构。CA 的作用是检查证书持有者身份的合法性，并签发证书（在证书上签字），以防证书被伪造或篡改，以及对证书和密钥进行管理。认证中心是检验管理密钥是否具有真实性的第三方，它是一个权威机构，专门验证交易双方的身份。验证的方法是接受个人、商家、银行等涉及交易的实体申请数字证书，核实情况，批准或拒绝申请，颁发数字证书。认证中心除了检验外，还具有管理、搜索和验证证书等职能。

认证中心应根据国际标准设计，而不是依据某一个专利技术选择认证中心。认证中心的提供商在商业和技术标准机构中应有出色表现的记录，另外还应具有确保只允许高质量的服务和产品进入国际市场的质量保证计划随着网络技术的发展，人们会开发出一些认证中心交叉证书的商业解决方案。而这些成果对于从不同认证中心接受其证书的企业进行交易将是十分必要的。目前，世界上领先的数字证书认证中心是美国的 VeriSign 公司，该公司成立于 1995 年 4 月，位于美国的加利福尼亚州。它为全世界 50 个国家提供数字证书服务，有超过 45000 个 Internet 的服务器接受该公司的服务器数字证书，而使用它提供的个人数字证书的人数已经超过 200 万。

七 安全技术协议

为了保障电子商务的安全性，一些公司和机构制定了电子商务的安全协议，来规范在 Internet 上从事商务活动的流程。

目前，典型的电子商务安全协议有：SSL（安全套接层）协议；SET（安全电子交易）协议。

❶ SSL 协议

SSL（Security Socket Layer）协议是 Netscape 公司提出的基于 Web 应用的安全协议，该协议向基于 TCP/IP 的 C/S 应用程序提供了客户端和服务器的鉴别、数据完整性及信息机密性等安全措施。

SSL 协议采用对称密码技术和公开密码技术相结合,提供了如下三种基本的安全服务:

(1)秘密性。SSL 协议客户机和服务器之间通过密码算法和密钥的协商,建立起一个安全通道。以后在安全通道中传输的所有信息都经过了加密处理。

(2)完整性。SSL 协议利用密码算法和 hash 函数,通过对传输信息特征值的提取来保证信息的完整性。

(3)认证性。利用证书技术和可信的第三方 CA,可以让客户机和服务器相互识别对方的身份。

双向认证 SSL 协议的具体通信过程,要求服务器和用户双方都有证书。单向认证 SSL 协议不需要客户拥有 CA 证书(图 2-44)。

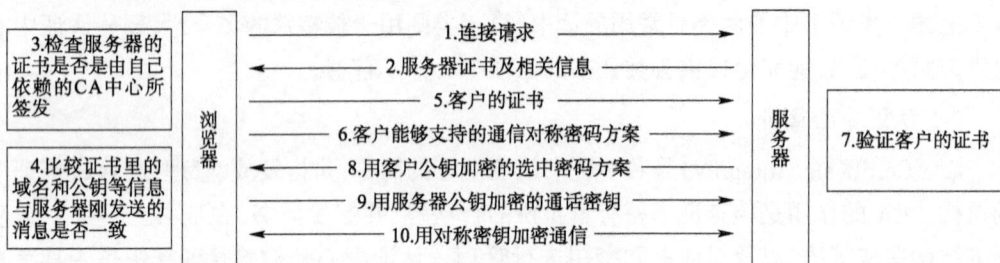

图 2-44　双向认证 SSL 协议的具体过程

基于 SSL 协议,双方的通讯内容是经过加密的数据,这时候的安全就依赖于密码方案的安全。

❷ SET 协议

SET(Secure Electronic Transaction)协议是由 VISA 和 MasterCard 两大信用卡公司于 1997 年 5 月联合推出的规范。其实质是一种应用在 Internet 上,以信用卡为基础的电子付款系统规范,目的就是为了保证网络交易的安全。

SET 协议采用公钥密码体制和 X.509 数字证书标准,提供了消费者、商家和银行之间的认证,确保了交易数据的机密性、真实性、完整性和交易的不可否认性,特别是保证不将消费者银行卡号暴露给商家等优点,因此,它成为目前公认的信用卡/借记卡的网上交易的国际安全标准。

SET 协议要达到的最主要目标是:(1)信息在公共因特网上安全传输;(2)订单信息和个人账号信息隔离;(3)持卡人和商家相互认证。

SET 协议涉及的当事人包括持卡人、发卡机构、商家、银行以及支付网关。

SET 协议的特点包括如下方面。

(1)信息的机密性:SET 系统中,敏感信息(如持卡人的账户和支付信息)是加密传送的,不会被未经许可的一方访问。

(2)数据的完整性:通过数字签名,保证在传送者和接收者传送消息期间,消息的内容不会被修改。

(3)身份的验证:通过使用证书和数字签名,可为交易各方提供认证对方身份的依据,即保证信息的真实性。

(4)交易的不可否认性:通过使用数字签名,可以防止交易中的一方抵赖已发生的交易。

(5)互操作性:通过使用特定的协议和消息格式,SET 系统可提供在不同的软硬件平台操作的同等能力。

3 SSL 协议与 SEL 协议的比较

SSL 协议与 SEL 协议应用在不同的场合,两种协议的具体区别如表2-1所示。

SSL 协议与 SET 协议的比较　　　　　表 2-1

协议类型 比较项目	SSL	SET
认证机制	只有商店端的服务器需要认证,客户端认证则是有选择性的	安全要求较高,因此所有参与 SET 交易的成员(持卡人、商家、支付网关等)都必须先申请数字证书来识别身份
设置成本	成本较 SET 低,不需要另外安装软件	成本较高除了必须先申请数学证书之外,也必须在计算机上安装符合 SET 规格的电子钱包软件
安全性	安全性较 SET 低,安全范围只限于持卡人到商店端的信息交换	安全性较高,整个交易过程,包括持卡人到商店端、商店到付款转接站再到银行网络,都受到严密的保护

想一想:

试着了解一下我国电子商务所发生的一些不安全的案例,并与大家分享。

单元小结

汽车电子商务系统是汽车企业实施电子商务的基本条件,本单元使学生从概念和结构功能上对电子商务系统加以理解,并详细介绍了现有的汽车电子商务平台,列举了汽车之家等几个典型案例,加深学生对汽车电商市场环境的了解,还介绍的汽车行业电子商务的营销模式,以及相对应的电子商务支付系统和安全管理技术,从汽车电商现状、运用情况和相关技术方面都做了全面的讲解,让同学们对汽车电商的了解逐渐深入。

思考与练习

(一)填空题

1.电子商务分为四个主体,即_____、_____、_____、_____,一笔交易的达成就是各种要素在这四大主体之间的传递。

2.基础电子商务系统组成包括:_____、_____、_____、_____、_____。

3. 汽车电商平台的三大种类包括：_____、_____、_____。

4. 目前对电子支付系统的分类方法有多种,根据支付时是否需要中介机构(比如电子银行)的参与,把支付系统划分为_____ (SET)和_____ (SSL,如电子现金支付系统);根据支付方式的不同,可以将电子支付系统大致分为:_____、_____、_____等。

5. 典型的电子商务安全协议有:SSL(_____)协议;SET(_____)协议。

(二)判断题

1. 电子商务的任何一笔交易,都包含了信息流、资金流、商流和物流这四大要素。

( )

2. 汽车电商对用户的价值有三个,方便快捷、可靠和完善的服务以及合理的价格。

( )

3. 传统电商企业,诸如天猫汽车、京东、淘宝都在汽车分类领域博弈。但是相对于垂直平台和咨询平台没有优势。　　　　　　　　　　　　　　( )

4. 汽车电子商务系统就是汽车网络销售系统。　　　　　　　( )

5. 电子支付是电子商务中不可缺少的一部分,也是电子商务存在和发展的基础。

( )

(三)课外拓展题

了解电子商务的支付形式,并在淘宝上搜索汽车精品,利用电子支付完成一件汽车相关小商品的购买。

单元三 电商环境下的汽车贸易

学习目标

完成本单元学习后,你应能:

1. 了解汽车整车及零配件制造行业电子商务应用情况;

2. 掌握电子商务环境下的汽车营销手段;

3. 了解汽车售后服务中的电子商务应用情况;

4. 了解汽车配件电子商务营销和管理情况;

5. 知道汽车保险行业电子商务应用情况;

6. 了解汽车租赁行业电子商务应用情况;

7. 知道汽车整车及零配件物流电子商务应用情况。

建议课时

16 课时。

课题 1 汽车整车及零配件制造行业电子商务

一 汽车企业电子商务应用系统

1 汽车行业产业链

汽车行业产业链分为四个清晰的层次,其中向整车厂供货的主要是第一层次系统集成商(图 3-1)。四个层次之间均存在资金流、信息流和物流的传递和联系。

(1)整车总装厂。

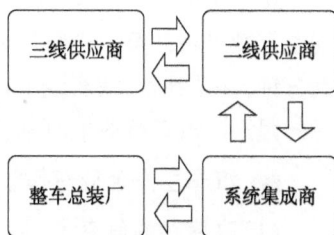

图 3-1 汽车行业产业链

整车总装厂的任务是将系统集成商提供的完成模块,例如发动机总成、变速器总成、仪表板总成等在一定的流水线上组装成整车,并进行相关调试,达到市场销售要求,发往汽车销售企业。

(2)系统集成商。

系统集成商的任务是直接向整车总装厂提供完整模块,例如动力装置、排气装置、仪表盘等。同时其不仅提供模块,还提供产品的设计和开发,例如涉及发动机、底盘、车身、轮胎、排气装置、密封装置、仪表板、风窗玻璃、悬架、行车电脑系统、传动系统、电气系统等产品。

(3)二线供应商。

二线供应商的任务是向第一层次系统集成商提供模块或部件:例如活塞、轴瓦、气门、涡轮增压器、中冷器、滤清器、散热器、缸体、安全气囊、电器元件、火花塞、传感器等。

(4)三线供应商。

三线供应商的任务是向二线供应商提供标准件或原材料,例如钢、铝合金、塑料、皮革等。

目前,汽车行业产业链正从传统的金字塔结构向一个以体系集成商为中心,众多供应商以类似卫星的形式围绕其周围的网络模式进行转变。因而在该产业链中实施电子商务,能够使信息流、资金流、物流有机集成起来,从而使汽车产业在成本效率、质量和服务上有了重大的飞跃发展。

❷ 汽车行业准时制(JIT)生产物流业务

汽车企业生产物流系统分为车身流和零部件流两大部分。整个系统就像一部精密的机器,每个环节紧密相连,在时间和工序上一环扣一环,人为的管理很难达到这样的要求,所以现代汽车生产企业在汽车企业生产物流系统中大量运用电子商务思想,从而使产量最科学化与最合理化(图3-2)。

车身流是第一层的相关需求。客户对整车的需求(例如车型、颜色、主要选装装备等)通过订单系统的定义,首先体现在车身上。车身流转到哪个工序,那么这个工序就要进行相关的加工或者装配,就需要相关的原材料或零部件采购。车身流可以被视为主产品流。零部件流由生产制造环节中的自制件和供应环节中的外购、外协配件组成,从所占比例来看,它们是汽车整车厂物流系统的主体。汽车整车厂的生产物流启动过程是市场拉动总装,总装拉动涂装,涂装拉动焊装,车身流拉动自制零部件流和外购零部件流,最终形成销售—生产—供给的拉动式循环。

JIT(准时生产)生产线的送料过程是按照生产线节拍数、工位节拍数和产品在工位的配置定额进行计算。送料计划的送料时间要考虑时间点的精准性,从理论上讲,可以精确到分钟,甚至到秒,在实践中,一般精确到小时。除此之外送料地点、库存安排都是需要考虑的因素。汽车行业准时制(JIT)生产物流业务特点如表3-1所示。

❸ 汽车生产企业运作管理难题

(1)高库存的危害。

高库存问题掩盖生产、采购、销售等重要环节的运作问题,导致存货周转率低,资金积压严重(图3-3)。

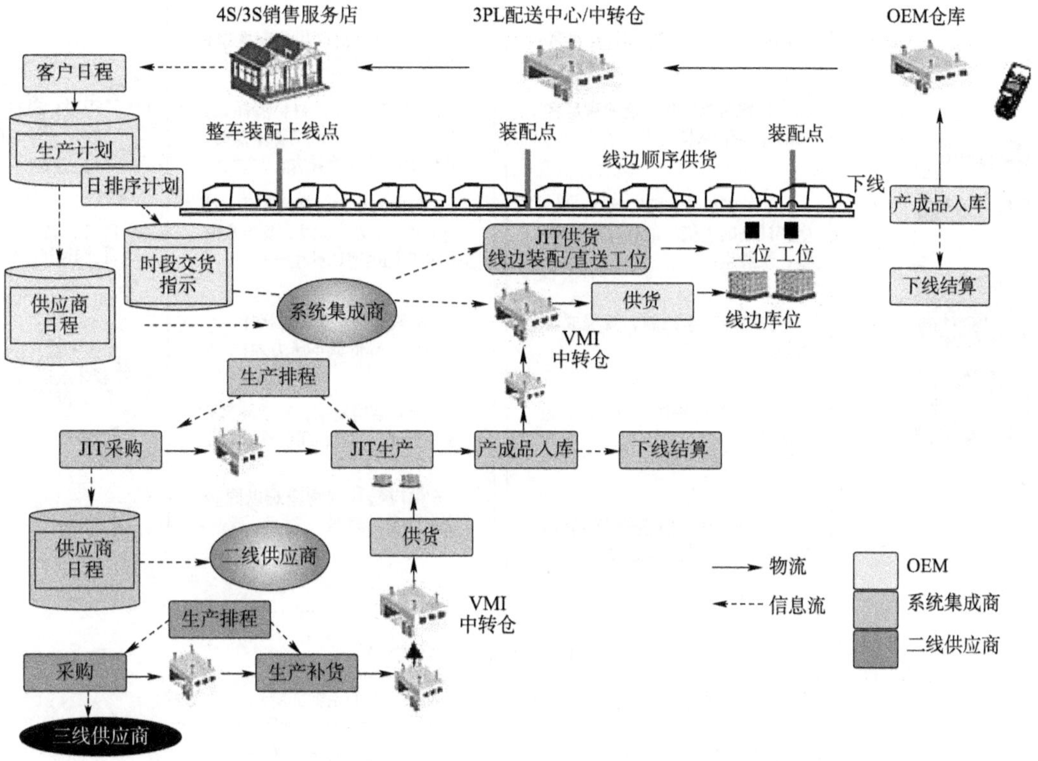

图 3-2 汽车企业生产物流系统

汽车行业 JIT 物流系统特点   表 3-1

	整车厂(OEM)	系统集成商(Tier1)	二线供应商(Tier2)
客户	顾客	OEM	Tier1、OEM
产品特点	车型、配置多样化价值度高	系统和模块化价值度高	标准化零部件价值度中
生产特点	混流装配看板拉动	混流装配看板拉动	机加工批量转移
采购特点	JIT 采购(VMI)供应商配额	JIT 采购(VMI)供应商配额	提前期采购
销售特点	4S/3S 店零售	寄售、上/下线结算	寄售、上/下线结算(部分物料)
计划特点	滚动计划	滚动计划	滚动计划
需求来源	订单 + 预测	主机厂内示计划 + 预测	内示计划 + 预测

(2)企业存在的九种浪费。

①生产过剩的浪费;②停工的浪费;③物流搬运的浪费;④加工的浪费;⑤库存的浪费;⑥运作的浪费;⑦返修的浪费;⑧人力资源的浪费;⑨信息沟通的浪费。以上这些浪费问题,都不是显而易见的,很多生产管理者通过人为的判断很容易忽略其中一些问题,所以在企业生产的各个环节运用信息化管理,能够使问题浮出水面,从而及时地修复和解决(图3-4)。

最佳实践	中国汽车零部件运作管理难题	
1.协同设计,系统/模块化供货;	1.为保证准时制供货而堆积高库存,中转库存管理困难;	库存积压,资金占用严重
2.JIT准时制供货,迅速满足客户的多样化需求;	2.准时制供货:材料消耗大,上线频次高,下线结算不及时,材料消耗结算差异大;	
3.生产节奏与主机厂保持一致,生产计划随主机厂的变化迅速调整,乘胜生产;	3.需求波动大,预测不准,计划可执行性差,无法根据客户的需求变化迅速调整生产;	利润下降,利润微薄
4.供应链成本控制,流程成本管理;	4.物流管理水平低.制造执行能力弱,降低成本压力大;	
5.精益制造过程质量稳定,全程质量追溯;	5.产品结构复杂,重要零部件单品管理要求高,质量难以追踪;	竞争力低,被兼并或退出配套市场
6.采用电子手段实现供应链计划物流协同,提高反应速度	6.供应链计划物流难以同步,信息化基础薄弱	

OEM

系统集成商

二级供应商

日益激烈的国际竞争

图 3-3 汽车生产企业运作管理难题

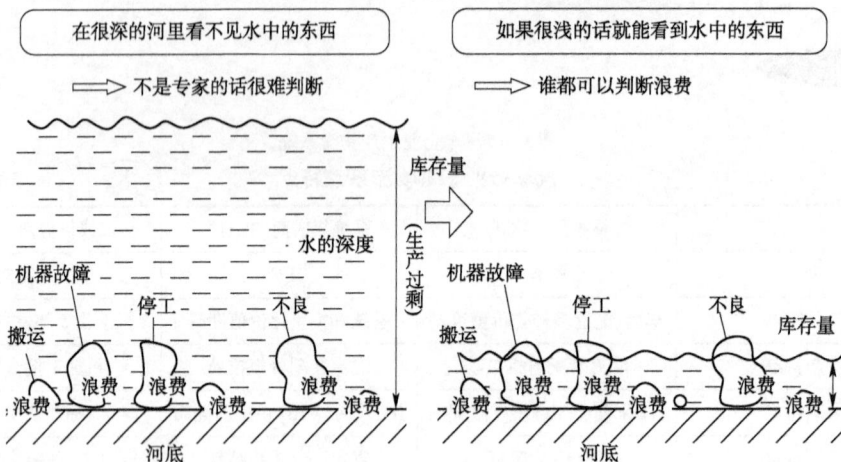

图 3-4 信息化管理能够帮助寻找生产问题

④ 汽车企业的电子商务系统结构

汽车企业电子商务贯穿于企业的采购管理、财务管理、人事管理、销售管理、生产管理等各个环节,物流、信息流、资金流在企业内部以及企业之间进行有序地流动(图 3-5)。

企业的电子商务应用主要有以下几个层次:

(1)企业建立网站,向客户提供企业的信息,树立良好的企业形象;

(2)进行网上市场调研,实施有效客户的管理;

(3)进行零部件网上采购,实现零部件采购的电子化;

(4)建立与分销渠道网络的联系模式,实现网络化分销;

（5）进行供应链网上集成，使汽车产、供、销业务实现一体化动作；

（6）进行网上直销，向客户提供定制化的产品和服务。

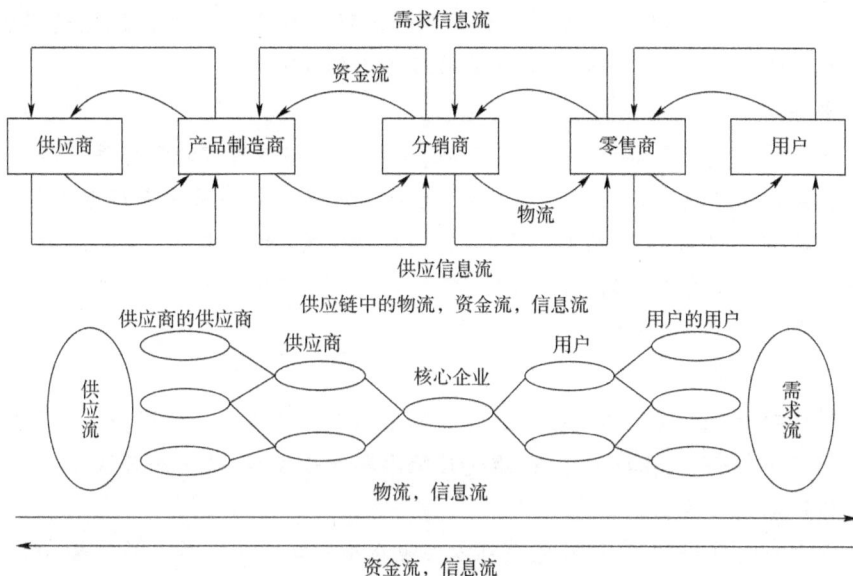

图3-5　汽车企业电子商务系统结构

案例拓展

通用汽车的电子商务应用

1.建立网站

上海通用通过建立自己的专门网站（www.shanghaigm.com）来向客户提供有关企业自身的各方面信息和相关新闻，比如一些汽车资讯，相关的技术知识（汽车维护方面的问题、汽车美容、改装等等），以此来树立企业良好的企业形象（图3-6）。

图3-6　上海通用汽车网站

2. 网上调研

通过自己的网站、各大门户网站的汽车频道(如新浪汽车,网易汽车等)、相关汽车论坛(如车168,车club等)发布一些相关新产品的调研和老产品的意见反馈,这样能有效拉近和客户之间的距离,增强沟通,改善一些管理方面的缺点。

3. 零部件网上采购

汽车生产需用到的零部件数量十分可观,一般一辆整车所需的零部件在两万个左右。所以零部件采购一直是通用投入大量人力、物力的环节。上海通用汽车近几年通过电子商务实现采购部分零部件,从而不受空间、时间的局限性,大大缩短了采购周期,提高采购的准确性和效率,降低了采购成本,扩大了采购范围,减少无效库存,保证了库存的合理性。

4. 网上预订服务

线上预订功能是上海通用汽车对有意向购车的客户提供的一种服务。这种服务省去了客户在现实中挤公交、在路上奔波、遭受日晒雨淋地去看车、选车的苦恼。

5. 提供定制化的网上销售

通过网上预订这个功能,现在完全可以实现在家中就能坐享购车的乐趣,并且通过上海通用汽车独有的"SAP IS – AUTO"系统,定制属于自己的汽车。

6. 售后服务

完善的物流配送系统是保证网络销售得以实现的关键。通过网络,特别是通过基于网络CRM系统及时了解客户用车情况,并提供迅速、及时、周到的售后服务。上海通用汽车和上汽集团成立的安吉星服务公司,就是通过网络和卫星定位系统,对上海通用的客户提供包括了碰撞自动求助、紧急救援协助、车况检测系统等服务。

二 企业内部管理

汽车企业的业务涉及生产总部、分销中心、仓储配送中心、连锁店、加盟店、维修厂等众多机构和部门,所以企业内部管理极为复杂。为了促进管理的规范化和科学化,企业内部需要实行"网络化管理",这也是企业进行电子商务的重要组成部分。那么企业内部到底有多少需要网络化管理的内容呢? 其主要环节如图3-7所示。

❶ 企业内部管理的基本概念

(1)企业。

企业是以盈利为目的,综合运用资本、技术、人才、信息和知识等各种资源,专门从事产品或服务的生产和流通等经济活动,依法自主经营、自负盈亏,并具有独立法人资格的经济组织。

(2)管理。

管理是为实现预期的目标,对群体行为进行有意识协调的过程。

(3)信息管理。

信息管理是对信息社会实践活动涉及的信息进行收集、检索、研究、报道、交流和提供服务的过程,以及达到实现总体目标的社会活动。

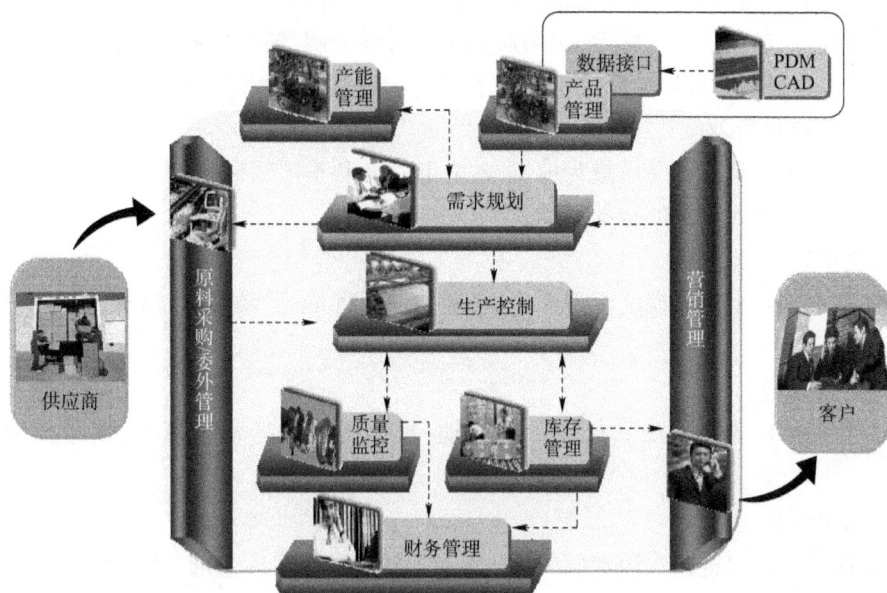

图 3-7　汽车企业网络化管理的环节

(4)企业内部业务管理信息化。

管理信息化指的是充分利用信息技术来提高管理的效率和水平。

(5)汽车业电子商务。

汽车业电子商务是涵盖汽车产业链全过程的电子化技术应用,也就是说从汽车原材料供应、汽车零部件加工、零部件配套、整车装配到汽车分销以及售后服务的各个环节,充分应用以互联网为核心的现代信息技术,从而达到提高经营和经济效益、改善客户服务的目的。

② 企业内部管理的基本原则

(1)企业内部管理的现实意义。

提高企业员工的工作效率,提高公司人员的团队协作能力,提高企业生产效率。

(2)全面计划管理。

全面计划管理是依靠计划把企业各个部门、各个过程和每个人的工作全面组织与协调起来,有效合理地进行生产经营活动,以完成企业任务的管理方法。它是全企业、全过程、全员的计划管理。从横向来看,它统率生产、技术、劳动、物资、财务等各项专业管理;从纵向来看,它包括企业内部各级、各部门、各环节和每个人的计划管理。

(3)目标管理。

美国管理大师彼得·德鲁克(Peter F. Drucker)于 1954 年在其名著《管理实践》中最先提出了"目标管理"的概念,其后他又提出"目标管理和自我控制"的主张。德鲁克认为:先有目标才能确定工作,所以企业的使命和任务,必须转化为目标,如果一个领域没有目标,那么这个领域的工作必然被忽视。因此管理者应该通过目标对下级进行管理,当组织高层管理者确定了组织目标后,必须对其进行有效分解,转变成各个部门以及各个人的分目标,管理者根据分目标的完成情况对下级进行考核、评价和奖惩。

(4)全面质量管理。

全面质量管理是以产品质量为核心,建立起一套科学严密高效的质量体系,以提供满足客户需要的产品或服务的全部活动。

(5)进销存管理。

进销存管理是指为实现利润最大化,企业总体目标最优,将采购、销售、库存有机集成的全部活动。

(6)财务管理。

财务管理的任务是组织和处理财物活动,具体内容包括资金筹集、资金投资、收益分配。

(7)人事管理。

人事管理是人力资源管理发展的第一阶段(有时也作为广义的"人力资源管理"的代称),是有关人事方面的计划、组织、指挥、协调、信息和控制等一系列管理工作的总称。人事管理的任务为通过科学的方法、正确的用人原则和合理的管理制度,调整人与人、人与事、人与组织的关系,谋求对工作人员的体力、心力和智力作最适当的利用与最高的发挥,并保护其合法的利益。

3 企业电子商务交易的形式

由于交易各方企业之间具有共同的目标(即让消费者满意,为客户创造价值),因而在交易过程中,各方都遵循时间、质量、成本、服务和环境的原则,这样企业间的电子商务就会给交易双方带来节约时间、降低成本、快速反应的可能,所以企业与企业之间的电子商务(B2B)应用将成为电子商务应用的主流。

4 电子商务与企业内部管理

汽车企业的管理是复杂的,既涉及上游的供应商又涉及下游的经销商、维修厂、连锁店、加盟店等,那么在这样的公司使用电子化的商务管理手段,除了提高效率、降低成本,最重要的能够帮助企业突破发展中的管理瓶颈。

合理地应用电子商务,是解决我国汽车市场中企业规模扩张、生产自动化和有效管理之间矛盾的关键(图3-8)。

5 电子商务对现代管理的影响

(1)对企业组织机构的影响。

①组织结构扁平化。结构扁平化意味着企业打破部门之间的界限,能够把相关人员集合起来,按照市场机制去组织跨职能的工作。

②组织决策的分散化。电子商务的发展,使企业过去高度集中的决策中心组织变为分散的多中心决策组织。

③运作虚拟化。在电子商务的模式下,企业的经营活动打破时间和空间的界限,形成一种类似于无边界的新型企业。

企业信息化解决方案整体架构图

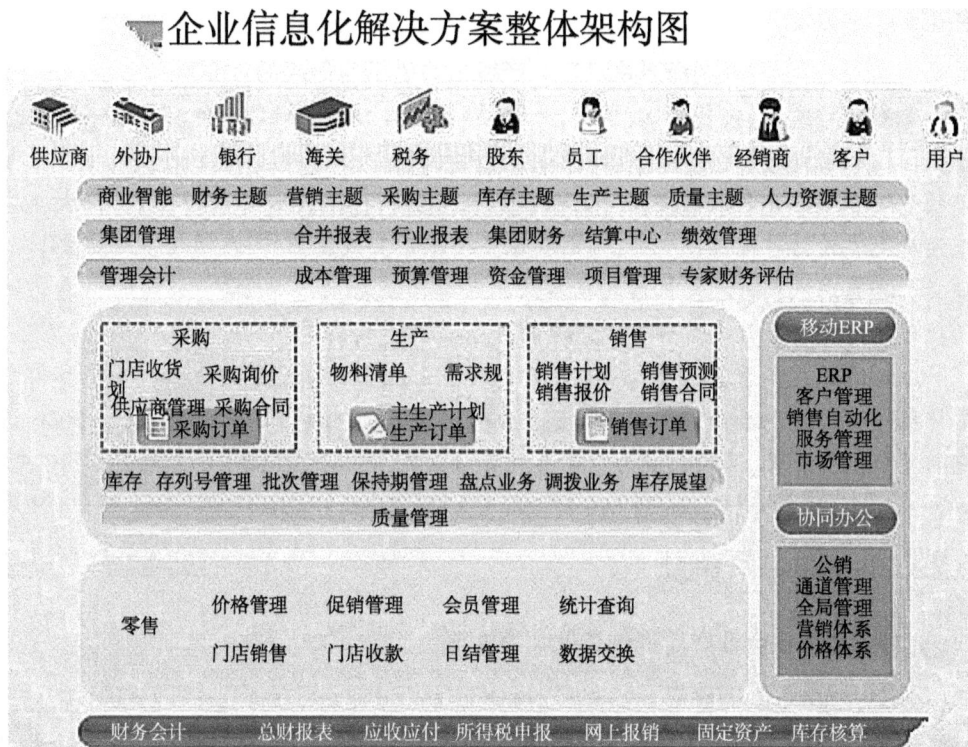

图3-8 汽车企业信息化管理解决方案整体架构图

(2)对企业经营活动的影响。

严密的营销渠道建设、大量人力与广告投入占领市场已成为过去。市场调查、广告促销、经销代理等传统营销方法都要与网络相结合。

(3)对采购管理的影响。

传统采购管理的采购数量和地域有限,而现在的网上采购可及时地对需求信息进行汇总,并做出采购决策,再与供应商电子化地交付订单。

(4)对企业财务、资金流管理的影响。

传统的财务、资金流管理采用事后处理的方式,而现在的方式为电子化地分析优化资金流,提高资金周转率。

(5)电子商务对企业人力资源管理的影响。

因为整个互联网都能够得到企业的招聘信息,所以在招聘、录用人才方面更加便捷,降低了员工招聘成本,并且打破企业招聘宣传的地域限制。在内部人力管理方面,电子商务可以促进员工互相学习、交流,培养协同工作的能力。

(6)对企业研究和开发管理的影响。

对于企业外部来说,拓宽了技术委托开发的范围;对于企业内部来说,需要研发资源平台上共享;对于研发新形式,需要按消费者网络设计方案来研发。

知识拓展

上海通用汽车生产线上的电子商务应用

上海通用汽车,共有冲压、车身、油漆、总装和动力总成五大车间。公司不但引进了国际上最先进的轿车产品、汽车制造工艺和设备,而且同时引进了通用汽车公司先进的管理方法。公司严格按照精益生产原则规划、设计、建设和管理工厂,五大车间采用模块化设计与柔性化生产,可以实现多个车型共线生产,满足市场多元需要。

上海通用汽车将计算机信息技术应用于公司业务的各个领域,公司的信息系统的软硬件是目前国内汽车行业最先进的。

上海通用汽车于 2000 年 5 月 26 日通过了上海质量体系审核中心(SAC)和挪威船级社(DNV)的联合质量体系评审,成为我国汽车行业中第一个获得 QS-9000 认可的汽车制造公司,同时也成为 GM 系统首家满足 QS-9000 标准的总装厂。

三 产品设计与研发

① 电子商务在企业产品设计开发中的应用

(1)减少开发过程的成本。

汽车新产品的协同设计使汽车设计师、汽车工程师、供货商、制造商和客户网上互联,节约高额的交通费,缩短汽车开发时间。

(2)促进新产品开发和提供新型服务的能力。

电子商务可以更快地了解消费的偏好或习惯,并将需求及时地反映到决策层,从而促进产品的开发设计活动。

② 汽车产品设计与开发的概念

汽车产品设计是指采用新原理、新技术或新材料来改变其结构或性能而生产出来的汽车。

汽车产品的开发,从广义上来讲是指汽车在功能、造型、品牌、商标、定位和售前、售中、售后服务等任何一个方面的创新;从狭义上来看是汽车在实质结构上的功能创新,包括全新新产品、换代新产品、改造新产品和仿制新产品。

③ 汽车产品设计与开发的意义及原则

汽车的更新换代是时代的必然趋势,所以创新的设计和开发是企业生存和发展的根本需要。

汽车产品设计与开发有以下原则。

(1)概念领先:预先形成"汽车蓝图";

(2)技术创新:外在形式,内在功能;

（3）目标市场：消费者的需求即是产品；

（4）面向未来：进行长远的策划；

（5）确定模式：自主与联合。

❹ 电子商务在汽车产品设计与开发中的应用

（1）网上数据收集：根据设计规划要求收集信息，如成本、性能等。

（2）零部件设计计划编制：其主要描述外形尺寸性能。

（3）生产开发计划编制：其主要是交货计划的细化计划和执行计划，用来实现动态按时按量安排生产。

（4）汽车设计与开发中采用的信息化技术：主要手段包括计算机辅助设计（CAD）、计算机辅助工程（CAE）、计算机辅助工艺规程（CAPP）。

四　产品的配套采购管理

❶ 产品配套与采购管理的重点问题

采购管理关系到是否能够顺利地执行生产计划。采购计划应该按照生产计划制订，同时考虑相关因素，如采购批量、安全库存等。一个好的符合实际的采购计划能够有效降低库存水平，提高原材料的配套率。采购人员应该与计划部门配合，对不同物料制订不同的订货策略（如订货点法、周期订货法、按需订货法、固定批量订货法等），并确定采购提前期。在实际工作中还应该根据情况变化不断做出调整。订货策略直接影响到库存量的高低。采购管理的另一重点工作是考察、选择、评估供应商，并对供应商定期进行考核和评估，提出改进意见，商讨新的合作方案等。采购管理过程中有以下重点问题值得我们注意。

（1）供应商管理。

对于新供应商开发，采购部门需要负责提供供应商备选名单，并进行初审。组织技术、质管等部门现场考察，重点关注供应商的生产能力、质量保证体系是否完善、供应商的信誉等内容，进行整体评价。

对于供应商绩效评估，通常对供应商的评估每年进行一次，综合考察其产品质量、合格率、退货率、供货准时率、价格因素等，然后决定是否续签合同。

（2）规范采购流程。

从供应商选择、采购、入库检验、付款的全过程来规范控制采购流程。

（3）VMI 管理。

VMI（Vendor Managed Inventory）是一种以客户和供应商双方都获得最低成本为目的，在一个共同的协议下，由供应商管理库存，并不断监督协议执行情况和修正协议内容，使库存管理得到持续改进的合作性策略。这种库存管理策略打破了传统的各自为政的库存管理模式（图3-9）。VMI 管理体现了供应链的集成化管理思想，适应市场变化的要求，是一种新的、有代表性的库存管理思想。

（4）供应商配额管理。

从采购、库存到结算全过程对供应商进行配额管理。

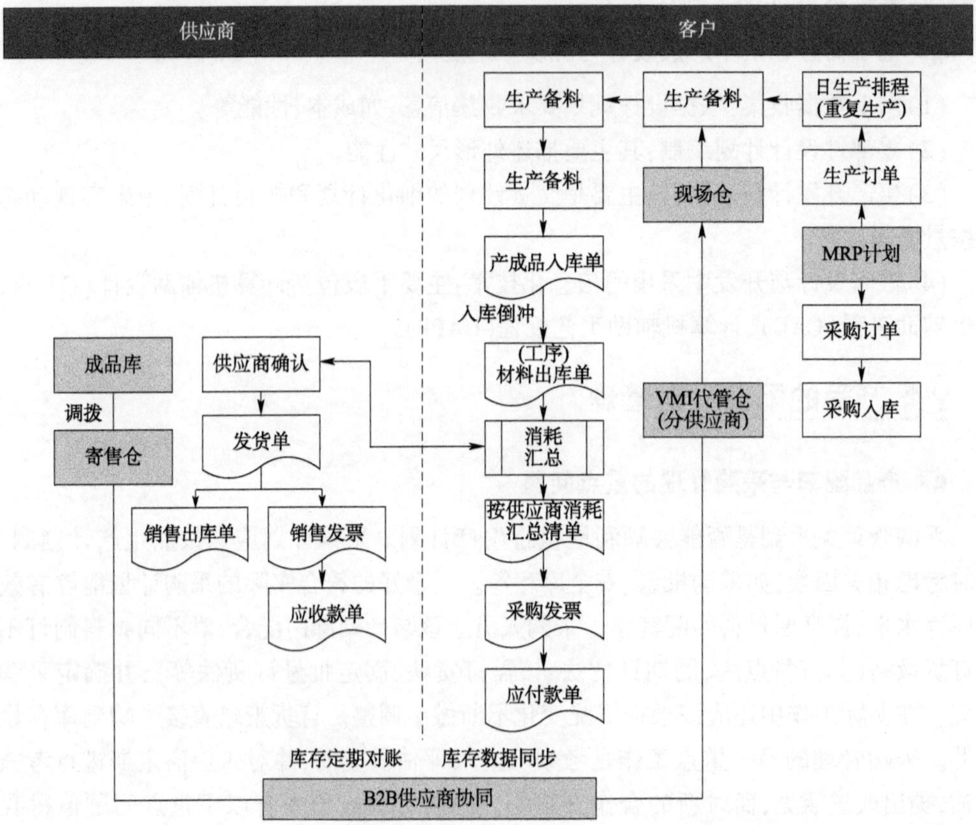

图 3-9　VMI 管理流程

（5）采购成本控制。

确定采购货款优先支付顺序，进行各种原料采购成本、费用的分析，从而控制采购成本。

2 产品配套与采购的管理难点

（1）物料采购策略制订；

（2）采购进度控制；

（3）供应商评估；

（4）供应商配额管理；

（5）VMI 管理；

（6）采购成本控制，避免过量采购而导致库存的积压。

3 传统采购与电子商务采购的对比

相比传统采购，加入电子商务手段之后，采购工作在沟通交流和付款方面要省事许多，两者对比如表 3-2 所示。

传统采购方式与电子商务采购方式的流程对比表　　　　　　表 3-2

	传统采购方式	电子商务采购方式
1	买方准备一份请购单	买方准备一份请购单
2	获得批准或授权	获得批准或授权
3	输入请购单数据	输入请购单数据
4	打印采购单数据	
5	邮寄采购单给卖方	
6	卖方接收采购订单	
7	进行订货登记	
8	打印装箱或订单	卖方打印装箱单或订单
9	货物装运给买方	货物装运给买方
10	膳制发票记应收账	
11	将发票寄给买方	
12	买方收到货物	买方收到货物
13	收到发票	
14	登记所收货物存货科目	登记所收货物存货科目
15	将发票输入应付款系统	
16	膳制支票	
17	将支票寄给卖方	
18	卖方收到支票	
19	登记应收款账户冲账	

传统采购的问题包括：

(1)低效率的产品选择过程；

(2)费时的手工订货操作；

(3)不规则的采购,容易产生腐败现象；

(4)昂贵的存货成本和采购成本；

(5)冗长的采购周期；

(6)复杂的采购管理；

(7)难以实现采购的战略性管理。

电子商务采购的优势包括：

(1)降低成本:其可以选择优价,减少采购员出差费、单证纸张费、处理人员工资、多中间商造成的价差；

(2)提高效率:其可以使手续简化,避免采购信息重复录入造成的误输,采购自动化,使人员减少,管理效率提高；

(3)获得主动权:其可以动态公布采购要求与采购招标(采购价格是竞价的结果),享受即时沟通服务；

(4)优化管理:其可以集中化管理、存货管理水平提高(由高库存向低、微库存生产过度)；

(5)保证采购质量:其可以绕过中间商直接联系,更加有质量保证；

(6)增加交易透明度；

(7)加强供求双方的业务联系;

(8)适应电子商务发展浪潮:其业务流程主要在网上实现。

④ 电子商务采购步骤

(1)建立企业内部网、管理信息系统,实现业务数据的计算机管理。

(2)建立企业的电子商务网站。

(3)利用电子商务网站和企业内部网络收集企业内部各个单位的采购申请。

(4)对企业内部的采购申请进行统计整理,形成采购招标任务。

(5)针对既定的电子商务采购任务进行网上采购的策划。

(6)进行网上采购的实施。

(7)采购过程管理及验收管理。

⑤ 电子商务采购模式

(1)卖方一对多的模式。

(2)买方一对多的模式。

(3)第三方系统门户,包括垂直门户与水平门户。

(4)企业私用交易平台。

(5)反向拍卖。

想一想:

请同学们思考,采购和网上购物有什么联系和区别?

五 配套产品的改进与服务

电子商务可以帮助规模、资金和管理方面实力相对较弱、适应市场能力较低的汽车企业全面提升开拓市场的能力,因为互联网为汽车零部件制造企业提供了开发新市场、赢得新客户的有效手段,也使企业可能直接参与到大企业的竞争中去,同时为其提供了更为广阔的市场。

① 配套产品的改进与服务的实现措施

(1)开展网上零售业务:拓宽销售渠道,减少库存,从而减少资本占用,提供信息。

(2)提供在线客户服务支持:全天候、全方位服务支持,并及时发现问题,降低服务成本。

(3)实现电子化供应链:建立交易网站,与供应商、经销商进行信息互通与业务处理。

(4)针对采购商、消费者提供个性化的设计与生产。

(5)推出数字化产品,例如 WEB 访问、卫星电话等相应的辅助设备。

(6)提供融资服务,方便汽车生产商加快资金的流通,减少配套产品的开销,争取更多的客户。

② 企业配套产品资源整合

企业资源整合是一个为实现长远利益的战略决策,随着市场的变化情况与发展,企业的各种资源必须随之整合与优化,这便需要极强的战略协调能力。针对企业必须设立动态战略综合指标,及时调控企业的资源能力,从而完善企业的战略。

任何一个企业资源再多也还是有限的,企业不仅要拥有资源,而且还要具备充分利用外部资源的能力,使社会资源能更多更好地为本企业的发展服务。一些企业没有厂房,没有机器设备,甚至没有自己的员工,同样能生产出产品。当然这并不是真正的没有,而是充分利用了社会上的资源,进行虚拟研发、虚拟营销、虚拟运输以及虚拟分配(指股权、期权制)等。有的企业进行脑体分离,企业仅拥有组织经营生产的人员、几间办公室而已,却利用外部的土地、厂房、社会上的技术人员、管理人员、劳动力、原材料等生产出大量的产品,而这些整合方式都需要电子商务手段的加入。

资源整合对于提高企业的经营效率、改善经营质量、奠定企业决策基础具有十分重要的市场意义。从企业资源能力的构成要件出发,实施企业资源导向型理性决策应着力抓住三个方面。

(1)整合知识资源:提高对市场变化的感应、适应和促进能力。

企业所拥有的知识资源应该包含具有特定文化内涵的经营理念、蕴涵在产品中的核心技术和满足企业价值实现的技能技艺,它体现在设计、工艺、制造、营销、服务等方面。应当看到,企业的创新能力同企业拥有的核心技术数量在许多情况下并非呈正比关系,有时这些"核心技术"还会对一些企业产生负面作用。比如对市场盲目乐观,对自身能力不恰当的定位,有的甚至满足现状、不思进取,形成对创新的制约。因而,企业的创新能力不仅体现在核心技术的拥有量上,更体现在核心技术的再生量和续增量上。企业的核心技术来源于对知识的选择、吸收、组合和市场化,首要的是对知识的获取。但相对于企业来说并不是知识越多越好,企业有自己的市场定位,必然会有自己的知识选择,必须按照市场定位对知识资源进行整合,这既是核心技术形成的途径,更是增强企业能力的内在要求。

(2)整合市场资源:强化企业核心竞争力的形成、保持与提升。

企业的核心竞争力并不是仅指企业所掌握的核心技术的多少,也不只在技术这一层面上体现。当前,企业核心竞争力的不断生成与强化,特别明显地表现在开发潜在市场的能力和不断生成、强化与升级换代上。一些高成长性企业之所以具有成长性,除了自身技术和产品在"现实市场"具有很强的竞争力外,在技术和产品的趋向性上对"潜在市场"的控制力也很强,其市场开发能力已经由"现实型"过渡到"潜在型"上。可见,把握市场资源的总体态势,整合市场资源使目标市场细分化、产品创新贴近客户生活化需要、企业品牌突出个性化和差异化,是强化企业核心竞争力的形成、保持、提升的重要手段。

(3)整合营销资源:提升网络构建、营销扩张和系统完善的能力。

市场营销是企业经营的出发点,满足客户需要是企业经营的关键点,产品只有与市场联系在一起才有意义。一些企业经营者认为市场营销就是把企业的产品卖出去,实现产品的价值形态并增值。其实,这曲解了营销的本质。营销的本质是理念的推销,是企业将自身理念通过产品这一中介传达给客户,并取得客户认可的行为。客户对企业的认识首先是从品牌以及同品牌相联系的产品开始的,而客户对企业的接受和对产品的忠诚则来自心理上的认同,即能够满足客户心理需求的企业理念和凝结着这些理念的产品。

星巴克的产品价值拓宽

星巴克在一项调查中发现,在自己的 2000 万客户中,90% 都是互联网用户。星巴克决定在菜单上添加一项新内容:高速无线互联网服务。它与惠普以及 T-Mobile 联手,共同致力于为消费者带来无线、高速的体验。在拥有 T-Mobile 高速 WiFi 无线网络的星巴克咖啡店中,客户只需一个支持 WiFi 功能的笔记本电脑或者移动智能设备,就可以实现在互联网上畅游。

惠普出现以后,星巴克提供的就是全能的超值服务,看似毫无瓜葛的两者,一旦合作,将会改变很多,它们的合作足迹将使餐饮业的网络化成为可能。三家优秀企业共同为星巴克的客户创造了一个服务感受:边喝着香浓的咖啡,边在互联网上畅游的惬意感觉。

六 生产过程管理

1 生产过程管理中的电子商务

汽车企业生产过程管理中的电子商务指运用信息技术手段优化产品设计、工艺、制造和质量管理,通过先进的计算机技术与科学的管理思想方法的完美结合来提高生产管理的水平。实现生产过程管理中的电子商务是制造型企业推行信息化工程的重要内容(图 3-10)。

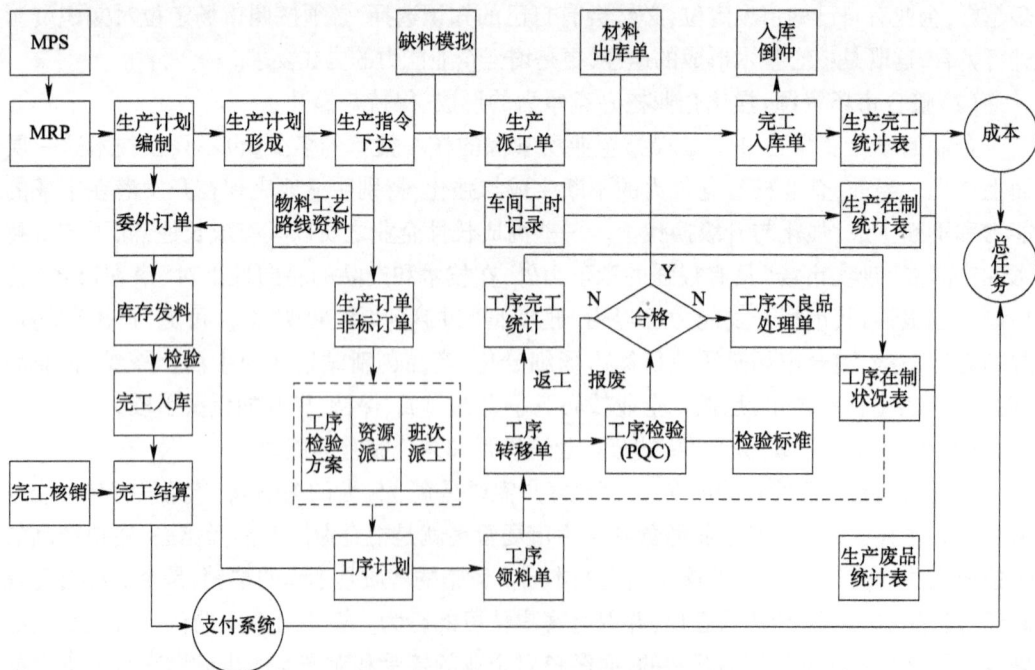

图 3-10　汽车企业生产过程管理内容

② **实现客户需求信息与工厂生产系统的集成**

汽车企业强调的是长期业务关系,所以客户会给生产工厂一个中长期的客户需求计划及详细的短期交货计划。这一业务流程如图3-11所示。

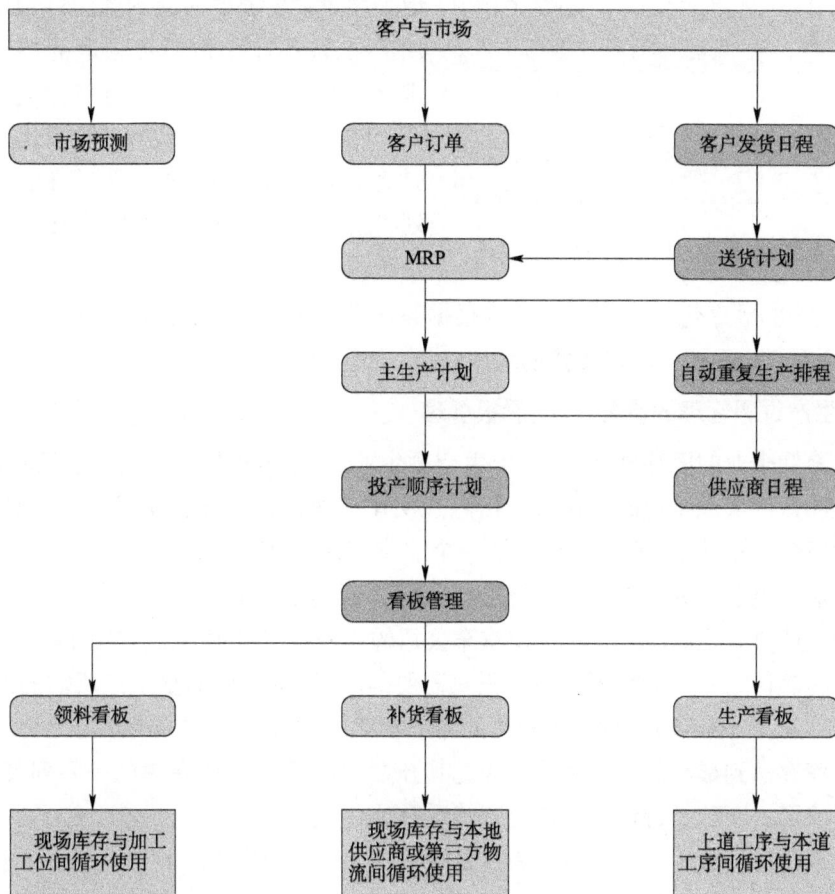

图3-11　汽车企业生产业务流程

客户是企业生存的命脉,因而汽车企业更加重视客户与供应商之间的关系。尤其是对汽配企业而言,其装配总厂常常采用混流生产加工模式,即在同一条生产线上同时生产多种车型,其需要汽配零部件与之实时匹配。这样,就要求作为供应商的生产工厂,需要能够实时了解装配总厂的生产计划,并且根据装配总厂生产计划的变动,进行实时调整。如果由于供应商生产工厂准时交付出现问题,或者交付的零部件顺序出现问题,将直接影响到整车厂的生产调度,乃至停产。因此,实现装配总厂商与供应商生产工厂之间的实时数据共享,是汽车企业推广电子商务管理所面临的第一个重大问题。

那么电子商务管理是怎样将客户的需求信息与工厂生产系统和JIT交付系统集成的呢?一般通过以下处理流程实现(图3-12)。

通过以上处理流程可以看出,整个工厂生产系统是随客户日程的变化而变化运作的,从而实现了适时适量生产的具体手段。

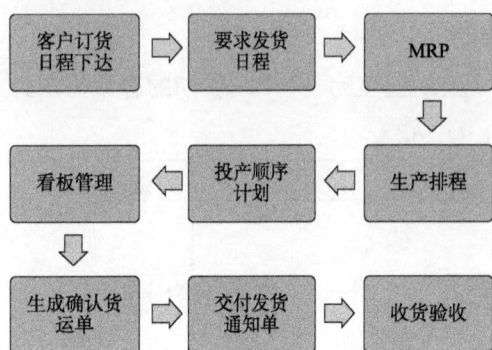

图 3-12　客户订货日程处理流程

（1）生产同步化。为了实现适时适量生产，首先需要致力于生产的同步化。生产的同步化通过"后工序领取"的方法来实现，即后工序只在需要的时间到前工序领取所需的加工品，前工序中按照被领取的数量和品种进行生产。

（2）生产均衡化。生产均衡化是实现适时适量生产的前提条件。为此在制订生产计划时就必须加以考虑，然后将其体现于产品生产顺序计划之中。

（3）生产的顺序化。供应商工厂应根据整车厂生产线的装配顺序，来有次序地组织生产，并将生产成品按照客户要货的顺序，进行顺序装货。

❸ 生产过程管理的重要手段：看板管理

如何降低企业的库存资金，是每个生产型企业所面临的严峻问题。传统的生产管理理念只能够帮助实现企业的库存管理信息透明化。而要将库存真正降下来，则需要更先进的管理理念。这其中，精益思想就是一个非常有用的理论，同时也在日系企业普遍应用。如何借助电子商务功能实现精益思想，是汽车企业关心的第二大问题。

准时生产方式是起源于日本丰田汽车公司的一种生产管理方法。它的基本思想可用现在已广为流传的一句话来概括，即"只在需要的时候，按需要的量生产所需的产品"，这也就是 Just in Time（JIT）一词所要表达的基本含义。这种生产方式的核心是追求一种无库存或使库存达到最小的生产系统。为此其开发了包括"看板"在内的一系列具体方法，并逐渐形成了一套独具特色的生产经营体系。

在实现适时适量生产中具有极为重要意义的是作为其管理工具的看板。看板管理也可以说是 JIT 生产方式中最独特的部分，因此也有人将 JIT 生产方式称为"看板方式"（图 3-13）。但是严格地讲，这种概念也不正确。因为如前所述，JIT 生产方式的本质是一种生产管理技术，而看板只不过是一种管理工具。看板只有在工序一体化、生产均衡化、生产同步化的前提下，才有可能运用。如果错误地认为 JIT 生产方式就是看板方式，不对现有的生产管理方法作任何变动就单纯地引进看板方式的话，是不会起到任何作用的。所以，在引进 JIT 生产方式以及看板方式时，最重要的是对现存的生产系统进行全面改组。

作为精益思想重要工具的看板，主要机能体现在以下方面：

（1）记载生产以及运送的工作指令。看板中记载着生产量、时间、方法、顺序以及运送量、运送时间、运送目的地、放置场所、搬运工具等信息，若想从装配工序逐次向前工序追溯，则在装配线上将所使用零部件所带的看板取下，以此再去前工序领取。"后工序领取"以及"适时适量生产"就是这样通过看板来实现的。

（2）防止过量生产和过量运送。看板必须按照既定的运用规则来使用。其中的一个规则是"没有看板不能生产，也不能运送"。根据这一规则，看板数量减少，则生产量也相应减少。由于看板所表示的只是必要的量,因此通过看板的运用能够做到自动防止过量生产以及适量运送。

(3)进行"目视管理"的工具。看板的其他运用规则是"看板必须在实物上存放","前工序按照看板取下的顺序进行生产"。根据规则,作业现场的管理人员对生产的优先顺序能够一目了然,进而易于管理。并且只要看看板,就可知道后工序的作业进展情况、库存情况等。

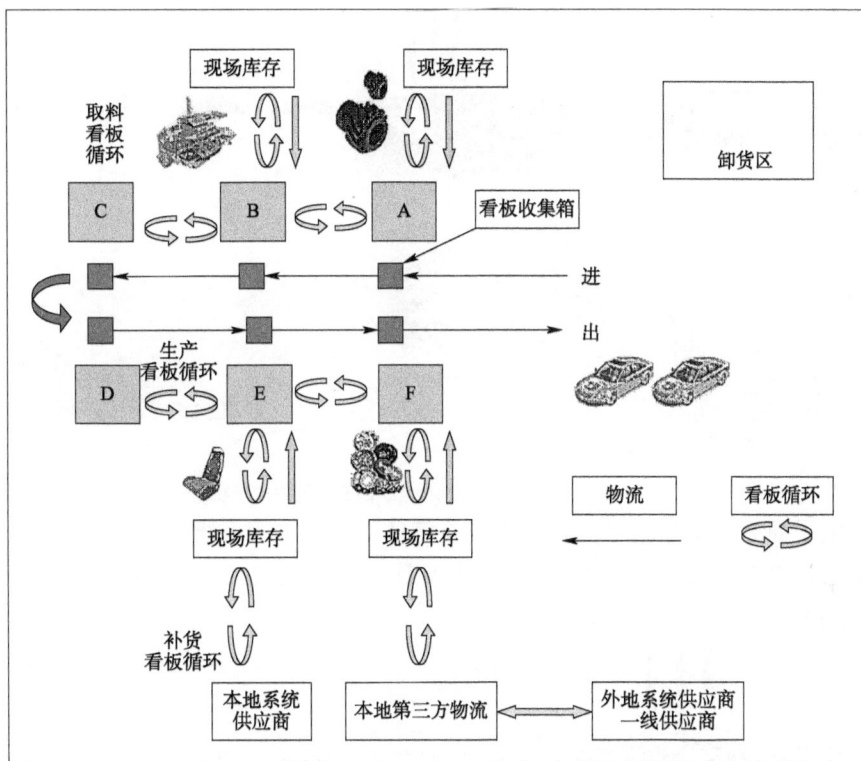

图 3-13 看板应用体系案例

(4)生产问题改善的工具。在 JIT 生产方式中,通过不断减少看板数量来减少在制品的中间储存。在一般情况下,如果在制品库存较高,即使设备出现故障、不良品数目增加也不会影响到后道工序的生产,所以其容易把这些问题掩盖起来。而且即使有人员过剩的问题,也不易察觉。根据看板的运用规则之一"不能把不良品送往后工序",后工序所需得不到满足,就会造成全线停工,由此可立即使问题暴露,从而必须立即采取改善措施来解决问题。这样通过改善活动不仅使问题得到了解决,也使生产线的"体质"不断增强,带来生产率的提高。JIT 生产方式的目标是最终实现无储存式生产系统,而看板提供了一个朝着这个方向迈进的工具。

❹ 实现供应商供给信息与工厂生产系统的集成

汽车企业注重与客户和供应商的关系,并努力结成战略联盟,共同发展。这不仅保证了企业的利益,同时可以实现双赢。因此,如何实现企业与客户和供应商集成是汽车企业所关心的第三大问题。

在汽车供应链上,不仅要实现企业与客户之间信息透明与信息共享,同时还要保证企业与其供应商、生产工厂与供应商之间的业务往来。汽车企业与供应商的关系,是一种长期往来的业务关系。只有共同发展,才能实现整个供应链的精益目标。为此对汽车企业,电子商务能够提供将生产企业及其供应商集成起来的解决方案,来保证供应链的顺畅运行。其集成的解决方案,如图 3-14 所示。

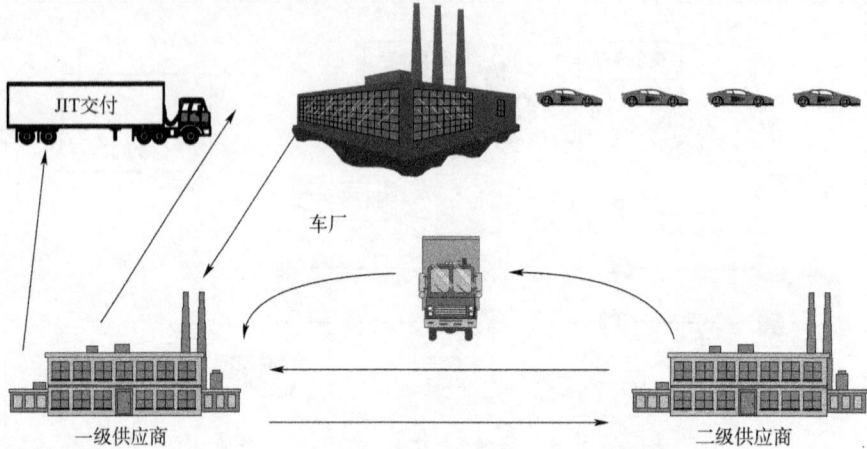

图 3-14　供应商供给信息在电子商务系统中的集成

那么电子商务系统是怎样将客户的需求信息与工厂生产系统和 JIT 交付系统集成的呢?一般通过以下处理流程实现,分为供应商日程下达流程(图 3-15),以及供应商送货流程(图 3-16)。

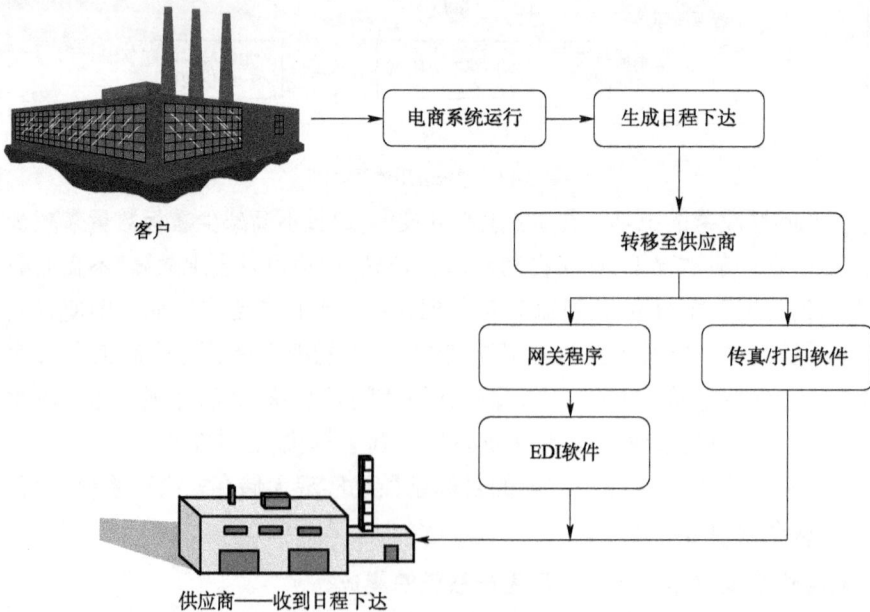

图 3-15　供应商日程下达流程

通过以上处理流程可以看出,整个供应商生产系统也是随客户日程的变化而变化运作的。

5 实现基于有限产能的混流生产排程管理

由于生产方式的不同,所以对于生产排程的方法也不一样。在电子商务系统中,企业可以实现基于有限产能的混流生产排程,即重复式生产排程(图3-17)。

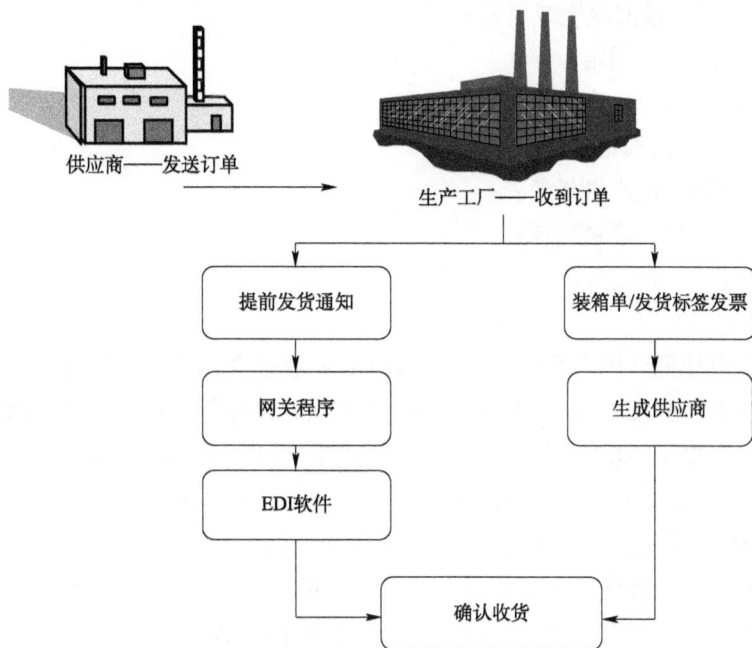

图3-16　供应商送货流程

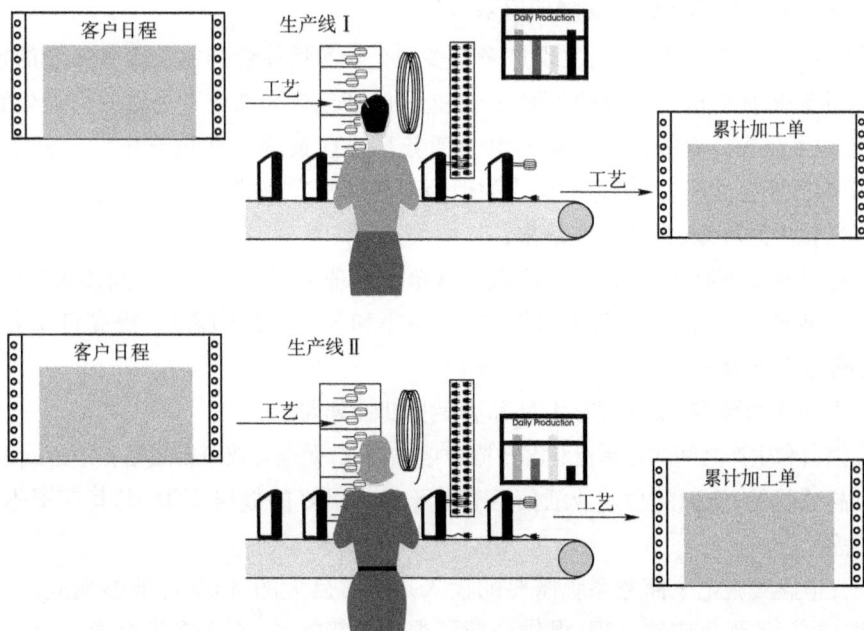

图3-17　有限产能混流生产排程

有限产能的混流生产排程方法适用于大批量的生产方式。一般情况下,JIT 追求高质量,比如在废品方面,追求零废品率;在库存方面,追求零库存。可以这样说,JIT 的目标是一种理想的境界,在许多方面都可以借鉴。在大批量生产中,有限产能的混流生产排程存在着以下特点:

(1)零件总是被提前很长时间大批量地制造好,零件的错误只有到最后装配时才会被发现,从而造成大量的报废或返修;

(2)工艺路线相对固定;

(3)有限产能混流生产排产;

(4)生产节拍短、稳定;

(5)按日或班下达产量任务;

(6)用反冲法统计物料消耗;

(7)任务逐日分批完成;

(8)主要控制产出。

重复式生产排程会用到准时制生产(JIT)的一些理念,如以日产量代替加工单,用反冲法统计物料消耗和成本,以及用拉式作业代替推式作业等。这些也是相关电子商务软件为重复式生产提供的功能。JIT 多用于重复式生产,但反过来,重复式生产作业不一定能做到 JIT 某些方面的要求。重复式生产不仅要平衡能力,还要平衡物料流动。为了既实现能力均衡,同时又做到物流均衡,就要实现平准化生产,有时,还需要混流生产,在一条生产线上同时加工多种工件或装配多种变型产品。平准化生产可以减少库存,实现准时制生产。但是在工艺设计和人员培训上要做很多工作,使工序准备时间减至最少,对管理和技术上都有较高的要求。

6 电子商务系统对生产管理的成效

接触多家日资汽车企业后,发现愈来愈多的企业深切体会到电子商务系统的重要性。他们正在主动加强对电子商务的了解,一些企业已经进行局部或者全面的信息化管理,并且从中尝到了甜头。有些人甚至认为电子商务系统能成为企业运作中的一件战略性武器。对众多日资企业而言,信息的集成为他们带来了管理上的相应的成效包括:

(1)优化生产计划,提高生产效率;

(2)通过减少库存成本、优化供应链和现金流管理使利率支付变为间接借贷因素;

(3)高效销售,跟踪客户订单,推动销售中心和零售商的销售量,提高订单完成和交货率,提高客户更为满意度;

(4)更精确的预测,改善库存不足和满足长期计划要求;

(5)销售和生产之间的订单流和客户服务信息集成,促进有效市场战略和销售战术实施;

(6)高质量的、全面的企业业绩信息有助于做出更好的战略决策,尤其在资本及资金流上的决策。

总之,企业实施电子商务系统需要的投入是非常巨大的,但其却能够相应提高利润,降低运作成本,加强供应链管理,提供全球可视的决策支持,因而在这个意义上的投入是"软技术",对于企业的未来发展是绝佳的投资。

课题 2　汽车营销电子商务

一　汽车营销模式现状

❶ 专卖店模式

特许经营的专卖店,是目前所有汽车厂家积极推行的主要营销模式,经营、销售和服务都较规范,大多为3s或4s店。其中,4s是指集整车销售(sale)、零配件(sparepart)、售后服务(service)、信息反馈(survey)四位一体的汽车销售模式(图3-18)。专卖店一般实行单一品牌为主的营销模式,其营销队伍素质较高,表现为文化素养较高、接待礼仪规范、服务项目全面、标识醒目、讲究内外形象的塑造等。在为客户提供良好售后服务的同时,也提高自身的服务功能和盈利能力。汽车专卖店具有规范性、全程性和排他性等特点。品牌专卖是市场经济、市场竞争发展到一定程度的必然产物,由于它投入大,所以对汽车制造商和汽车经销商的实力要求较高,同时,它也是汽车企业品牌、文化和价值的延伸。

图 3-18　大众特许经营店

❷ 汽车连锁超市模式

汽车连锁超市和专卖店的最大不同之处在于它可以代理多家品牌。另外,有些汽车连锁超市还有休息和娱乐功能。汽车连锁超市的特点是以汽车销售为主体,并千方百计地拓展汽车服务的外延,促使服务效益最大化。例如美国的卡麦克斯汽车超市,在全美设有24家分销店,分别经营不同品牌的汽车产品。

❸ 汽车大道(汽车园区)模式

汽车大道模式是以美国和欧洲等汽车生产大国为代表的目前最流行的汽车营销模式(图3-19)。汽车大道模式一般在方便客户进出的高速公路两侧,建立若干品牌的专卖店,形成专卖店集群。汽车大道集汽车销售、服务信息、文化等多种功能于一体,具有规模大、环境美、效益好、交易额大、影响力大等特点,体现了国际汽车营销由单一专卖店向集约化、趋同性发展的趋势。这种模式与国内近几年进步不小的汽车园区有些类似,如北京亚运村汽车交易中心。国内外汽车公司越来越关注我国有影响力的汽车市场,越来越多的世界著名汽车公司的高层来我国市场进行考察,并且汽车市场与厂家也进行了进一步沟通,同时汽车市场不仅创造条件欢迎特许经营的专卖店进驻,而且不少厂家也支持特许专卖店进场,促成了汽车园区的繁荣发展局面。

图 3-19　武汉汽车公园

④ 网络直销模式

最先将这一理论应用到汽车经营模式上的是以福特、通用为代表的美国公司,随后是以丰田为代表的一批日本企业。通过电子商务,汽车销售渠道被大大缩短,成本和库存得以降低,与客户的交流反馈更加直接有效,客户对公司的忠诚度大为提高。在互联网上开辟市场,能最大限度地超越时空和地域的界限,直接同世界各地客户接触,提供服务,减少交易时间,降低交易成本。企业通过网站与网上看车者直接接触,为其制订或推荐购车计划,包括分期付款计划、办理相关手续并负责把车交给买主。网络直销可以使客户能更具体地比较各种汽车产品,可以使客户越过汽车经销商而得到更多的实惠,可以满足不同客户个性化的要求。国内网上车市订车功能自 2004 年 9 月开通以来,经过数年来的发展,目前已经逐渐被大众接受,进入稳步发展的时期。

二 汽车销售行业发展特点

① 人们购买汽车的消费观念发生变化

消费者的汽车消费观念同住房消费、旅游度假消费关联度增强,代表了一种时尚和趋势。现在,随着社会的发展和生活水平的提高,人们的消费观念有了革命性的变化,对于汽车的需求和认识程度不断加强。人们趋向于在买车之前对车辆进行仔细的资料查询和对比,在潜意识里会觉得德国车质量过硬、安全系数高,美国车宽大舒适、便于出行,日本车省油轻便、小巧精致,英国车设计精妙、豪华时尚等。而消费者可以得到汽车咨询的方式也变得多种多样,比如通过汽车电视节目、汽车论坛、汽车门户网站、移动端软件等(图 3-20)。

❷ 汽车销售方式发生变化

汽车销售厂商由单一化行销向多种行销手段转型,国内的销售厂商过去最常用的销售手段就是单纯的价格战和广告,但是成本底线决定了价格战的局限性,而且,由于不同客户群的关注点不一样,价格并不一定是所有客户最关心的唯一要素。汽车销售从传统展厅销售向顾问式销售转型,而销售过程也由传统线下的面对面的交流变成了线上和线下综合交流的模式(图 3-21)。

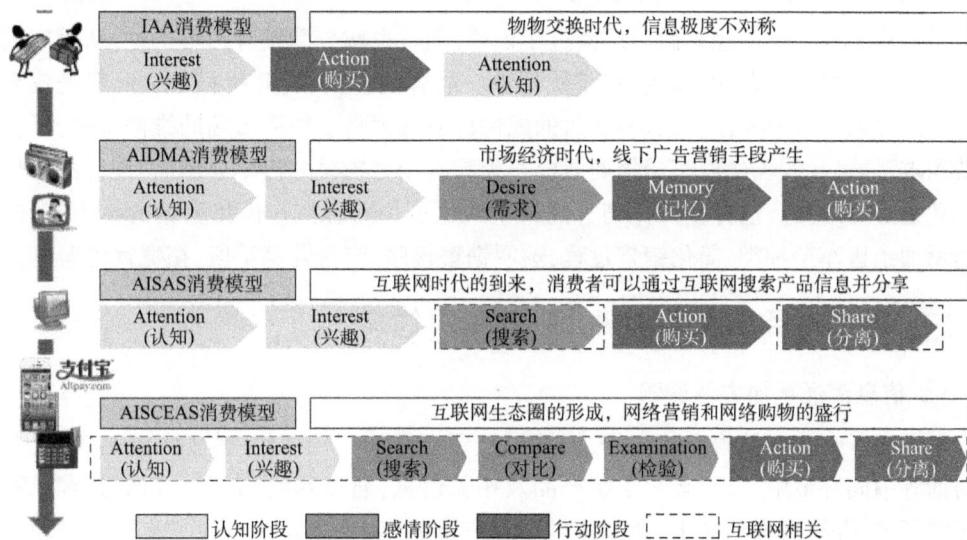

图 3-20 互联网影响下的客户汽车购买流程

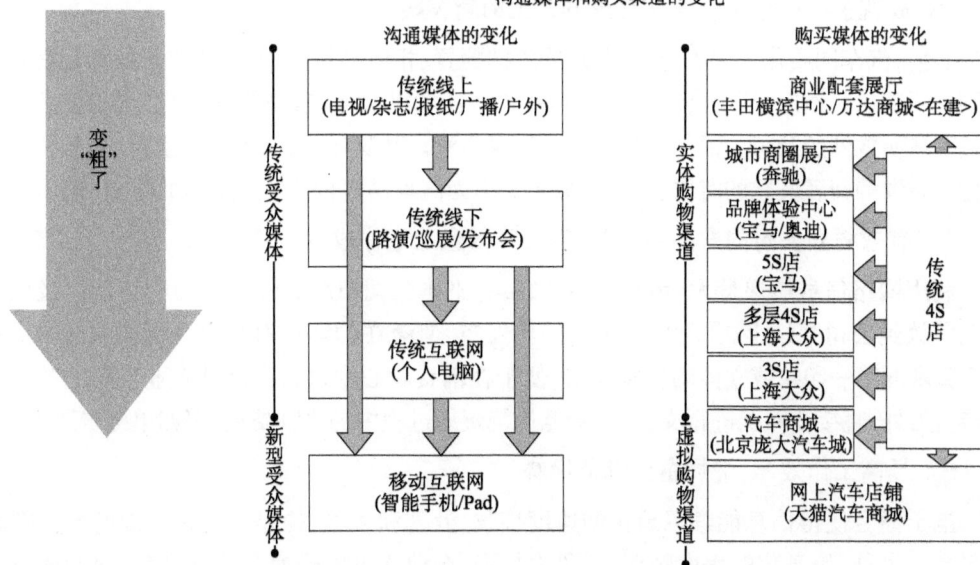

图 3-21 汽车销售沟通和购买渠道变"粗"

③ 售中、售后过程中消费者对服务的要求越来越高

随着私人车普及率的进一步提高,产品同质化趋向加强,经销商队伍的持续增加,使得服务成为今后经销商建立竞争优势的主要手段。对于消费者来说,他们会倾向于选择那些能够使他们消费舒心、使用放心、售后安心的汽车销售商,无论是在产品介绍、提供试车还是售后服务等环节,消费者都会提出较高要求,甚至在私下交谈的时候也会互相询问和进行对比,在自己心中形成一个较高的服务标准,因而消费者能够更方便地得到车辆的各种资讯、配置信息也是服务环节的一个重要组成部分。

④ 汽车销售从单一品牌代理向品牌代理多元化转型

单一化品牌不仅使经销商对厂商过于依赖,同时也减少消费者的可选性,从而削弱商家吸引客户的能力。譬如4S店,它是代理单一品牌的专卖店,其生存危机已经是汽车行业关注的焦点。其主要原因就是4S店的配件价格远远高于售后市场的维修价格,不符合消费需求。所以,我国的汽车销售商要成长为具有相当规模的汽车分销商,推行品牌代理多元化是必由之路。这样多元化销售的新模式也更加贴合汽车网络营销的特点,能够有效地增加销售车型种类,简化销售过程,透明销售程序,丰富营销手段,拓宽宣传渠道。

三 电子商务在汽车销售业中的应用优势

① 信息流通更加方便透明

电子商务在汽车销售中的应用,能够深入到产品的广告宣传、销售和定购、和企业直接对话等中间环节中,方便客户了解产品及相关信息;通过网络,方便公司对其客户需求情况的了解,并根据客户需求,及时提供出客户所需汽车,极大地方便了汽车厂家和消费者之间的联系和交流。

② 成就了汽车销售企业在营销方式上的新突破

当前,汽车同质化的现象愈发明显,同等的配置、相似的外形、相似的企业信息让消费者感到无所适从。最近,从价格信任危机到评比信任危机,再到碰撞信任危机,汽车业的信任危机有愈演愈烈的趋势。但是在各个汽车厂家为汽车利润摊薄、营销成本上升、信息传播同质化而导致消费者反感的时候,电子商务的应用为汽车销售行业带来了新的曙光(图3-22)。

③ 有效树立公司的产品和企业形象,降低企业运作成本

利用网络信息传递量大、传输方便的特点,把本公司概况和经营产品的特点以及服务承诺等放到公司网站上,及时更新并向外界发布,使潜在的客户对公司及所经营的产品有一个直观的第一印象或立体的视觉冲击,便于在消费者心中进行产品和企业形象的建立和宣传。另外,直接在网上进行交易,能降低传统贸易过程中的多种费用,譬如单据费用等。

④ 提高工作效率,增加企业竞争优势

电子商务使得信息能够以最快的速度接收、处理和传输,构建了与客户沟通的高效率化平台。另外,信息化的程度越深,竞争力越强,企业通过电子商务,可以用最快的速度获得更多的信息资料,从而在竞争中赢得优势。

5 提供更有成效的售后服务

利用因特网提供售后服务,我们可以在公司已有的网站上登出售后服务介绍、客户意见反馈栏、产品介绍、技术支持等信息,以用来时时关注客户购买产品后的情况,以及客户对产品或服务的满意程度,并及时做出回应。这样做不仅可以省钱、节省大量的劳动力支出,还可增加客户对本公司的信任感和满意度,增加其安全感。除此之外,这样也便于本企业可以用更多的时间来处理更为复杂的问题,搞好与客户间的关系。

随着消费者行为的变化,汽车厂商的市场营销及销售模式必须随之改变;目前正处于第二阶段O2O模式,最终将步入第三阶段全线(Omni·Channel)模式

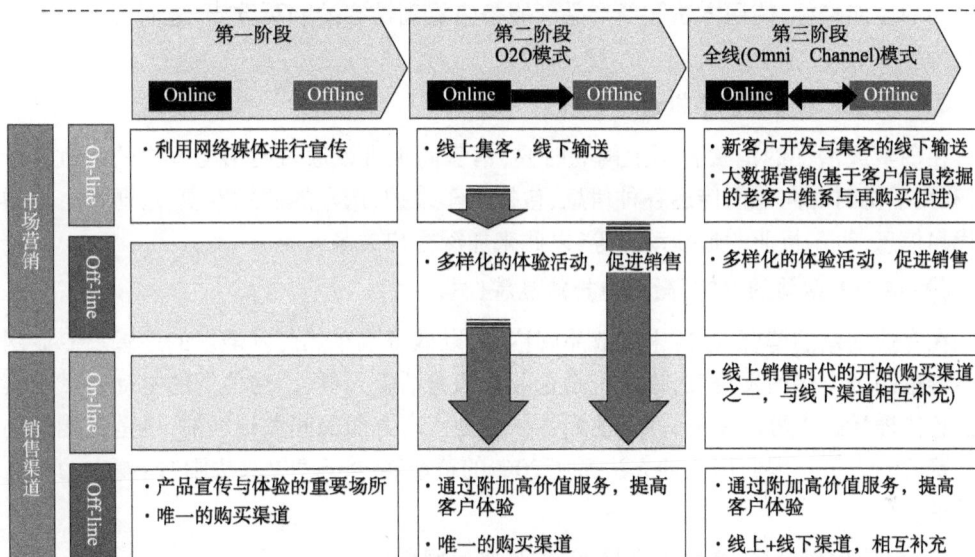

图3-22　电商环境下汽车营销模式变化

四　汽车销售业电子商务应用的策略

1 建立敏感的组织及管理层

组织与管理层必须改变以传统经济的思维方式思考问题的方法,建立现代市场经济眼光,具备创新意识、创新精神、革新营销管理思想和观念,推进先进的管理方式。正确认识和对待电子商务在汽车销售中起到的巨大作用,认真学习和借鉴国外先进的电子商务销售模式,对于行业动向及市场需求具有特有的敏感与智慧,使企业的发展与时代的发展同步。

2 加强网站的建设

(1)网站的设计方面,充分利用网站的分帧分层,即连续又间断的特点,将营销主题以渗透性的表现手法分解在各层各页上,使其具备十足的商业感召力。

(2)在首页设计上注重视觉上的亲和力,突出汽车的优良性能及高速度的追求,阐明企业始终以客户为中心的营销思想。

(3)网站内容按公司和产品两大部分来组织,并配以经销商的评价。

(4)在信息组织脉络上,分为产品介绍、企业介绍和汽车导购,也可以向访问者提供

多渠道多选择的产品查询与购买方案规则。

（5）建立一个方便比较的一站式搜索，包括定向搜索和比价搜索。定向搜索主要展示以特定的价格能买到哪些车以及这些车的性能差异；比价搜索则可以展示同一品牌不同型号的差别，通过定向搜索和比价搜索，使消费者便于找到符合其标准的车型，满足其分析比较的心理。

（6）增加消费者网上立即购车的理由，减少供求双方的网下会谈。网站可以推出一个评估频道，内容涉及媒体评估、大众评估和专家评估，消费者可以从海量的信息中找到需求目标。另外，还可以开辟企业销售新模式——在线实时交谈功能，在线向访客及时介绍产品的性能指标、使用方法和新产品新服务来提高访客的购买欲望，进而促成访客的购买行为。

❸ 将网站与消费者手机进行捆绑

在现实或潜在的消费者不上网的时候，销售商也可以通过网络与客户的手机进行捆绑，利用手机时时向他们传达各种信息，包括汽车维护、选车的注意事项、近期本企业的购车优惠信息、汽车行业的最新动向等，以此来加深客户关系。

❹ 在专业网站的博客、微博中投放品牌广告

在专业网站的博客、微博中投放品牌广告，以赢得汽车热门发烧友的好感。专业网站博客群里的汽车热门发烧友，通常也是企业的消费活跃人群，因为他们的主动性赋予其企业信息传播活跃人群的特征，而且他们往往也是汽车方面民间舆论领袖，也是最能影响其他消费者的人群。因此用此种方法抓住20%的黄金客，实现"二八法则"所规定的标准轻而易举。

❺ 完善信用体系、增强安全保证、加强售后服务

实现企业与银行在资金、安全、技术、信用等方面的广泛合作。由于汽车企业信用体系的建设离不开对客户充分尊重的服务思想理念，那么就必须以客户为中心，提高服务意识、加强售后服务。

面对国外的汽车销售电子商务应用日渐成熟，我国汽车销售行业若能成功借鉴国外在这方面的经验，在观念素质、管理水平、售后质量等方面都有所提高，并很好结合企业本身在人才、资金、技术方面的实际优势，完善网络技术与交易手段，为汽车消费者提供切实的服务，开展多种服务方式的有益探索，那么我国的汽车销售电子商务的应用一定会有一个较好的发展前景。

> **📖 知识拓展**
>
> **公司电子商务建设方案**
>
> 一、目标
>
> 建立该电子商务网站的目标是提高公司竞争力，加速公司信息流通，最终将公司的电子商务网站建成公司的网上汽车商城，真正使其成为公司汽车销售网上分公司。

二、电子商务建设具体方案

1.电子商务网站的建设

单从网站功能分析我们现在要将现有网站转化成一个知名度高、内容丰富、功能齐备的网站,这样才能踏足国际电子商务的市场。我们应该充分发挥电子商务的实效性强、交互性强的特点,重点关注汽车销售与二手车服务两方面,并使配件供应和维修服务成为汽车销售的支撑,将公司现有网站与电子商务网站分离,在电子商务网站中将按服务类型及服务对象的不同设立以下几个栏目:

(1)业界动态,该栏目主要推广汽车行业的最新动态和最新政策。

(2)购车指南,该栏目教客户如何购买一辆自己满意的汽车。

(3)二手车车讯,该栏目提供二手车出售者和二手车购买者的交流信息。

(4)需求发布,主要用来增加网站人气,吸引浏览量,在这里可以发布配件信息、维修服务信息等,使其成为公司与外界需求交流的有效平台。

(5)服务推荐台,本栏目主要用作广告宣传,每个行业可选一至两家企业进行宣传,如汽车销售、汽车维修、配件销售、汽车装具美容等。

(6)团购信息,主要由公司的信息管理员,根据不同需要,人为地发起团购信息并由大家参与,以做到有效收集客户购车信息。

2.公司内部信息化体系的建设

有了公司的外部网络,如何将外部信息转换为我们公司内部需要的信息?如何将公司的内部信息通过外部网络发布出去?这都是公司内部信息化体系建设所应该解决的问题,初步设想是每个部门设立一名专职信息员(就像一汽－大众一样),并由各部门和信息管理部门共同管理。他们主要专门搜集外部网络所得到的市场信息,并将公司内部信息以特定的方式传达给信息管理部门,最后由信息管理部门决定公司内部信息的发布方式及发布对象。

三、网站的推广

网站的推广是一项系统性工作,网站推广的前提是它的内容要新,服务项目要真实有效。在此前提下通过立体推广(如通过网站宣传),通过社区内的服务栏推广,在车展上推介等。

四、资源及前景分析

我们所规划的这个网站无论从建设难度还是技术要求上来说,难度都很大。从近期看,网站的建设和推广都需要资金支持。但从公司的长远发展角度来说,这个工作是应该和急需要做的。并且如果网站能按要求建成,则很有可能为公司创收。规划的这个网站应该是一个综合性的大型门户网站,他所需要的人员素质很高,从公司内部人员目前情况来看,现在还无法达到这个要求。所以公司应该尽量给员工安排一些学习和培训的机会,使员工尽快达到公司的要求。

课题 3 汽车售后服务电子商务

一 汽车售后服务的意义

汽车销售服务总是伴随着客户与汽车4S店或汽车经销商的合作过程中而产生的。在整个市场营销服务的过程中分为售前服务、售中服务和售后服务。售前服务是通过销售顾问把汽车产品的相关信息传达给目标客户,包括汽车的技术指标、主要性能、配置和价位等;售中服务则是为客户提供咨询、导购、订购、结算和汽车交接等服务;汽车售后服务是为客户对汽车做调试、维修等,排除技术故障,提供技术支持,寄发产品改进或升级信息以及获得客户对汽车产品和服务的反馈信息。

汽车市场"售后服务"的出现,是市场竞争的必然结果。汽车产品发展到一定程度后,制造技术已相差无几,这也是汽车市场从产品转向服务的主要原因,所以售后服务往往也是汽车4S店或汽车经销商的主打战略王牌。而现实的汽车售后服务中存在诸多的问题,从而影响了消费者对汽车产品的购买和接受汽车售后服务。所以汽车4S店或汽车经销商将汽车产品的售后服务做好、做细可以提升客户的满意度,进而也赢得市场。由此可见,汽车的售后服务在整个汽车营销过程中有着特殊的"使命",对汽车产品和服务走入市场化起着积极的过渡与推动作用,对繁荣汽车市场有着深远的意义。

而销售顾问在营销过程中也需要对汽车产品的售后服务向客户进行保证,将售后服务的内容向客户进行介绍,在交车的时候要向客户推荐值得信赖的服务顾问,这样才能实现汽车产品一站式、终身服务的理念。

二 汽车4S店售后服务流程

同汽车销售一样,汽车售后服务也有一套标准的流程,需要尽可能地提高售后服务工作的规范性和时效性,提高客户满意度(图3-23)。

❶ 预约

(1)接听客户预约电话并详细记录相关信息;

(2)通过电话进行诊断或制订解决方案;

(3)和客户约定维修的时间;

(4)按照预约要求进行准备工作(委托书、备件、专家、技工和工位、设备与工具、资料等);

(5)确保预约的正常开展。

通过服务顾问来欢迎客户,听取客户需求,诊断故障,制订维修项目,提供建议,制订委托书,估算维修价格,根据车间设备和人力资源来组织和协调以使工作达到两个主要工作目标:使客户满意,提高客户忠诚度;开拓车间维修业务。

❷ 接待

(1)履行约定的维修任务;

（2）以恰当的方式欢迎客户；

（3）倾听客户故障描述，系统地检查客户车辆，判断车辆故障原因；

（4）制订维修项目，估算维修价格和约定交车时间；

（5）提供维修建议来促进维修业务；

（6）达成协议，完成任务委托书，客户签字确认；

（7）安排客户休息等候或离开。

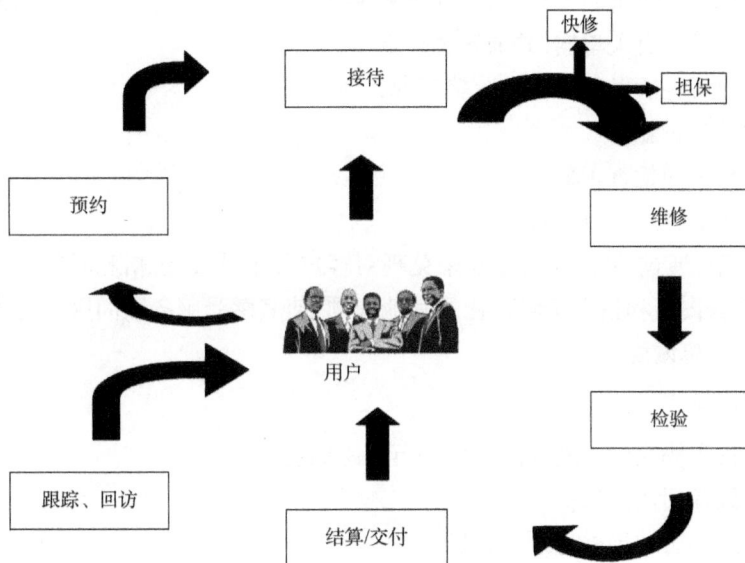

图 3-23　汽车 4S 店售后服务流程

❸ 维修

（1）根据任务委托书的维修项目进行维修工作；

（2）技术专家对技工遇到的技术难题给予帮助；

（3）服务顾问监控工作的进程；

（4）车间技工根据维修项目，到备件部门领取备件并履行相关手续；

（5）向客户通报任何对委托书的变更（项目、价格、交车时间）；

（6）完工后车间技工进行自检。

车间技工根据任务委托书的要求，使用专用工具和维修资料，对所有车辆机械装置和车身各部件执行高质量的维修，使车辆恢复出厂的参数，达到质量要求并告知客户未发现的故障，确保客户的满意。

❹ 检验

（1）审核维修任务委托书的工作是否全部完成；

（2）对车间技工自检完毕的车辆进行质量检验；

（3）进行必要的路试，发现静态条件下无法发现的故障；

（4）对检验不合格的维修按照要求进行处理；

（5）收集各种维修单据，传递给服务顾问；

（6）和服务顾问进行内部交车。

通过质检技术员对维修车辆的检验来保证维修质量达到客户的要求，防止不合格品交付给客户，避免投诉和返工，增加客户的满意度，维护4S店售后服务的信誉并保证交付车辆处于良好状态。

⑤ 结算和交付

（1）审核维修委托书和领料单，确保结算准确；

（2）准备结算的有关单据，并通知客户取车；

（3）向客户解释所做的工作及收费情况；

（4）陪同客户付款；

（5）与客户一同检查车辆；

（6）交付车辆，并与客户道别。

在这个环节，通过结算、交付活动来兑现对客户关于质量、价格和时间的承诺，并通过向客户解释维修内容和指出车辆存在的其他问题，使其感受服务顾问服务的专业性，提升客户的满意度和忠诚度。

⑥ 跟踪回访

（1）在维修车辆交付一周内对客户进行跟踪回访；

（2）记录跟踪回访结果；

（3）对跟踪回访结果进行统计分析；

（4）对回访中发现的客户抱怨进行判断并传递给相关部门；

（5）通过各种措施维护客户关系。

通过对客户实施有效的跟踪回访活动，收集客户意见，平息客户抱怨，提高服务质量及客户满意度。

三 汽车售后服务经营模式

① 汽车4S"四位一体"模式

汽车4S店是将整车销售、售后服务、零件供应、信息反馈这四大功能整合在一家售后服务提供商内部，然后由该服务提供商向客户提供系统的售后服务。

无论是在汽车的售前还是售后阶段，服务提供商能为客户提供方便的一站式服务。其主要整合汽车销售商和维修商的功能，缩短汽车制造商和客户间的距离，大大降低汽车生产厂家管理中间渠道的复杂度。"四位一体"的服务提供商能有效占领某种品牌汽车的服务市场，从而降低自身的经营风险。"四位一体"服务提供商在汽车制造商与客户之间建立了一条快捷通道。

② 连锁经营模式

美国是汽车售后服务连锁经营模式的典范。在近二十多年时间里得到了迅速的发展。连锁的发起者不是整车厂，而是定位于汽车售后市场的，集配件供应、汽车维修、快速养护为一体的综合性服务商。

例如,丰田汽车公司在全球有 7300 多家销售服务点,将近 10 万名员工,是从事制造员工的两倍多。

连锁化经营的汽车售后服务自创服务及品牌,成为专业汽配维修商(图 3-24)。连锁体系内的维修企业成员,可依托连锁公司巨头具有优势性的配件库存、进货渠道、配送力量和技术支持,在较少库存的经济模式下,实现即时、高质量的维修服务;连锁体系内的汽配店可依附连锁公司巨头广泛、稳定的供货渠道,以小批量的订货获得规模订货的优势价格,以连锁公司巨头总库的配件支持来降低自己的库存规模,在享受品牌效应的同时,以网络内其他维修企业的服务为依托,增加自己的竞争力。由于连锁体系成员是综合性配件供应商及维修商,不是专一车型的配件供应商及维修商,所以产品适用的车型广,维修业务覆盖的车型多,进而提高售后服务的质量。

图 3-24 马立可汽车服务连锁官方网站

四 汽车售后服务的特点

❶ 服务区域化

每辆车在售出后,它的使用情况与当地的气候、道路质量等因素密切相关。例如,北方气候干燥、沙尘大,汽车的防风沙过滤装置损坏的可能性要比在湿润的南方地区高;同样,南方地区温度较高,汽车空调装置使用频繁。这便是汽车售后服务区域特性的一个表现。

❷ 服务分工化

由于客户需求的多样性,目前汽车售后服务已不仅仅局限于汽车维修,而是拥有汽车零配件供应、汽车维修、汽车清洁与美容、汽车改装等多种服务功能的服务集合体。

❸ 服务体系化

汽车售后服务体系中还包含着汽车的生产厂家的零配件制造商。由于售后服务中汽车零配件供应、坏零件索赔、技术资料发放、贷款划拨、服务站管理和服务站的需要,汽车零配件制造商、汽车生产厂家、汽车售后服务提供商形成了一个汽车售后服务的服务链(图 3-25)。

4 服务标准化

汽车品牌和汽车型号种类繁多,造成了汽车售后服务方式的千差万别,服务质量也难以保证。目前,世界上的汽车生产和消费大国通过制定强制性汽车售后服务标准,或者由该国行业协会出台汽车售后服务行业的行业规则,以规范汽车售后服务的业务活动。

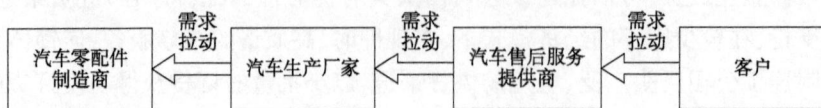

图 3-25　汽车售后服务链

5 服务品牌化

在世界品牌实验室来看,服务战略(包括服务品牌营销子战略、服务管理子战略、服务发展子战略)已成为企业品牌营销战略体系的重要组成部分,服务已不再扮演产品销售的补充角色,而是从"被动"走向"主动",开始力演品牌营销"助推器",甚至企业"摇钱树"的角色。不同企业的服务品牌是在各自不同的战略背景下诞生的。PLUS(普乐士)投影机推出专业服务品牌"贴心 24",将通过渠道整合向终端推进,以实现把"技术优势转化为服务优势,将本土生产推进到本土服务"的品牌营销战略目标,让用户享受到国际水准的专业服务。

五　汽车售后服务电子商务应用

1 客户信息管理

收集有效的客户信息,明确客户需求,跟踪客户对维修方面的建议,以达到长期服务与合作。

2 售后服务订单

客户能够通过网络渠道进行汽车售后的提前预约,有效地节约了客户到店的等待时间,提高工作效率,提高客户满意率。

3 售后配件管理

通过互联网迅速找到质优价廉的配件,实现零库存,降低成本。

4 售后技术资料或技术信息资源的应用

网络时代是一个资源共享的时代,售后人员能及时通过网络了解汽车的技术资料和技术信息,并能够搜寻相关故障案例,加快维修人员对新技术的及时掌握速度,以提高服务质量和效率。

六　汽车服务电子商务类网站概述

1 我国汽车类网站业务模式分类

我国汽车类网站行业还处于发展成熟阶段,大部分网站历史在十年左右。伴随着我国庞大的互联网用户群以及我国汽车市场的发展,汽车类网站发展迅速,除了譬如新浪、搜狐汽车频道的门户网站外,汽车之家、中国汽车网、太平洋汽车网都进入了 Alexa 全球 Top500 的网站排名。

现阶段我国汽车类网站的盈利来源绝大部分来自于各品牌汽车制造商的网络广告,部分汽车网站积极拓展网络广告之外的盈利来源,例如网上购车等,这种情况下拥有汽车行业背景的相关网站将会更加具有相对优势。

我国与汽车相关的网站约1200家,所占比例最大的是各品牌汽车的网站,约占30%。在提供内容资讯、购车、俱乐部等服务的网站中,有影响力的约30家(表3-3)。

我国汽车类电子商务网站分类 表 3-3

类　　别	简　　介	典型网站
信息资讯	主要提供与汽车有关的新闻、资讯、导购等资讯内容	搜狐汽车频道 中国汽车网 汽车之家 太平洋汽车 Tom 汽车
网上购车平台	主要提供网上购车的通道,包括新车以及二手车等	中国汽车网 易车网 273
社区(俱乐部)	针对特定类型汽车用户、准用户的主题社区俱乐部	越野 e 族 爱卡动力 1039 车友会 中国汽车网
制造商经销商配件厂商网站	提供制造商、经销商以及其产品的相关信息	上海大众网站 奥迪中国网站 别克中国网站 合众思壮 GPS
汽车相关服务类	汽车维修、美容、陪练、租赁等相关服务,由于我国汽车拥有率比较低,该类网站现在的发展还比较缺乏基础	北京汽车陪练网 北京租车网

随着科技和时代的发展,汽车类网站的竞争也越发激烈,各个网站也都向着集成更加全面的服务功能发展,都力求一站式服务,所以其功能划分也越来越模糊,比如汽车之家已经集成了汽车新闻资讯、汽车用户论坛、新车导购、汽车评测、二手车销售等各项服务功能。

❷ 汽车类门户网站功能

(1)汽车库信息的管理功能。

①配有强大完整的汽车库信息,拥有完整的汽车资料,免除网站运营时前期的录入工作;

②快速录入汽车设计信息,精心设计较多汽车基本属性,以供信息录入者选择,极大地简化了网站的管理工作;

③具有强大的汽车信息批量编辑与归类功能。

(2)智能汽车库的报价功能。

①经销商后台中心智能筛选经销商的主营产品进行报价；

②已报价的产品会自动进行分组,方便浏览者查找；

③方便快捷地进行批量报价编辑功能；

④网站智能计算各经销商报价和网站提供的参考价进行报价参考。

(3)优秀图库信息的管理功能。

①汽车车身图库。

a. 详细的主题汽车图分类(如外观、内饰空间行驶图解、官方图、车展、活动到店等)；

b. 精确的方位汽车图局分类(如正45度(车头向左),正45度(车头向右)正车头,正侧(车头向右),正侧(车头向左),后45度(车头向右),后45度(车头向左)正车尾)。

②车展图及车模图库。

按主流车展、年份与国家等分类。

(4)即时资讯的管理功能。

汽车资讯主要从以下四个方面进行系统地资讯报道。

①看车资讯,例如评测、视频、导购、碟照资讯等；

②买车资讯,例如降价、保险、信贷、活动促销资讯等；

③用车,例如行车技巧、维修养护、实用手册、装饰改装资讯等；

④新闻,例如新闻报道、新车快讯、汽车召回资讯等。

(5)经销商频道的相关功能。

①快捷的报价功能；

②经销商企业信息发布信息及展示功能；

③经销商产品信息发布信息及展示功能；

④经销商的团购、试驾、活动管理功能；

⑤经销商留言板功能；

⑥经销商铺装修功能；

⑦经销商财务管理功能；

⑧经销商会员基本信息管理功能；

⑨二手经销商及个人汽车信息交易平台功能。

(6)广告的功能。

①后台支持直接发布文字、图片、FLASH、推广链接等样式广告；

②支持广告的时效控制；

③支持同一广告位在不同栏目显示不同的广告。

(7)经营策略的功能。

良好的网站必须有一个完善的经营方案去赢利,汽车门户站系统设计让经营者方便进行以下主营经营业务(建站后因各站长经营方式可能有所不同,以下仅供参考)。

①经销商的包年服务费；

②网站广告费；

③活动(如:团购、试驾等)组织服费。

七　汽车售后电子商务案例:车易安 VS 养车无忧网

随着电子商务持续升温,网络购物盛行,很多传统产业纷纷触网,汽车售后市场电子商务化已成大势所趋。目前,源自上海的车易安、养车无忧网等先行探路者,凭借各自的电子商务平台和服务,吸引了诸多服务品牌和用户的关注,势必会对上千亿元规模的汽车服务市场产生积极影响。

简单而言,车易安是一个专业养车服务平台(图 3-26),而养车无忧网定位于一个自助维护服务平台(图 3-27),实质上是一个汽车维护配件的在线直销平台。从本质上看,这两家平台的功能定位是一样的,最终目标将必然朝向汽车售后垂直电商平台发展,但它们的经营主体和运营方式却不同。

图 3-26　车易安

图 3-27　养车无忧网

① 经营主体定位不同

车易安于 2012 年 7 月上线,是一个集汽车售后市场商品与服务交易为一体的第三方电子商务平台,首创了 O2O + B2C 模式,将线下商务与互联网结合,使互联网成为线下服务及配送的前台,提供一站式的专业养车服务,类似于淘宝网站。其经营主体为上海车易信息科技有限公司,是一家集汽车售后市场咨询、电子商务和网络技术服务为一体,面向我国汽车售后市场专业消费引导及交易服务的综合性电子商务平台运营商。

养车无忧网定位于一个自助维护服务平台,客户根据自己的车况在线选定需要维护的项目和对应的正品配件,然后再到线下服务店更换。其经营主体为盖世汽车网,是一家国内领先的定位于全球汽车产业电子商务采购平台,拥有丰富的汽车零部件全球采购经验,类似于京东商城。

❷ 经营方式不同

车易安更多的是整合服务商和服务用品供应商于一体的、提供一站式的专业养车服务。车易安一方面整合汽车 4S 店、综合修理厂、美容装饰店和快修连锁店等线上平台,帮助他们实现线上与线下、网络与实体店铺相结合,拓展多种营销渠道,提升汽车售后服务水平,树立品牌优势。同时,整合汽配工厂、配件代理商、经销商等资源,实现汽车服务商和配件供应商之间的在线商品采购与便捷交易,降低采购成本和交易风险,为客户提供一站式的专业养车服务。

而养车无忧网是盖世汽车网打造的一个汽车养护用品与汽车配件在线商城,提供各类汽车油品化学品、维护配件、内外饰用品、香水、美容清洁用品、车载电器设备等。同时,其还与多家快修服务企业结成联盟,共同为客户提供完整的自助维护服务,从而将线上销售、线下维护较好地整合起来。

❸ 资源和产品各有优势

相对而言,养车无忧网比车易安在服务用品供应商资源方面更占优势。为了让客户更加透明地了解汽车常规的维护项目和费用,根据自己在汽车领域长期积累的专业经验和数据库,设计开发国内首个专业权威的客户维护查询工具,可覆盖约 1200 个国产的车型,约 86% 的在使用车辆(目前还不能对进口车型提供服务)。客户只需要在选定自己的车型后,输入里程、上路时间等简单信息,即可在网站上进行维护项目查询,选定维护项目和对应的原厂等级的配件,再到线下快修企业更换维护。

目前车易安平台在上海已经有 300 多家汽车服务商、500 多家汽配供应商,基本实现上海地区每 2~3 公里一家的密度覆盖,有上万个商品和服务套餐供客户选择。在远期规划中,车易安还将整合汽车保险、加油折扣、二手车置换、车友俱乐部、交通路况导航、咨询维权、车辆远程诊断、车辆美容维护、配件采购等多方资源,为客户提供全面的一站式汽车售后服务。

相对于车易安而言,养车无忧网的价值在于:一是凭借"盖世汽车网"多年 B2B 业务的经验,挑选出具有原厂品质的产品和品牌;二是所有产品均从厂家直接采购销售到终端,没有中间环节,因此产品品质有保障,消费者可以安心选购。

❹ 服务各具特色

养车无忧网由于更注重汽车维护方面的内容,相对来说,服务信息更为集中。而其最大的优势在于有充足的汽车配件资源。

而车易安的服务内容更为丰富,包括汽车美容、维修、车险选购等,还发行了养车手册,可以引导或帮助客户熟悉汽车售后项目。客户可以根据车易信用等级、店铺介绍、硬件设施等多方面对比,足不出户,了解上海数百家店铺的信息,选择优质的商家,同时也可以通过比价格、比信誉、比服务流程、比点评,选择更具性价比的商品或服务。其中消费点评既是消费者购物的重要参考,也可以对商家进行有效监督和约束。

同时,车易安根据汽车服务商资质和商品服务流程进行严格把关和分类,精选优质商家与服务,组建了一个全平台正品质量保证体系,有效杜绝假冒伪劣、消费潜规则以及违规操作等现象。在消费付款过程中,车易安与汇付天下联合开发了第三方担保支付,可以为客户消费安全提供保障。

课题 4 汽车配件电子商务

一 汽车配件电子商务发展现状

与欧美相对成熟的汽配电商相比,我国的汽配电商仅仅还处在起步阶段,整体规模还非常小。

在美国,Motors 已经挤进 eBay 整个核心品类的前四名。除了 eBay、Amazon 之外,还有一大批的专业汽配电商都经营得非常不错,诸如 NAPA、Advance Auto Parts、Oreilly、Autozone、Carquest、Pepboys 等,当然它们大多都与线下实体店结合得非常紧密,是典型的 O2O。

而在国内的汽配电商领域,目前淘宝和京东处于领先地位。在淘宝上,汽车坐垫、靠枕、GPS 等非标准的汽车用品做得还不错,而一些标准化的,诸如制动片、滤清器、减振器等卖得则不尽如人意。京东汽车配件这一块做得还算不错,2012 年京东汽车品类只占了 3% 的交易额,但是却贡献了 10% 左右的毛利。

对于除淘宝与京东之外的垂直电商来说,目前在这个领域稍有影响力的只有养车无忧、途虎、车易安、酷配等垂直电商平台。另外,还一些与 O2O 相关的电商,就比如车小弟、车商通等。总体说来,目前这些垂直电商的基本规模还都非常小,很少有网站能盈利。

当然,除了垂直汽配电商之外,还有一大批依附在淘宝等平台上的卖家,这些卖家倒是有一些处于盈利状态,但这些卖家基本上都是以经营汽车饰品等为主,竞争非常激烈,毛利相对较低。

二 汽车配件电子商务的未来趋势预测

❶ 汽配电商做大做强的前提

汽配电商要做大做强,必须要解决汽配数据的专业性、O2O、自有品牌这几个问题。总体而言,如果解决了前面两个问题,那么这个平台估计已经相当成功,如果再能解决自有品牌问题,则整个项目的可盈利水平就会大大提升。

(1)汽配数据的专业性问题。

做汽配电商,首先要遇到的第一个问题,就是数据的专业性问题。与其他品类不同,在汽配行业如果没有一套专业的数据系统，就很难让消费者较为轻松并正确地找到所需的产品。数据问题是制约汽配电商能否取得突破的一个非常关键的因素。

为什么说数据是一个瓶颈呢，这就要从汽配本身的特性说起了。我们知道，一辆车上面的零件是成千上万的，当然，易损件数量会小些，以制动片为例，如果消费者想要买到一款正确的制动片，那么他可能有这么一些方法：第一种情况为他知道他自己的这款车损坏部位（前制动片和后制动片也完全不一样）的 OEM 号码，但这种情况的概率非常低；第二种情况为他知道车辆的年款、发动机型号，有时候还知道生产的年份批次；第三种情况为他知道自己车的 VIN 号码（如 1G1BL52P7TR115520），这个最为精准。上述三种方法中，第一种和第三种都非常精确，但是知道自己车辆配件 OEM 号码的人非常少，但在欧美，很多消费者有这个能力。所以最为实际的还是用年款或是 VIN 号码来进行查询。

这时候，如果没有一套好的数据系统，单纯是用产品名称等来核对，比如以"博世舒适型前制动片 0986AB2939（福克斯/马自达 3/沃尔沃 S40）"为例，那么这样的用户体验是有很大问题的。这条信息中，虽然也有 OEM 号码——"0986AB2939"，有零件名及部位"前制动片"，有非常粗略的车型信息——"福克斯/马自达 3/沃尔沃 S40"。然后参照具体的适用车型表，也能最终匹配正确，但是这要让消费者花太多时间去确认，用户体验非常差。

并且，这个只是前端的一小部分，在后端，就更加复杂了。比如说，他前制动片要换，那么是不是后制动片也有很大的可能性要换，滤清器要不要换？怎么把相关数据关联起来？一辆车上的零件有成千上万，电商如何做库存呢？如果总体数据有一万个车款（具体到发动机型号），那么电商就需要备相应数量的制动片么？显然不是这样，因为很多车款上的制动片是通用的，实际上很可能只需要准备几百款的货就能够完全覆盖绝大部分的车型。这时候，如果没有专业的数据，库存量就一下子被撑高了，另外有时候，对于一些车型，企业明明能够为其提供服务，只不过因为没有相应的数据，而把这些客户白白流失掉。

与欧美相比，在汽配数据的专业性方面，国内的汽配电商与之的差距实在太大。在欧美，有一些非常专业汽配数据服务商，如 Epicor、TecDoc、WHI 等，消费者通过这些数据服务，可以相对容易地购买到正确的配件。

国内基本没有专业的数据服务提供商，其主要原因包括：发展历史较短；国内的版权意识较差，太容易被盗版，导致没人愿意做。总体而言，做数据的难度非常大。但如果汽配数据专业性这个问题不得以解决，那么汽配电商永远不会有做大的机会。

（2）O2O 问题。

第二个问题是 O2O 的问题，与欧美相比，国内的 DIY 能力普遍较差，消费者即便是在B2C 平台上买到合适的零件，也几乎没有能力自行装配，必须借助线下的汽修厂完成，这也是为什么我国的汽配电商与欧美电商相比相差很大的原因之一。当然，从另外一个角度讲，这也是机会所在。

从 O2O 的实际落地情况来看，目前看到的主要有两种，一种是类似于车易安，配件由入驻的卖家提供，安装由线下签约汽修厂提供；另外一种是类似养车无忧，配件全部自行采购，维修更换则同样由线下签约汽修厂完成。相对而言，车易安类似淘宝，养车无忧类似京东。

相对而言,养车无忧的"更依赖互联网"的模式更具优势,其货品由自己提供,服务由线下合作伙伴完成。而车易安的货品不在自己手上,那么对于线下合作伙伴的钳制力将非常差,并且有时候也很难保证用户在线下第三方买到的货品的质量。

(3)自有品牌问题。

如果能解决上述专业数据与O2O的问题,汽配平台已经称得上是成功的平台了。而如果能解决自有品牌的问题,那么它一定可以成为一个盈利能力非常强的项目。

如果汽配超市仅仅是出售类似博士、法雷奥、电装这些知名品牌的产品,那么几乎是不可能赚到钱的,因为毛利实在太低。唯一的出路是逐步地增加自有品牌的产品,推广自有品牌,其毛利几乎可以提升一个数量级,当然能够推自有品牌的前提是平台自身的影响力足够强大。

实际上,从欧美的情况来看,在汽配领域最为成功的企业,比如NAPA,几乎都是出售自有品牌的产品。当然,在消费者心中,这时候其影响力其实已经是超过博士、法雷奥、电装等的配件品牌。

❷ 汽配垂直 B2C 与平台及综合 B2C 的对比

汽配电商本身没问题,是个好行业,但是很可能对广大的垂直电商创业者来说,却是个陷阱,从目前的形式来看B2C垂直电商发展的困难很大。

一直以来,垂直B2C在我国的生存都非常困难,近几年,一大批垂直B2C运营失败,同时,汽配也不会有例外。

当然,有人会问,为什么在欧美,有很多比较成功的汽配电商,而到我国就不行了呢? 其主要有以下若干原因,并且其实不仅是对于汽配电商,而是对整个垂直B2C都适用。以下因素使垂直B2C很难有机会生存:

(1)信用及支付环境不完善,中小网站较难取得用户信任;

(2)搜索引擎购物入口地位受到淘宝、京东等的挑战,消费者已经不像欧美消费者那样信任百度等搜索引擎;

(3)第三方物流市场不成熟,有实力的企业均自建物流,使得中小B2C平台在物流竞争中竞争力较弱。

具体到汽配行业,这个行业与其他行业不同的地方在于,这个行业门槛更高,较低的经营水平不会有任何机会。纯粹从资金的角度讲,很多垂直B2C都没有任何优势可言。

而实际上,最大的竞争对手往往不是来源于本行业,而是往往源于一些跨行业的覆盖者。举个极端的例子,假如京东或者是易迅采用交叉补贴的方式,就直接把汽配这个品类定位成一个不盈利的品类,通过这个品类吸引客户,然后再通过其他品类赚钱,这时候,便会挤压其他电商的市场。

总体而言,如果真想要在这行业里面大干一场,那么关键问题是怎么建设自己的"护城河",怎么与行业巨头形成差异化。

❸ 淘宝模式 VS 京东模式

在汽配领域,就淘宝和京东而言,京东模式可能更加适合。原因有如下几点:

（1）标准化的产品更加适合 B2C，因为在标准化的产品上，更加容易取得规模上的价格优势，这在 3C 等电子产品上已经得到比较好的证明，汽配这个领域也不会例外。

（2）平台模式是很难比较好地解决 O2O 的问题的。那是由于平台模式的问题在于，平台上参与方过多，很难对平台上的各种供应商进行管理，最终使得整个消费体验较差。而 B2C＋O2O 的模式，则可以比较好的解决这个问题，提供给消费者的也是无差异的、标准化的用户体验。消费者不用太担心货品的真伪，不用担心是否买到正确的配件等问题。

（3）还有一些比如数据的专业性问题、自有品牌问题等，这些也是 B2C 模式相对于平台模式有优势的地方。

当然，很多人可能会问，既然 B2C 模式相对平台模式有那么大优势，那为什么在欧美，作为平台模式的 eBay 能做得很好呢？其可能的原因之一为欧美的消费者本身的专业能力要远远强过国内的消费者，很多消费者自己就有 DIY 的能力，并且在欧美，消费者对汽配数据了解的专业程度也远远超过国内的消费者。这个原因导致欧美的消费者能在eBay 等平台上相对轻松地找到自己想要的配件，并且在欧美，信用水平普遍较高，消费者也不用担心假货问题。

当然，在淘宝上，也有可能会诞生一些比较专业的汽配卖家，但是，就整体而言，较难形成规模。

❹ 汽配垂直电商发展的机会

留给垂直汽配电商的机会并不多，但也并不是没有。汽配这个市场是个规模上万亿的市场，远非其他品类所能比拟。其中一定会有很多更加细分的、但是规模却也足够大的机会等着创业者。

（1）专注于 B2B 业务。

最大的一个市场或许在于一些 B2B 的机会，其直接针对汽配工厂、汽修厂等提供服务，想要取代的是原有的汽配城的角色，预想中，未来的汽修厂（路边修理店）将逐步改变现有的主要从汽配城及分销商手中进货，逐步转向从一些专业的 B2B 平台进货的方式。

在 B2B 领域，在其他品类里面其实也有许多做得不错。比如在医药行业的珍诚医药，在钢铁行业的找钢网（2012 年 5 月成立，获三轮共 3480 万美元融资，估值 2 亿美元）等。

当然，不同的领域，其做法会有所不同。

（2）某些专业性门槛较高的 O2O 项目。

通过 O2O 整合汽车快修店、汽车美容店、配件供应商、加油站等汽车后市场资源，并为客户服务，比如"车小弟"等（图 3-28）。

（3）基础服务提供商。

在欧美，有专业的基础服务提供商，就诸如专门提供数据服务的 Epicor、TecDoc、WHI等。在我国，将来也应该会诞生一些类似的服务机构，比如提供基础数据服务（比如提供VIN 查询的力洋）、提供专业的客户管理系统（比如基于微信的车商通）等。

不要小看这些领域，其实如果做得专注，那么这个市场可以做得相当大。举个例子，

Solera 控股公司(NYSE:SLH)是欧美的一个提供汽车保险定损数据的服务提供商,2012年收入为 7.90 亿美金,其中保险公司客户收入约 3.60 亿美元,机动车修理厂收入约 2.58 亿美元,车辆回收机构及其他客户收入约 0.98 亿美元,其他收入约 0.74 亿美元,2012 年公司净收益为 1.07 亿美元。

图 3-28　车小弟

(4)依附平台发展。

钓鱼当然是选择鱼多的池塘钓鱼,既然大部分的鱼都在淘宝、京东等平台上。那么对于创业者来说,更为实际的,还是依附于淘宝、京东等平台发展。在这里,竞争虽然会很激烈,但是却不用太过担心客户的问题,在这里,拼的是运营的效率,只要你的运营效率足够高,那么仍然会有很多机会。

三　汽车配件电子商务平台解决方案

❶ 汽车配件公司实施电子商务的优势

在汽车配件行业中,电子商务模式与传统商务模式相比较有着不可比拟的优势,主要有以下几点:

(1)电子商务模式节省交易费用和时间,可以降低采购成本。通过电子采购平台,整车厂商可以迅速采购所需要的配件、缩短交货期、减少库存,并可在条件成熟时利用网上支付缩短付款时间。根据福特公司的统计,通过电子采购,每笔交易费用可以从传统模式的 150 美元下降到 15 美元,节省了 90% 的费用支出。

(2)通过电子商务平台,利用其信息集散地的功能,汽车配件厂商能够获取整车厂商的最新发展动态,从而可以及时调整自己的战略发展重点和研发方向,缩短研制时间;另一方面也可以获取行业内的最新信息和发展动态,为企业发展提供帮助。

(3)电子商务面向全球市场,突破时空限制,具有开放性,可为企业创造更多商机。电子商务不受国界限制,打破了传统市场的进入壁垒,使企业可以不出国门就拥有全球客户,适应经济全球化发展。特别是汽车配件的中小企业,利用电子商务可以做到与行业内大企业以相同或相近的成本进入全球汽车工业的电子市场,从而摆脱了在信息资源获取和发布上的劣势,通过电子商务平台可以较快地获取新的商机。

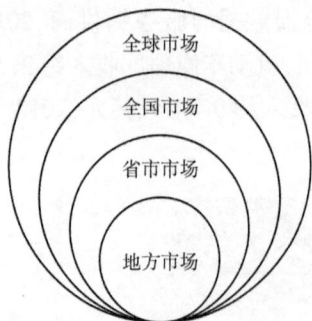

图 3-29　汽配电子商务平台发展趋势

② 运营策略

（1）从售后服务市场起步，用服务抓住客户的需求，以需求整合汽车零配件的主要买家、汽修厂、汽配店，形成汽车零配件的需求链。

（2）以线上的网络营销平台为抓手，结合线下的售后服务连锁体系，形成立体化汽车零配件整体业务链。

（3）从地方区域市场起步，逐步扩大业务覆盖区域，稳健扩张，规避经营风险（图 3-29）。

（4）业务内涵从简单到复杂，逐步丰富，在每个阶段力求保持现金流平衡，实现滚动发展。

③ 平台建设

（1）地区售后服务网络营销平台功能架构如图 3-30 所示。

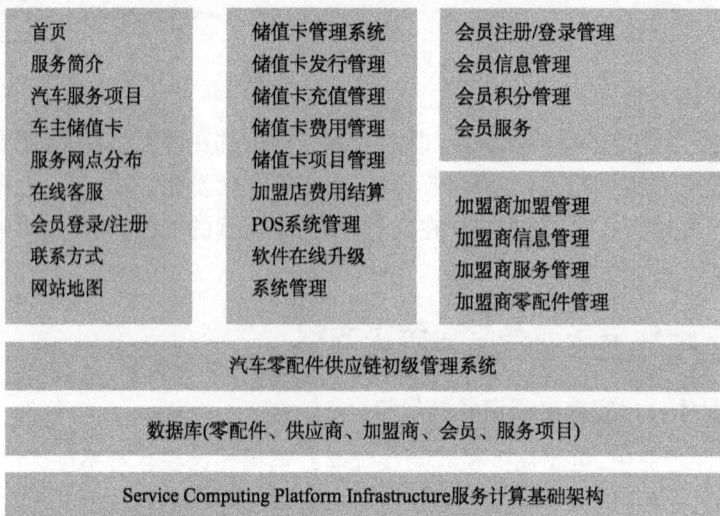

图 3-30　地区售后服务网络营销平台功能架构

（2）汽车零配件国际贸易网络营销平台功能架构如图 3-31 所示。

（3）汽车零配件管理系统如图 3-32 所示。

除了上图中的两种分类构成检索矩阵外，在建设过程中，考虑到不同生产企业还有自用的产品编号。因此，在数据库建设中，从零配件出发需要建立以下信息库：原生产厂 OE 编号、专业生产厂编号、产品的技术参数、产品图片、产品的适用车型、OE 编号与生产厂编号的互换关系。在产品描述部分，应该包含：产品 OE 编号、适用车型、尺寸、产品功能、技术参数、产品特色、产品材质、质量认证等信息。

最终实现无障碍零配件管理功能，从品牌、车型、生产企业、出厂年代，或是从不同的系统，或者从产品不同的编号都可以方便查询产品，并对产品进行有效管理。

④ 采取线上系统与线下服务资源联动发展的方式构建整体系统

线下系统包括：地区汽车服务加盟连锁系统、国际汽车城产品展示窗口（商铺）以及整合第三方服务系统(支付、物流、报关等)。

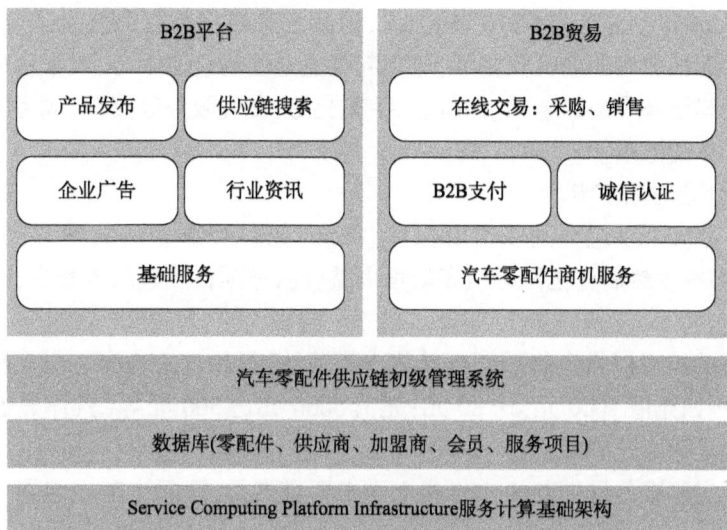

B2B平台		B2B贸易	
产品发布	供应链搜索	在线交易：采购、销售	
企业广告	行业资讯	B2B支付	诚信认证
基础服务		汽车零配件商机服务	
汽车零配件供应链初级管理系统			
数据库(零配件、供应商、加盟商、会员、服务项目)			
Service Computing Platform Infrastructure服务计算基础架构			

图 3-31　汽车零配件网络营销平台功能架构

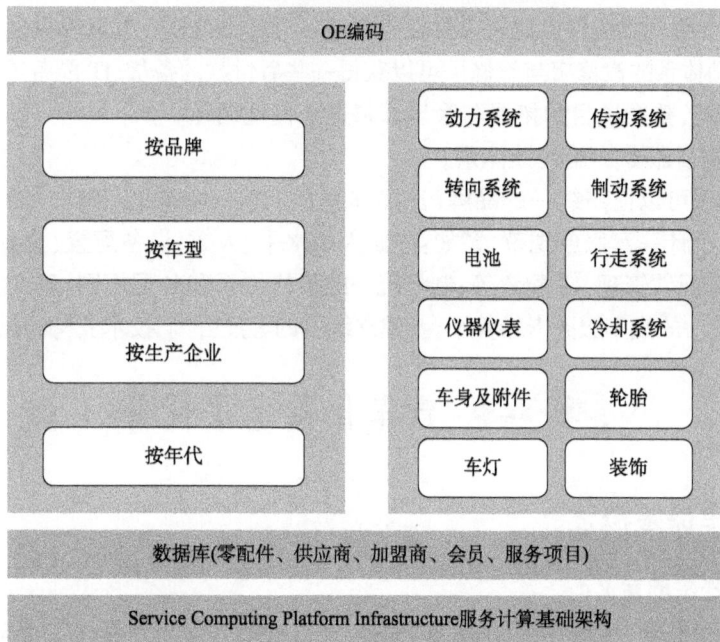

OE编码		
按品牌	动力系统	传动系统
	转向系统	制动系统
按车型	电池	行走系统
按生产企业	仪器仪表	冷却系统
	车身及附件	轮胎
按年代	车灯	装饰
数据库(零配件、供应商、加盟商、会员、服务项目)		
Service Computing Platform Infrastructure服务计算基础架构		

图 3-32　汽车零配件管理系统

(1)线上线下联动发展模式概要。

第一为抓住客户,设计一套针对客户的汽车售后服务套餐,通过网络营销平台推广、发行可储值的服务卡,购买服务卡的客户可以获得价格优惠和经过认证的服务。

第二为整合汽车维修店与维修厂,对有意向加入的汽车维修店与维修厂进行服务能力认证,合格的企业挂统一品牌,国际汽车城对其统一供货,并开放 ERP 系统提升其管理能力。持服务卡的客户可以到这些经过认证的汽车维修店与维修厂接受优质优价的汽车售后服务。

随着客户、汽车维修店与维修厂的加入,国际汽车城将有能力整合供应商资源,整合全国各地的汽配城和汽配经销商资源,建立起覆盖全国的仓储中心、汽车售后服务连锁加盟体系以及汽车维修周边的金融、保险、二手车交易、交费服务等资源,成为一个提供汽车全方位售后服务的体系。

(2)服务套餐与储值卡。

汽车售后服务可以包含的项目有保险、检修(保险外部分)、装饰、交费、验车、停车位、二手车交易等。然后先把国际汽车城可以整合服务项目放进服务套餐,为客户提供一定折扣的服务。

服务套餐的销售以汽车售后服务储值卡为载体,折扣方式为充一定金额送若干金额的方式提供,例如充值1000元,送80元;充值5000元送500元等(具体充值金额的优惠额度需要根据实际情况制订)。

客户在指定的服务提供点的POS机上刷卡即可支付,国际汽车城定期与服务提供方进行结算。

这种模式的优势在于客户预存金额可以为整体项目运作提供流动资金,而且服务提供方的服务以及使用的零配件也比较容易规范,在整合资源的初期,也可以提供一些初期支持(比如加入连锁体系的汽修店与汽修厂可以获得一些后付款的备货、IT配备等)。

掌握资金流,整个项目的拓展与管理都将进入良性循环。

(3)汽车售后服务加盟连锁体系。

该连锁体系可以使用统一的品牌(比如称为5S,4S + satisfied)和统一的 VI 形象设计。

同时可以设计一套服务规范,譬如:维修人员水平、人数、设备配置、营业面积、可提供的服务项目、零配件管理、IT配置等;制订统一的价格体系和分配规则;建立统一的客户管理系统;使用统一的汽车服务卡结算平台;建立统一的客户咨询、技术支持与投诉处理平台。

课题5 汽车保险电子商务

一 汽车保险概述

1 汽车保险的定义

机动车辆保险即"车险",是以机动车辆本身及其第三者责任等为保险标志的一种运输工具保险。其保险客户主要是拥有各种机动交通工具的法人团体和个人,其保险标的主要是各种类型的汽车,也包括电车、电瓶车、摩托车等专用车辆。机动车辆是指汽车、电车、电瓶车、摩托车、拖拉机、各种专用机械车、特种车等。2012 年 3 月,中国保监会先后发布了《关于加强机动车辆商业保险条款费率管理的通知》和《机动车辆商业保险示范条款》,推动了车辆保险的改革。

2 汽车保险的发展

世界上最早的一份汽车保险出现在 1898 年的美国。美国的旅行者保险有限公司在

1898 年给纽约布法罗的杜鲁门马丁上了第一份汽车保险。马丁非常担心自己的爱车会被马冲撞。当时全美只有 4000 多辆汽车,而马的数量却达到了 2000 万匹,马车仍然是主要的交通工具。在 100 多年之后,美国有 2.2 亿辆汽车,而马的数量已经减少到 200 万匹。一个多世纪前还被视为新鲜事物的汽车保险已经成为再平常不过的事情。

机动车辆保险的真正发展是在第二次世界大战后。一方面,汽车的普及使道路事故危险构成一种普遍性的社会危险;另一方面,许多国家将包括汽车在内的各种机动车辆第三者责任列入强制保险的范围。因此,机动车辆保险业务在全球均是具有普遍意义的保险业务。

2009 年来,随着我国汽车产业的飞速发展,我国汽车产销量已连续三年位居全球第一,到 2011 年末,我国汽车保有量已经突破一亿辆,成为仅次于美国的世界第二大汽车保有国。

数据显示,截至 2011 年年底,我国机动车保有量为 2.25 亿辆,其中私人汽车保有量为 7872 万辆,增长 20.4%,民用轿车保有量为 4962 万辆,增长 23.2%,其中私人轿车保有量为 4322 万辆,增长 25.5%。

由于汽车数量的猛增,与之相对的车险市场也呈现出快速发展的态势。2001 年我国车险保费为 421.70 亿元,车险行业首度扭亏为盈。到 2011 年,国内车险的保费收入达到 3504 亿元,同比增长 16.66%。

20 世纪 50 年代以来,随着欧、美、日等国家和地区汽车制造业的迅速扩张,机动车辆保险也得到了广泛的发展,并成为各国财产保险中最重要的业务险种。到 20 世纪 70 年代末期,汽车保险已占整个财产险的 50% 以上。

从我国来看,随着汽车保有量的逐年增加,汽车保险已经成为我国非寿险市场的主要组成部分,更是财产保险中的第一大险种。

当前,在国内保险公司中,汽车保险业务保费收入已占到其财产保险业务总保费收入的 50% 以上,部分公司的汽车保险业务保费收入占其财产保险业务总保费收入的 60% 以上。汽车保险业务经营的盈亏,直接影响到财产保险行业的经济效益。

根据中国保险行业协会的统计数据显示,截至目前,我国共有保险公司 135 家,保险中介机构 36 家,其中大部分已经开展了汽车保险业务。

近些年,车险市场竞争愈发激烈。统计数据显示,2011 年,人保、平安和太保车险保费收入市场份额分别为 36.54%、18.63% 和 13.53%,三者合计占比 68.70%,比 2001 年三大车险公司 94.46% 的市场份额下降 25.76 个百分点(图 3-33)。

❸ 车险分类

机动车辆保险一般包括交强险和商业险,商业险包括基本险和附加险两部分。基本险分为车辆损失险和第三者责任保险、全车盗抢险(盗抢险)、车上人员责任险(司机责任险和乘客责任险);附加险包括玻璃单独破碎险、划痕险、自燃损失险、涉水行驶险、无过失责任险、车载货物掉落责任险、车辆停驶损失险、新增设备损失险、不计免赔特约险等。玻璃单独破碎险、自燃损失险、新增设备损失险,是车身损失险的附加险,必须先投保车辆损失险后才能投保这几个附加险。车上人员责任险、无过失责任险、车载货物掉落责任险等,是第三者责任险的附加险,必须先投保第三者责任险后才能投保这几个附加险。每个险别不计免赔特约险是可以独立投保的(图3-34)。

图 3-33 车险市场竞争激烈

车险续保可 "按需搭配" 险种

保险专家提醒,在车险续保时,车主可根据自己的实际需要搭配险种

保险专家建议
▶ **必不可少的险种**
　　■ 交强险
▶ **基本险种**
　　■ 车辆损失险　■ 第三者责任险
▶ **适合私家车的附加险**
　　■ 不计免赔特约险　■ 划痕险
　　■ 玻璃单独破碎险　■ 全车盗抢险

图 3-34 车险分类

(1)交强险。

交强险(全称机动车交通事故责任强制保险)是我国首个由国家法律规定实行的强制保险制度。

《机动车交通事故责任强制保险条例》(以下简称《条例》)规定:交强险是由保险公司对被保险机动车发生道路交通事故造成受害人(不包括本车人员和被保险人)的人身伤亡、财产损失,在责任限额内予以赔偿的强制性责任保险。

下列六种情况下交强险可以办理退保:被保险机动车被依法注销登记的;被保险机动车办理停驶的;被保险机动车经公安机关证实丢失的;投保人重复投保交强险的;被保险机动车被转卖、转让、赠送至车籍所在地以外的地方;新车因质量问题被销售商收回或因相关技术参数不符合国家规定交管部门不予上户的。

(2)商业险。

①车辆损失险。

在机动车辆保险中,车辆损失险与第三者责任险构成了其主干险种,并在若干附加险的配合下,共同为保险客户提供多方面的危险保障服务。

车辆损失险保护的是各种机动车辆的车身及其零部件、设备等。当保险车辆遭受保险责任范围内的自然灾害或意外事故,造成保险车辆本身损失时,保险人应当依照保险合同的规定给予赔偿。

车辆损失险的保险责任,包括碰撞责任、倾覆责任与非碰撞责任。其中碰撞是指被保险车辆与外界物体的意外接触,如车辆与车辆、车辆与建筑物、车辆与电线杆或树木、车辆与行人、车辆与动物等碰撞,均属于碰撞责任范围之列。倾覆指保险车辆由于自然灾害或意外事故,造成本车翻倒,车体触地,使其失去正常状态和行驶能力,不经施救不能恢复行驶。非碰撞责任,则可以分为以下三类:

a. 保险单上列明的各种自然灾害,如洪水、暴风、雷击、泥石流、地震等。

b. 保险单上列明的各种意外事故,如火灾、爆炸、空中运行物体的坠落等。

c. 其他意外事故,如倾覆、冰陷、载运被保险车辆的渡船发生意外等。

②第三者责任强制保险。

机动车辆第三者责任险,是承保被保险人或其允许的合格驾驶人员在使用被保险车辆时,因发生意外事故而导致第三者损害索赔危险的一种保险。由于第三者责任保险的主要目的在于维护公众的安全与利益,因此,在实践中通常作为法定保险并强制实施。

机动车辆第三者责任保险的保险责任,指的是被保险人或其允许的合格驾驶员在使用被保险车辆过程中发生意外事故,而致使第三者人身或财产受到直接损毁时,被保险人依法应当支付的赔偿金额。此保险的责任核定,应当注意两点:

a. 直接损毁,实际上是指现场财产损失和人身伤害,各种间接损失不在保险人负责的范围。

b. 对于被保险人应当依法支付的赔偿金额,保险人需依照保险合同的规定进行补偿。

赔偿金额与补偿金额是不同的,即被保险人的补偿金额并不一定等于保险人的赔偿金额,因为保险人的赔偿必须扣除不保的责任或不保的损失。例如,被保险人所有或代管的财产,私有车辆的被保险人及其家庭成员以及他们所有或代管的财产,本车的驾驶人员及本车上的一切人员和财产在交通事故中的损失,不在第三者责任保险负责赔偿之列;被保险人的故意行为,驾驶员酒后或无有效驾驶证开车等行为导致的第三者责任损失,保险人也不负责赔偿。

③附加保险。

机动车辆的附加险是机动车辆保险的重要组成部分。从我国现行的机动车辆保险条款看,主要有附加全车盗抢险、附加自燃损失险、附加涉水行驶损失险、附加新增加设备损失险、附加不计免赔特约险、附加驾驶员意外伤害险、附加指定专修险等,保险客户可根据自己的需要选择加保。

④全车盗抢险。

盗抢险负责赔偿保险车辆因被盗窃、被抢劫而造成车辆的全部损失,以及期间由于车辆损坏或车上零部件、附属设备丢失所造成的损失,但不能故意损坏。

⑤车上人员责任险。

车上人员责任险主要保车里的人的意外伤害和死亡。死亡的损失较大,赔偿金起不了多大作用,主要是涉及意外伤害,就是涉及受伤后的医疗费。车上人员责任险要么只保驾驶员,要么全保,价格相较便宜。

⑥划痕险。

划痕险即车辆划痕险,它属于附加险中的一项,主要是作为车损险的补充,能够为意外原因造成的车身划痕提供有效的保障。划痕险针对的是车身漆面的划痕,若碰撞痕迹明显,比如划了个口子,还有个大凹坑,就不属于划痕险的保护范围了,而属于车损险的保护范围。

⑦玻璃单独破碎险。

玻璃单独破碎险,即保险公司负责赔偿被保险的汽车在使用过程中,车辆本身发生玻璃单独破碎损失的一种商业保险。车主一定要注意"单独"二字,是指被保车辆只有风窗玻璃(不包括车灯、车镜玻璃)出现破损的情况下,保险公司才进行赔偿。如果车主想知道玻璃单独破碎险的价格,可以通过车险计算器来计算价格,同时也可以借此机会来比较一下哪家的保险公司车险价格更实惠,从而更有助于选择最适合自己的保公司进行投保。

⑧自燃损失险。

自燃险即"车辆自燃损失保险",是车损险的一个附加险,只有在投保了车损险之后才可以投保自燃险。在保险期间内,保险车辆在使用过程中,由于本车电路、线路、油路、供油系统、货物自身发生问题、机动车运转摩擦起火而引起火灾,造成保险车辆的损失,以及被保险人在发生该保险事故时,为减少保险车辆损失而必须要支出的合理施救费用,保险公司会进行相应的赔偿。

⑨不计免赔特约险(PICC)。

不计免赔特约险通常指的是车辆保险中的不计免赔险,它是一种商业险(车损险或三责险)的附加险。不计免赔险作为一种附加险,需要以投保的"主险"为投保前提条件,不可以单独进行投保,其保险责任通常是指"经特别约定,发生意外事故后,按照对应投保的主险条款规定的免赔率计算的、应当由被保险人自行承担的免赔金额部分,保险公司会在责任限额内负责赔偿"。

4 汽车保险的流程

(1)机动车辆投保流程如图3-35所示。

(2)机动车辆保险索赔流程如图3-36所示。

(3)申报材料。

投保车辆行驶证、被保险人的组织机构代码复印件(若被保险人为法人或其他组织)、被保险人身份证明复印件(若被保险人为自然人)、投保经办人身份证明原件、车辆合格证、新车购车发票、车主出具的能够证明被保险人与投保车辆关系的证明或契约(若被保险人与车主不一致)、约定驾驶人员的《机动车驾驶证》复印件(若为约定驾驶人员)、购车发票或固定资产入账凭证(个别未上牌照的特种车、拖拉机、摩托车等)、投保单、上年车险清洁保单(若为申请无赔款优待)、单位证明及个人委托书(若为个人车辆单位使用)。

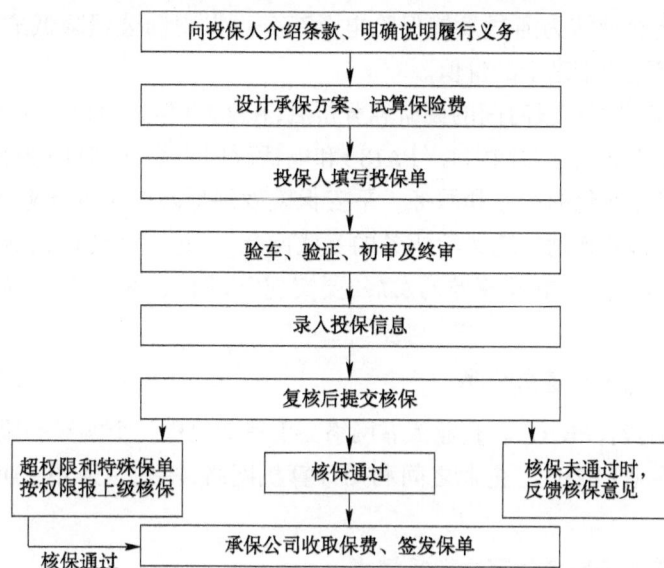

```
┌─────────────────────────────┐
│  向投保人介绍条款、明确说明履行义务  │
└──────────────┬──────────────┘
               ↓
┌─────────────────────────────┐
│      设计承保方案、试算保险费       │
└──────────────┬──────────────┘
               ↓
┌─────────────────────────────┐
│        投保人填写投保单         │
└──────────────┬──────────────┘
               ↓
┌─────────────────────────────┐
│     验车、验证、初审及终审      │
└──────────────┬──────────────┘
               ↓
┌─────────────────────────────┐
│        录入投保信息          │
└──────────────┬──────────────┘
               ↓
┌─────────────────────────────┐
│        复核后提交核保         │
└──────────────┬──────────────┘
```

超权限和特殊保单 按权限报上级核保	核保通过	核保未通过时， 反馈核保意见

核保通过　　承保公司收取保费、签发保单

图 3-35　机动车辆投保流程

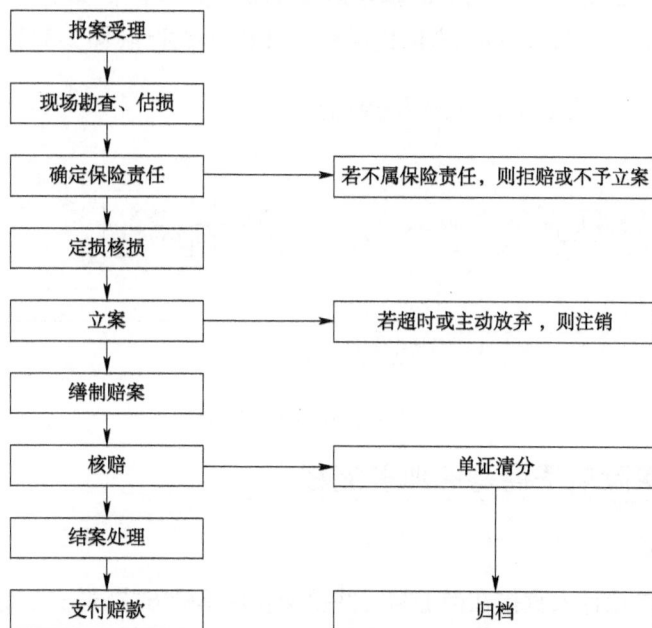

```
┌──────────────┐
│   报案受理    │
└──────┬───────┘
       ↓
┌──────────────┐
│  现场勘查、估损 │
└──────┬───────┘
       ↓
┌──────────────┐          ┌──────────────────────────┐
│  确定保险责任  │─────────→│ 若不属保险责任，则拒赔或不予立案 │
└──────┬───────┘          └──────────────────────────┘
       ↓
┌──────────────┐
│   定损核损    │
└──────┬───────┘
       ↓
┌──────────────┐          ┌──────────────────────────┐
│     立案     │─────────→│   若超时或主动放弃，则注销    │
└──────┬───────┘          └──────────────────────────┘
       ↓
┌──────────────┐
│   缮制赔案    │
└──────┬───────┘
       ↓
┌──────────────┐          ┌──────────────┐
│     核赔     │─────────→│   单证清分     │
└──────┬───────┘          └──────┬───────┘
       ↓                         ↓
┌──────────────┐          ┌──────────────┐
│   结案处理    │          │     归档      │
└──────┬───────┘          └──────────────┘
       ↓
┌──────────────┐
│   支付赔款    │
└──────────────┘
```

图 3-36　机动车辆保险索赔流程

二　汽车保险电子商务概述

❶ 汽车保险企业开展电子商务的背景

(1)我国加入世贸组织,由"保险 + 电子商务"组成的服务则是国内保险公司与国外保险公司竞争的有力武器。

（2）随着网络的普及,通过网络对保险业的需求量迅速增长。

（3）汽车保险企业认为通过发展保险电子商务可以帮助公司降低成本与理顺流程,为客户、员工和保险业带来新的价值。

例如平安保险经过一段时间的调研和分析后,在 2000 年适时地做出发展电子商务战略决策,投入巨资构建以互联网中心（PA18）和电话呼叫中心（95511）为科技平台的服务网络,为客户提供专业化的产品和服务。平安保险发展保险电子商务业务的出发点包括三个方面:一是支持和推动传统保险业务的互联网化,二是支持公司的业务员开拓业务,三是实现网上直销。平安电子商务的发展,要实现"天网"、"地网"和"人网"的"三网合一"的目标。

❷ 汽车保险电子商务的分类

（1）企业对消费者（B2C）。企业依靠网络为消费者提供一个购买和服务的途径。

（2）企业对企业（B2B）。企业之间利用计算机网络,特别是采用 EDI 方式进行商务活动。

❸ 汽车保险电子商务的基本运行模式

汽车保险电子商务以电子商务的基本运行环境为支撑框架,以保险公司的实质经营内容为核心,利用电子商务的特性来优化保险公司的经营管理（图 3-37）。

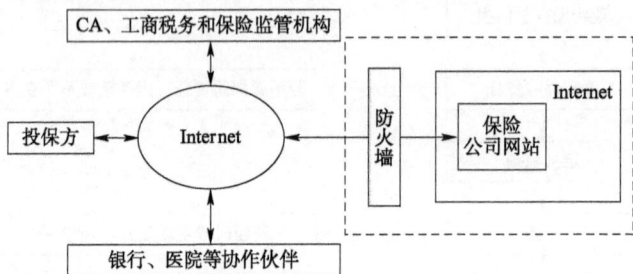

图 3-37　汽车保险电子商务运行模式

三　汽车保险电子商务的业务流程

❶ 在线投保

在线投保就是投保人直接在网上填写并提交投保单的方式,递交投保信息,待保险公司核保通过以后,由投保人自行选择付款方式,支付保险费。

❷ 核保

（1）在线核保:对于某些比较简单并且符合网上业务核保规则的险种,可以采用在线核保的方式。客户递交投保单后,由计算机自动核保并计算保费,并通过确认相关信息。客户根据确认信息直接进入付款程序,通过保险公司提供的网上支付系统,交付保费,完成其投保流程。

（2）离线延时核保：对于一些比较复杂并且网上业务自动核保程序没有通过的险种，可采用离线延时核保的方式。客户递交投保单后，自动核保没有通过或投保信息有待进一步确认，保险公司核保人员可以在后台查询并下载打印相关投保信息，并按核保相关业务流程进行核保。核保完成后，将核保结果在网上的核保程序中做相应的处理。客户通过网上投保查询功能获知投保成功与否，当获知核保通过后直接进入付款程序，通过保险公司提供的网上支付系统，交付保险费，完成其投保流程。

❸ 保费支付

（1）普通方式付费：当客户在网上填写并递交投保单后，经由保险公司核保确认并出具保单和保费收据，由专人送交客户。对于需要检验保险标的客户，应先行认真检查保险标。当客户收到保单和保费收据后，根据保单上列出的保费金额，支付相应保费。

（2）网上支付：客户收到核保确认信息后，可以选择网上直接支付保险费。客户通过电子商务支付网关登录到相应银行的信用卡支付结算平台，输入相关付费信息后，一次性扣款，由银行代理自动缴付保险费。当保险公司收到保险费后通过专人送递或邮递等方式，将保险单和保费收据送交给客户。

（3）银行汇款：客户收到核保确认信息后，通过银行将保险费汇至保险公司的账号上，保险公司收到投保人汇款后，通过专人送递或邮递等方式，将保险单和保费收据送交给客户。

❹ 保单查询

投保人上网登录后，通过保单查询功能模块，可以完成以下工作：

（1）查询相关投保信息；

（2）对被延时核保和其他尚未选择付费方式的投保单进行后续处理；

（3）对已生效的保险单作相应跟踪记录，若保单明细有变，则可提交修改并出具批单；

（4）对到期保单及时做好续保工作。

❺ 网上保险理赔管理

在网站上设有在线报案索赔模块，公布保险公司的报案电话、报案电子信箱、服务承诺、理赔流程等，客户可选择报案方式。

❻ 网上业务综合管理

汽车保险电子商务网上业务流程如图3-38所示。

其中，投保方通过互联网向保险公司发出投保申请，向认证机构申请数字签名证书，保险公司接受申请，核实数字签名，通过其他协作机构核实投保方有关保险标的情况，认为此项可以承保，通知客户交付保险费并向客户提供保险公司开户银行账户，客户通过开户行或信用卡，从账户中转出保险费，汇到保险公司开户行账户，保险公司核实保费已经到账，签发电子保险单，并通过互联网发送给投保方，并附带电子保费收据，完成整个投保业务流程。

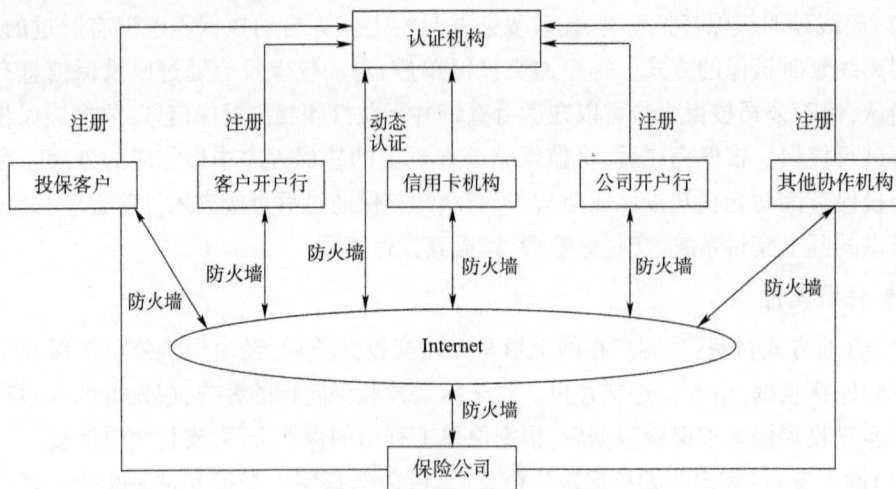

图 3-38　汽车保险电子商务网上业务流程

四　汽车保险企业电子商务管理系统

1 KPI 管理

所谓 KPI,是指关键业绩指标,它是个指标体系,这个指标体系的设计必须是科学、系统的,体现"关键"二字,抓住了关键,就抓住了主要矛盾或矛盾的主要方面,就可以把握事物的发展方向(图 3-39)。

职位名称	车险总经理		日期	2013 年 11 月 1 日	
职位的主要目的			规划策略及确保其有效运行,以达寿险业务长期营运目标		
三至五项重要的工作职责			工作表现衡量指标 < KPI >		
1.规划中、长期寿险业务的策略方向; 2.拓展寿险业务并创建销售渠道制度; 3.创建部门营运及组织策略并确保有效运行; 4.选拔、培养并运用部门干部,以提升人员之专业知识、服务质量及效率; 5.创建严谨的后台运作流程,以有效控制成本	营运	财务	*保费收入; *利润; *新保费收入成长率	管理	内部流程	*策略新产品开发速度; *理赔及时性; *赔付率; *人均产能
		顾客	*市场占有率; *继续率; *策略顾客满意度; *市场形象		学习与成长	*销售主管的满意度; *团队士气、能力成长、薪酬

图 3-39　KPI 管理实例

KPI 管理主要有以下五个方面:

(1)科学、系统地设计 KPI,并且不断更新;

(2)深入分析 KPI,力争对工作有指导性;

(3)KPI 管理要追求现代化;

(4)将 KPI 管理方式推广到全系统;

(5)KPI 的考核结果与奖惩紧密挂钩。

❷ 保险企业内部管理信息系统

保险企业内部管理信息系统是以核保、核赔为中心,以实现整个业务流程自动化管理的系统(图 3-40)。其为数据统计分析、数据挖掘等提供良好的支持,达到了核保、核赔业务的网络化、精密风险控制、规范化管理的需求。

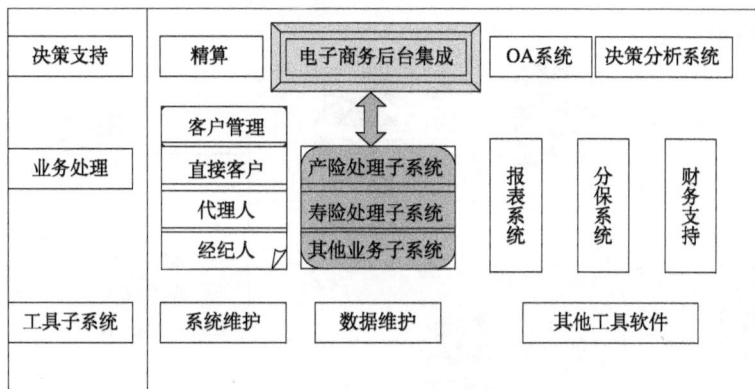

图 3-40　保险企业内部管理信息系统

其中 OA 系统就是采用 Internet/Intranet 技术,基于工作流的概念,使企业内部人员不仅可以方便快捷地共享信息,高效地协同工作,还可以改变过去复杂、低效的手工办公方式,实现迅速、全方位的信息采集、信息处理,为企业的管理和决策提供科学的依据。OA是一个企业除了生产控制之外的一切信息处理与管理的集合。

❸ BCC 商业模式

BCC(Business to Channanl to Customer)为公司—代理商—最终客户商业模式。简单地说,BCC 模式通过网络构建起连接保险公司、保险代理商和最终客户的业务平台,代理机构安装由保险公司开发的应用软件,客户保险的申请、保单的填写在代理机构完成,代理机构再通过保险公司的电子商务平台进行网上核保的操作,最终在几分钟内完成保险业务的处理。

BCC 模式吸引了保险销售供应链上的一些代理商,这类合作有序地开展,是一种优势互补、互惠互利的“双赢”之举。

❹ CRM——客户管理信息系统

CRM 在汽车保险电子商务中的运用非常广泛。例如平安财险北京分公司为克服客户资料收集等的难题,选用了 TurboCRM 对其车辆保险业务进行一体化管理。TurboCRM公司为其量身制订了解决方案和实施计划,包括建立统一的客户信息数据库、以客户为中心的营销模式及新的业务流程等。实施 TurboCRM 后,平安财险业务中实现了以下功能:统一客户信息;提供任意查询方式;针对同一客户的相关信息,如客户的基础信息、历次联络记录、投保险种、索赔记录等在一个平台上统一管理。只要输入客户唯一标识(如车牌号、保单号等），就能够搜索到客户全部记录，同时还支持通过输入任意条件查询客户信息。

5 Call Center——语音呼叫中心系统

该系统主要功能包括语音信息查询功能、传真信息查询功能、续期数据库查询功能、业务员数据库查询功能、语音留言功能、留言提取功能（图3-41）。

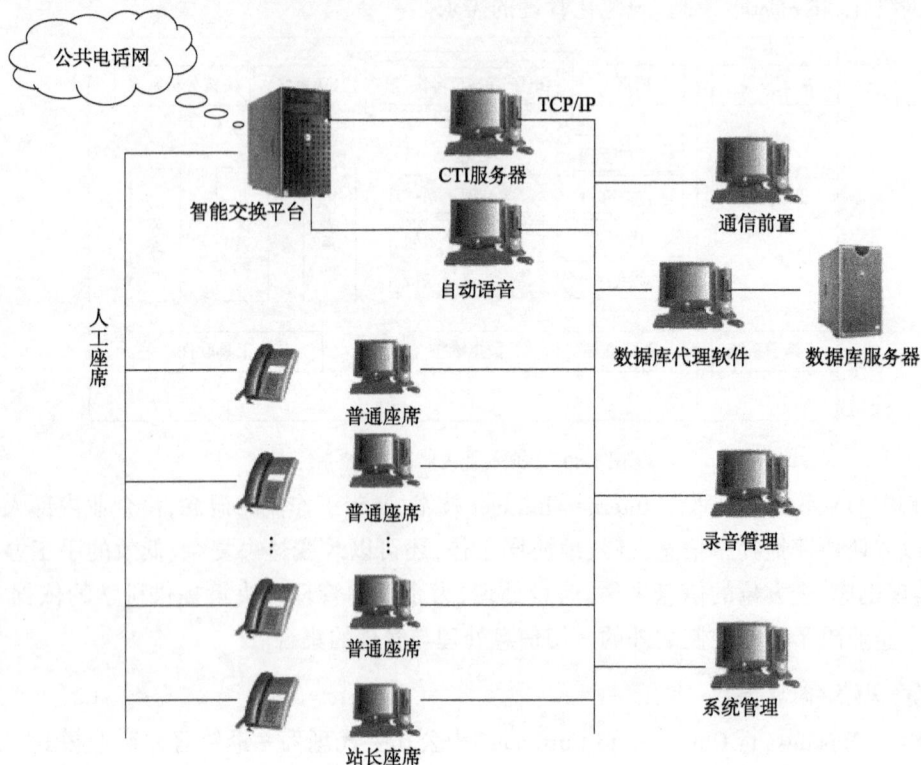

图3-41 语音呼叫中心系统构架

语音智能交换平台的产品功能包括：

（1）专业的自动语音导航，提升企业形象；

（2）给客户服务人员分组，让客户按1个号码，就能迅速找到想找到的人，当无人接听或占线时，轮流转给同组内的其他人；

（3）给客服人员分组，每组成员有电话来时，所有客服人员的电话一起振铃，合理分配资源；

（4）设置"代接组"，当服务人员不在时，其他人可在自己的座位上代接电话；

（5）排队功能，所有人员电话全部占线时，自动播放等待音乐，并实时提醒当前来电等待人员的个数，安抚客户等待时的焦躁情绪；

（6）来电弹屏，在与客户通话之前，可以立即了解这个客户的信息，以及这次来电可能的目的，进而服务人员以最恰当的方式，为客户提供一流、专业、定制化的服务；

（7）三方通话，随时加入第三方人员来一起讨论，提高客服效率，为客户提供一站式服务,一个电话,搞定问题,节省客户时间。

课题6　汽车租赁电子商务

一　汽车租赁概述

❶ 汽车租赁的定义

汽车租赁是指当事人一方将其汽车提供给另一方在一定期限内使用汽车并支付租金的行为。在汽车租赁中,提供汽车的一方当事人为汽车出租人,一般是汽车所有人,也可以是汽车的使用权人;使用汽车的一方当事人为汽车承租人,可以是单位,也可以是个人;被交付使用的汽车为租赁物。汽车租赁主要属于财产租赁,适用于民法通则和经济合同法等法律法规的有关财产租赁的规定。

❷ 汽车租赁的责任划分

承租人对车辆正常的维修、年审和保险由租赁公司负责。因承租人而延误车辆的维修或年审,由此造成的损失由承租人负全部责任。

在租赁期内,承租人要按《车辆使用手册》进行操作及维修。在出车前,承租人必须做常规检查,如检查机油、制动油、冷凝水、轮胎气压和灯光等,若发现问题,须速送租赁公司指定的维修点维修,否则后果自负(图3-42)。

图3-42　租车前的检查

承租人在租赁期内,有义务妥善保管与正确使用所租用的汽车及其有关的证件,保持车身清洁直到归还租赁公司为止。如有遗失应即时通知租赁公司及有关部门。

❸ 汽车租赁企业的发展策略

我国汽车租赁行业,无论是从我国宏观经济的走向趋势还是微观的社会基础来看,都有着无比光明的发展前途。随着我国信用体系的建立,市场经济的进一步完善,我国汽车租赁业将会有更快的发展,主要体现在三个方面。

(1)单位用车。该部分用车主要以三资企业、中小企业以及完成车改的大型企事业单位为主,一般用于满足企业经营及公务、商务活动的需要。这部分用车占整个汽车租赁市场的50%左右。

(2)商旅活动用车。该部分用车针对的客户主要是高级白领以上的人员,用以满足这些人员在异地进行商旅活动时对交通方面的要求,同时也解决了在本地的公、私接待事务方面的需求。这部分用车占整个汽车租赁市场的40%左右。

(3)家庭、个人用车。该部分用车主要以中高收入家庭为主,其主要用途为家庭旅游、探亲访友、临时外出等。这部分用车占整个汽车租赁市场的10%左右。

4 汽车租赁的业务流程

在很长一段时间里,租车都被认为是一种复杂而又奢侈的行为,但随着行业竞争的加剧和规模化运作的成功,租车已经衍变成为一种简单而普遍的出行方式,并且客户只需要了解六个步骤,就可以进行属于各自的完美租车体验。

(1)了解租车手续。

租车前首先应对租车的手续有所了解。大致来说,时下的汽车租赁企业分为两类。

一种是传统型的租车公司,租车时手续相对复杂,承租人需要提供本市户口担保、房产证明或者高额押金,更有甚者还需要所在单位证明等,如此烦琐的手续令许多租车族望而却步,一些外地人就是想租车也没法如愿。

还有一种就是以神州租车为代表的新型租赁企业,在这样的公司,租车就没那么麻烦了,既无担保,也无押金,只需"两证一卡"就能轻松办理租车。手续方便、快捷,可以让更多的客户实现租车梦想。所谓"两证一卡"指的是身份证、驾驶证和信用卡,不过各个公司对信用卡的授权额度都是有要求的,一般都是3000元左右。此外,在神州租车,预授权在5000元及以下的车型,消费者也可以用国内借记卡支付相等数额的押金代替信用卡。

(2)选择租车公司和适合出行的车辆。

租车了解之后就是选车了。第一,应该先了解租赁公司可供车的车型、车况,以确定是否为己所需。第二,咨询这家公司的租赁形式、租金及所租车辆的预授权等情况。如想租到车况较新的车辆,可以到一些买新车比较频繁的大型租赁公司去租车,譬如神州租车,其新车占据很大一部分比例,租到新车的概率较高。

会开车的人都知道,汽车越重越费油,所以使用铝合金轮圈的汽车省油,而且适合高速行驶,平稳性好,还能够吸收运动中的振动和噪声。装有子午线轮胎的汽车也比较省油,而且耐磨性高。自动挡的汽车比较省事,其装备有自动控制装置,行车过程中可根据车速自动调整挡位,省去了换挡和踏踩离合器的事情,但因为自动变速器的动力传递是通过液压来实现的,所以比较费油,尤其是低速行驶或者是塞车时的走走停停,更增加了油耗。所以承租人可以根据自己的行程状况、个人喜好与预算等来决定所租赁的车型。

(3)验车。

签约前的最后一道工序就是填写验车单,这是双方共同认定车况的过程,其地位至关重要。首先从外观上进行检查,看看车体有无划痕,车灯是否完整,车锁是否正常,并仔细填写,以防产生不必要的纠纷;然后打开发动机罩,查看燃油、冷冻液、润滑油、制动液、电瓶和传动系统等主要部件的状况;均无异常后,即可进入驾驶舱内,检查油表、制动、空调的运行状况。

(4)签约。

选好车,接下来就是要签订一份完整的租赁合同,为了以防万一,签约时有一些注意事项一定要记牢。为防止有事不能及时还车,承租人还要认真了解续租规定和租赁超时的计费标准,以免事后和租赁公司发生异议。承租人还需仔细了解租赁公司的承诺,以便充分享受应得的权益,同时发现不合理之处,及时和租赁公司协商修改。

（5）试驾。

首先调整好适合自己的驾驶座位置，自己要坐着舒服。试驾是熟悉和检查离合器、加速系统、制动器和发动机的工作状况，同时也是为了尽快地熟悉每一块仪表和操作件的功能和位置，以防行车时由于乱找乱摸而造成操作混乱。

（6）还车。

还车地点一般都是租车公司的办公地点或服务网点，也有些公司开通了异地还车服务，在租车前可以先进行查询。用完车后要注意还车时间，按合同规定的还车时间、地点还车，注意保持车辆的技术状况良好。

具体流程如图 3-43 所示。

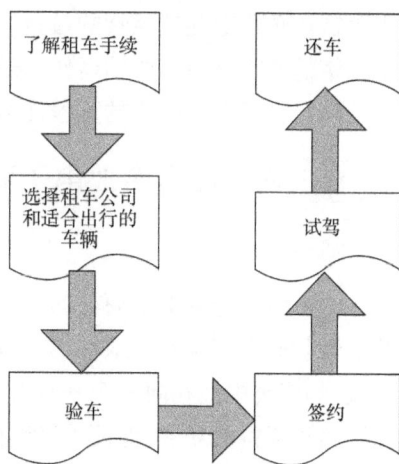

图 3-43　汽车租赁的业务流程

二　汽车租赁电子商务

汽车租赁虽然是传统行业，但在我国的发展时间并不长，与国外大型连锁租车企业动辄几十万车辆、数千个门店、几十年的经营历史相比，我国的汽车租赁企业还很弱小。在这种情况下，本土的汽车租赁企业更应抓紧机会和时间，积极利用先进的经营理念和技术手段，尽快缩短与国外先进企业的差距，站稳脚跟，迎接更激烈的竞争的到来。

汽车租赁业作为一个服务行业，其核心竞争力是忠诚的客户群，因此企业在经营过程中应该将了解客户需求、满足客户体验放在首要位置。

从需求的角度来看，客户最关心的要素包括：

（1）覆盖广泛的服务网点；

（2）简单快捷的租车与还车手续；

（3）安全顺利的用车过程；

（4）统一规范、温馨舒适的服务质量。

从企业经营的角度来看，在我国汽车租赁行业目前的情况下，客户需求的满足受到以下四个因素的制约：

（1）大众租车消费的理念尚不成熟；

（2）信用体制尚不健全；

（3）工商、运管、违章处罚、事故赔付等法规的配套不够完善；

（4）企业自身的管理体系和能力有待加强。

受到上述因素的制约，目前我国汽车租赁企业通常采取区域经营的模式，以面对长租客户为主，这种模式与国际主流的针对个人（包括企业）的短租市场模式有很大的区别。在汽车租赁行业，企业的持续发展必须有大规模的客户群体和运营规模的支撑，数十万的客户（包括个人、企业等），数万辆的租赁车辆以及分布在各地的数百个的门店，这是在竞争激烈的租车市场上立足的必备条件。面向即将释放的、巨大的个人及企业短租市场，汽车租赁业必须走连锁经营的道路。而分布在全国各地的各个连锁店的统一经营,以及整个网络的实施监控与协同运作,离不开一套相对完善的电子商务系统的支撑,因此,充分应用信息技术提升企业的竞争优势,是电子商务环境下汽车租赁企业的必然选择。

三 汽车租赁企业电子商务应用现状

① 经营管理

汽车租赁企业电子商务的经营管理的核心工具为 ERP 系统,该系统可以将整个企业的运营状况真实且实时地在 ERP 系统上反映出来。通过 ERP 系统,企业做到信息流、资金流、物流集中地在同一个平台上运作,各职能部门或人员在相同的平台上进行相关的操作和信息资料的获取,保证了经营的高效准确进行。ERP 的模块包括:

(1)租车与还车业务管理模块。

该模块为系统核心的业务模块,包括在库车辆查询、车辆预订、订单管理、出车登记及合同打印、出车车辆变更管理、车辆结算及打印、历史结算管理。

(2)车辆及其他租赁设备管理模块。

该模块为系统业务的支撑模块,包括车辆基本信息维护、车船税支出管理、保险费支出管理、维修费支出管理、加油费支出管理、发票税费支出管理、代驾报酬支出管理、车型管理、租赁费用标准设置、司机信息管理。

(3)保险事故管理模块。

该模块为公司核心业务的附属业务,包括汽车保险、人身意外保险、财产保险等。

(4)违章事件管理模块。

该模块为公司业务的处理后勤模块,包括车辆报警、车辆越界、车辆超速报警等功能。

(5)车辆安全监控管理模块。

该模块为公司管理的关键模块,包括车辆监控定位、车辆跟踪、轨迹回放、车辆信息锁定、车辆行驶距离统计、行驶时间统计、停车查询等功能。

(6)财务结算管理模块。

该模块为业务决策的支持模块,包括车辆在库、预订、租赁、维修等各种状态情况统计,车辆收入统计,车辆收益统计,公司管理成本维护。

(7)门店拓展管理模块。

该模块为公司业务的主营模块,包括线下预订、线下支付、线下取车等。

(8)会员资料维护管理模块。

该模块系统的基础业务模块包括会员基本信息管理、会员消费及积分管理、会员违章信息管理、事故信息管理、会员当前订单、会员在租车辆、会员历史租赁记录管理、客户咨询记录、短信发送接收管理。

连锁经营企业要求规范统一的业务流程、规范统一的服务操作,因为 ERP 系统的存在,使得企业管理上的"以体系求规范,以系统求保证"的要求得以实现(图3-44)。

❷ 客户服务

汽车租赁企业的电子商务开展是以客户为中心的,是以全方位、交互式的客户为基础,是满足客户需求为前提。因此,通过采用 IT 技术和应用电子商务,在服务客户时,客户基本需求的手续简单快捷、使用安全放心得到满足。而且企业服务客户及与客户的沟通渠道畅通无阻,客户在各地门店都得到体贴和规范的服务。最终使客户感觉到每个接待窗口的员工都认识他,他们的一些个性化需求都事前得知(如喜欢的车型、颜色、甚至车牌、GPS 导航等)。除此之外,客户服务还可以通过网站、呼叫中心、短信平台、E-mail、门店现场等方式与客户多方的交流,使客户感觉更加体贴。

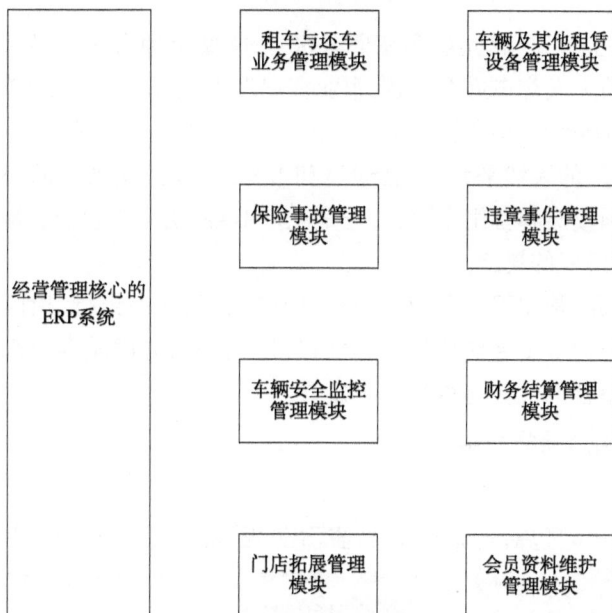

图 3-44　汽车租赁企业经营管理系统

❸ 成本控制

因为利用了 IT 技术和电子商务,管理架构可以更加扁平化,工作效率更高,从而带来成本的降低。同时资金管理上可以做到收支两条线,减少门店财务人员的配置,做到集中管理。不仅如此,总部对各门店的管理手段也得到强化、许多费用项目可以做到实时控制及事后的核查。电子单证交换比传统单证的交换节省时间和费用。最后,依靠 IT 技术和电子商务,企业对各门店资产可以做到有效管理监控,避免资产的流失和浪费。

❹ 决策支持

因为数据中心积累沉淀了大量的数据包括客户数据、供应商数据、服务商数据、合作伙伴数据、租车业务单证、各种事件单证等,使得公司可以根据现有的数据进行各种数据挖掘和分析,可以就以下方面的工作展开科学的决策。其主要包括产品的开发、服务的增加、市场的宣传、车辆的购买和配置、网点的布局、价格的制订。每个决策动作都有根据、有数据支持而不是拍脑袋、凭感觉,这样的决策令团队在执行过程中更加坚定,更容易出结果而不是执行过程中患得患失。

四 汽车租赁企业案例

(一)神州租车

1 神州租车企业基本情况分析

神州租车有限公司由联合汽车有限公司(UAA)全资投资。UAA是目前我国最大的汽车俱乐部,拥有250万名会员以及遍布全国的2万多家救援公司、汽车修理厂与4S店等签约合作伙伴。

2007年9月成立以来,神州租车在全国60余座城市拥有300多家网点,车队规模超过25000辆,服务的个人客户近百万名,企业客户近千家,出租率接近70%。

UAA的会员和神州租车的客户重合度高达70%以上,这意味着UAA汽车俱乐部本身就是神州租车推广的天然平台,而且通过和UAA的业务交叉互助,神州租车可以为用户提供24小时全国救援和备用车服务,正是凭借UAA强大的后台支持系统,神州租车可以很快地步入快速发展的轨道。

在资源整合方面,神州租车和中信银行、中国银行、光大银行、招商银行、中国国际航空公司、上海航空公司等结合成战略合作伙伴,扩大公司的优质客户来源,尤其进入经济寒冬后,这种资源整合的优势显得尤为明显。

2 神州租车网站功能介绍

(1)信息发布。

信息发布版块主要包括企业服务、特惠活动、顺风车站、公司新闻等(图3-45)。

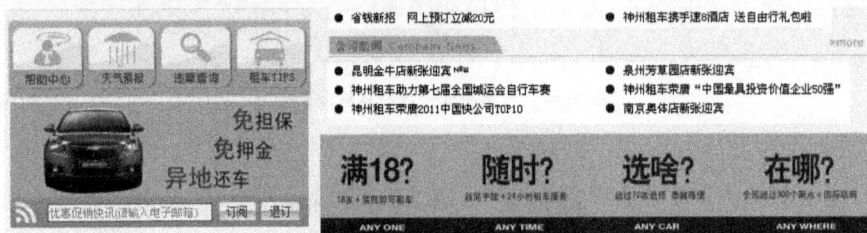

图3-45 神州租车信息发布板块

信息发布内容主要包括提供企业服务,企业相关介绍,进行网站最新内容发布,新闻、新产品,业界动态等更新信息集中发布等。

(2)产品展示。

产品展示版块主要包括车型及租金等(图3-46)。

产品展示内容主要包括各类产品实时发布,企业产品价格,简介,样图等信息展示查询,优惠信息汇总。

(3)信息检索。

信息检索版块主要包括门店查询(图3-47)。

信息检索内容主要包括提供方便、高效的查询服务。支持关键字相关信息搜索,方便快捷满足顾客需求。

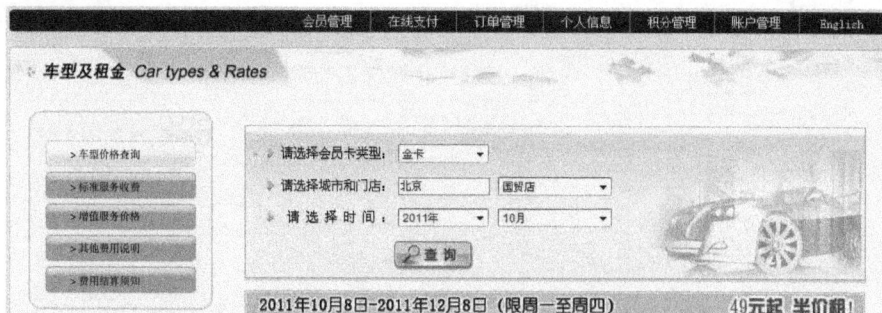

图 3-46 神州租车产品展示版块

图 3-47 神州租车信息检索版块

（4）在线交易。

在线交易内容主要包括顾客浏览商品，商品预订，查询预订，在线支付，完成交易等（图 3-48）。

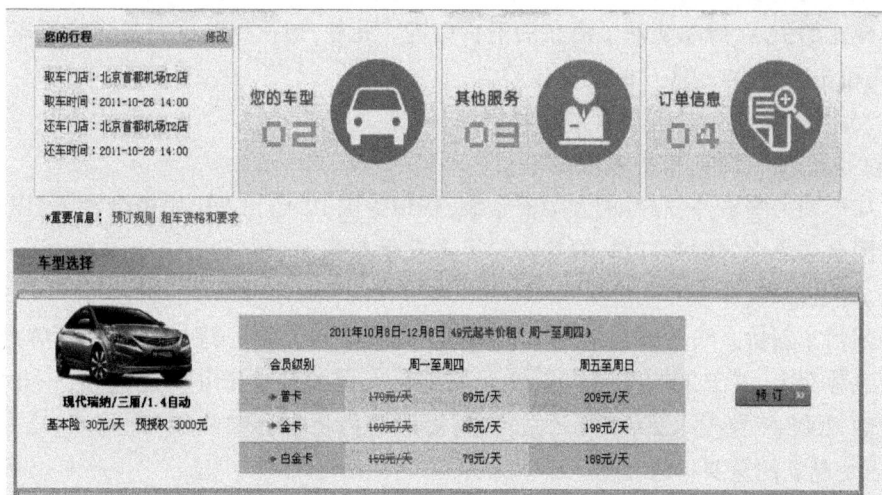

图 3-48 神州租车在线交易版块

（5）会员管理。

会员管理内容主要包括提供在线会员注册、登陆，也可进行个人账户修改管理、信息查询。

（6）帮助中心。

帮助中心内容主要包括引导新手上路，相关服务规则介绍，常见问题解答，紧急事故处理并提供天气预报提示、违章查询等服务（图 3-49）。

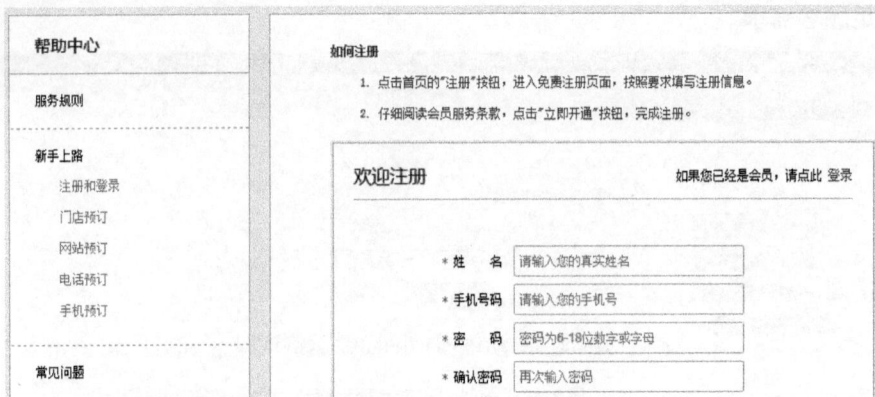

图 3-49 神州租车帮助中心板块

❸ 神州租车营销策略

(1)规模化经营。

规模化经营是神州租车的一大优势,其近年来在国家政策的扶持下,以及联想控股雄厚的资本支持,逐渐踏上了规模化征程,同时依靠其规模化经营,神州租车不但降低了运营成本,同时也降低了租赁价格,给予消费者更多的实惠空间。

(2)服务细致周到。

服务上的细致周到,是其第二大优势。由于其把两证一卡、全国连锁、异地还车等国际成熟模式的引入,成功激活了潜在的消费市场。此外,神州租车进一步降低租车服务门槛,简化租车手续,重视客户的消费体验。

(3)致力于树立行业领导者的品牌形象。

(4)制造热点事件,市场表现抢眼。

比如近期一些事件:取得最大融资金额,联想提供 12 亿元人民币资金注入;以 6 亿元抛出我国金额最大的购车订单;两轮降价风暴发起者等。

(5)商业炒作。

神州租车创始人陆正耀利用 2007 年废止"租赁车辆需要办理出租车运营牌照"之类的规定顺势而上,并于 2007 年 12 月 12 日在北京人民大会堂举办开业典礼,一开始就赚足了眼球,2008 年更投入 2000 万元做广告,短时间内将自己鼓吹成"北神州、东一嗨、南至尊"三足鼎立的重要角色之一。

(6)广告攻势。

在获得大量公关宣传的同时,发起全面的广告攻势。在消费者心中建立品牌认知,在市场中取得先入为主的优势。

(二)至尊租车

❶ 至尊租车企业基本情况分析

(1)至尊租车简介。

至尊汽车租赁股份有限公司成立于 2006 年 1 月 19 日,是国内第一家采用全新模式从事国内连锁汽车租赁业务的企业。其不同于国内传统的汽车租赁行业,而是率先引入免担保、免押金方式的至尊租车,被业内认为是"赫兹"模式的中国版本。它从成立初始就采用全国连锁模式经营,并彻底改变以往传统烦琐的租车手续,大大降低了汽车的消费门槛,为传统的租车行业注入了新的活力。

遵循快捷、专业、人性化的普及型服务消费模式,至尊租车在国内创立凭身份证、驾驶证、信用卡即可租车的"两证一卡"模式,彻底打破我国传统租车行业的壁垒。至尊租车遍布全国的汽车租赁服务网点,真正构建了一张商旅出行的无缝连接网络,即客户可以在任何城市、任一门店实现租车及还车,同时其还提供代驾与包车服务,提供高素质的司机服务。此外,至尊租车还提供全面完善的保险方案,遍及全国的门店网络及电话预订服务,先进的预订、结算系统,多款全新自动挡车辆,提供贴心完善的会员服务。

截至目前,至尊租车已在北京、上海、广州、深圳等30多个商业及旅游城市的机场、码头、车站、商业中心区及旅游景区开设了百余家租车门店。在成立不到一年的时间里,获得了来自海纳亚洲和香港麦达基金首期500万美元投资。在2007年12月,海纳亚洲和香港麦达进行了5000万美元第二次投资。至尊租车董事长何伟军表示,在未来3年,其企业直营网络覆盖面将超过200座城市,直营门店将超过2000家,自有租赁车辆将超过30000台。

(2)企业核心竞争力。

核心竞争力一为有效风控与简化手续。其主要依托于完善的有效风险控制体系后台,推行简化租车手续政策,使其短时间内迅速赢得市场。

核心竞争力二为连锁自营与树立品牌。其主要采用全国连锁直营模式,所有门店均统一设计、统一员工服装、统一车型、统一价格、统一业务流程,这样便能保证服务质量以及服务体验。除此,至尊租车还采用广泛建立门店方式服务,支持送车上门。

2 至尊租车网站功能介绍

(1)至尊租车网站框架如图3-50所示。

(2)至尊租车企业合作板块如图3-51所示。

(3)至尊租车网站后台功能。

①系统管理:可以新增管理员及修改管理员密码;数据库备份,保证数据安全;管理增加产品时上传的图片及其他文件。

②企业信息:可设置修改企业的各类信息及介绍。

③产品管理:产品类别新增修改管理,产品添加修改以及产品的审核。

④下载中心:如手机客户端下载。

⑤订单管理:查看订单的详细信息及订单处理。

⑥会员管理:查看、修改、删除会员资料,以及锁定解锁功能可在线或离线给会员发信息及邮件。

⑦新闻管理:管理各类新闻,以及公司产品优惠信息。

⑧留言管理:管理信息反馈及注册会员的留言,注册会员的留言可在线回复,未注册会员可使用在线客服功能给予交流答复。

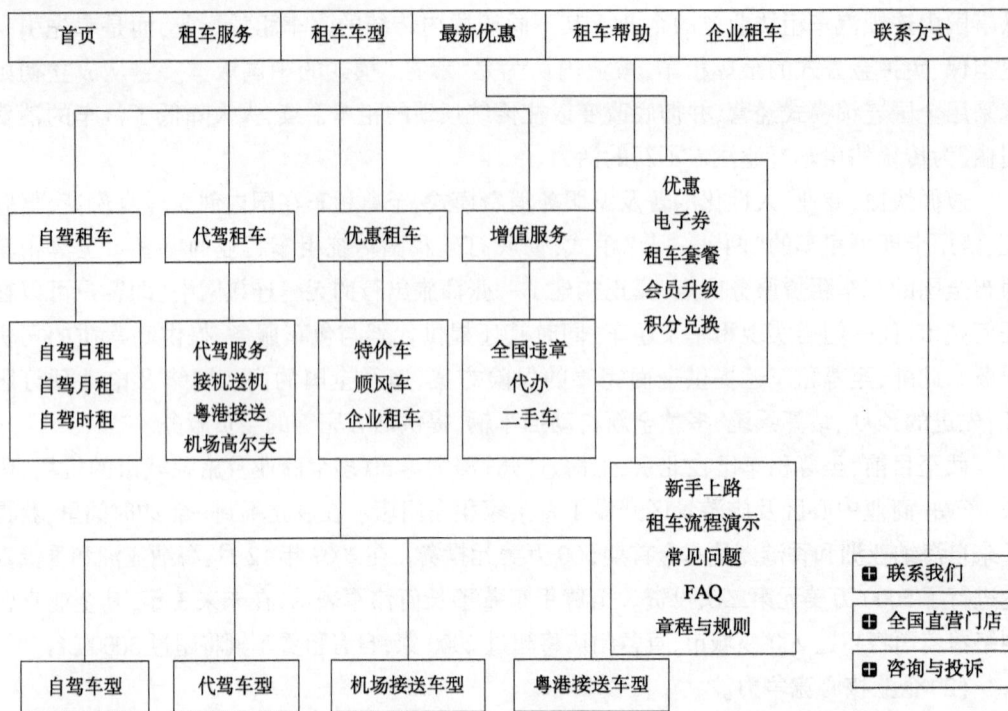

图 3-50 至尊租车网站框架

图 3-51 至尊租车企业合作板块

⑨人才管理：发布与修改招聘信息，以及人才策略栏目管理，应聘管理。

⑩荣誉管理：介绍及修改企业形象栏目的信息。

⑪营销网络:修改营销网络栏目的信息。

⑫友情链接:新增或修改友情链接。

⑬模版功能:在线编辑或修改模版。

⑭挂接数据库:在线编辑、添加数据表,编辑数据库,加添编辑文件,挂接网站等。

⑮系统日志功能:记录每一步操作,确保系统安全。

(4)至尊租车网站营销策划。

至尊租车的营销策略包括如下方面(图3-52)。

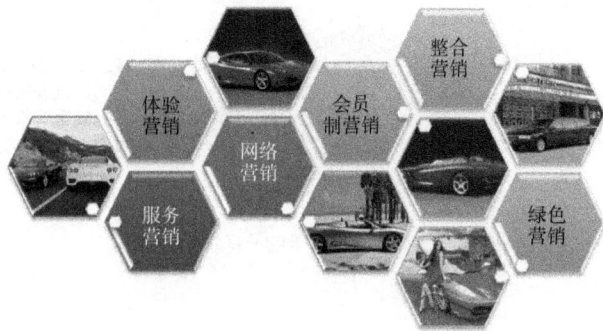

图3-52　至尊租车营销策略

①QQ群网站推广法。依靠即时通信软件发布企业的广告,以用来推广企业,增加知名度。

②搜索引擎推广法。SEO技术在网络推广中已经广泛应用,利用搜索引擎推广的方式也是必须要掌握的,而且带来的流量效果也是显而易见的。

③软文推广法。撰写一篇好的软文,发到合适的地方。

④博客推广法。撰写好的文章发到好的博客,以用来增加人气。

⑤手机网络推广法。手机网络的普及让很多的网民从电脑转移到了手机上,因此可以增加iphone和android手机客户端软件来开发新的推广平台。

⑥论坛推广法。撰写一些高质量的内容,发布在论坛上。

⑦邮件推广法。定期或者不定期的通过电子邮件给会员和网民发送适当的内容。

⑧邮件群发推广法。用专业的邮件群发软件,进行搜索目标客户潜在客户,然后精准发送邮件,当然邮件的内容要必须精准定位,符合每个客户的心理需求,批量操作。

⑨口碑推广法。做好自己网站的内容,让网民尽可能多了解资源传播网站内容和品牌。

⑩聚合链接推广法。将一些非常好的高质量的内容聚合在一起,提高访问量。

⑪分享资源推广法。在bt、电驴等资源网站中加入网站的链接广告。

⑫图片水印推广法。给自己的网站加入水印,防止图片被盗用。

⑬视频推广法。将视频的内容中加入网站广告链接进行推广。

⑭友情链接推广法。自动提交友情链接工具,批量提交。

⑮网站同盟推广法。加入网站同盟,比自己单打独斗要有更好的推广效果。

⑯免费的资源推广法。为其他的网站提供免费的资源与免费的统计服务。

③ 至尊租车企业电子商务模式

至尊租车企业电子商务模式如图 3-53 所示。

B2B 另外至尊推出"企业租车"这一新的模块，以差旅自驾、粤港接送、长期租赁、商务代驾、机场接送、企业月租、企业班车服务、单位车改、会议展览活动用、城际专车接送、以租代购、定制驻点这些服务为内容推向各个企业单位

B2C 至尊推出自驾、代驾、机场接送、粤港、接送等服务是针对个人的服务模式

图 3-53　至尊租车电子商务模式

课题 7　汽车物流电子商务

一　物流的概述

① 物流的概念

物流最直接的解释，就是指物的实体流动。20 世纪 50 年代，美国最早对物流定义为"物流是指军队运输、补给及屯驻"。再后来人们逐渐认识到物流不仅仅发生在军事后勤系统，而是普遍存在于一般的经济体系中，包括企业界、交通运输部门、城市规划中的交通运输系统等。

对物流更为全面的定义为泛指物质资料实体的物理性移动，包括场所位置的转移和时间的占用。物质资料的物理性移动存在于社会再生产的全过程，包括物质资料在生产领域里生产过程中各阶段之间的流动，以及从生产所在地经过供应所在地再向消费所在地，或从生产所在地直接向消费所在地的流动，以实现物流的空间效用和时间效用。

② 物流的基本功能

物流的基本功能从字面上理解就是物资的流通活动，但是在科技发展的现在，伴随物资流通常常是信息流通活动，两者相互关联，密不可分。

（1）物资流通活动。

物资流通活动主要包括运输基础设施活动、运输活动、保管活动、装卸活动、包装活动、流通加工活动等。

（2）信息流通活动。

信息流通活动主要包括通信基础设施活动与转达活动等。

❸ 汽车行业物流配送模式

（1）公用配送——面向所有企业。

例如由上海汽车工业（集团）总公司、日本邮船株式会社（NYK）和上海港务局合资组建的上海国际汽车物流（码头）有限公司。

（2）合同配送——通过签订合同，为一家或数家企业提供长期服务。

例如上汽集团与荷兰 TPG 集团下属的 TNT（天地）物流公司合资组建的安吉天地汽车物流有限公司。

（3）自营配送模式。

该模式是指生产企业和连锁经营企业创建，目的完全是为本企业的生产经营提供配送服务的组织模式。对于选择自营配送模式的企业，其自身物流具有一定的规模，可以满足配送中心建设发展的需要。

❹ 汽车物流管理

汽车物流管理就是对汽车物流过程中的包装、流通加工、仓储、装卸搬运、运输、配送、物流信息等活动进行计划、组织和控制，通过物流管理组织对整个物流活动进行的计划、组织和控制工作。它是通过在物流的"计划—实施—评价"过程反复进行的，内容十分广泛。

二　物流在汽车行业的应用

物流是汽车销售网络遍布全球的有力保障，在汽车行业中，物流主要分为整车物流和零部件物流，其中整车物流主要发生在汽车总厂和经销商之间，而零部件物流主要发生在供应商和汽车总厂之间（图 3-54）。

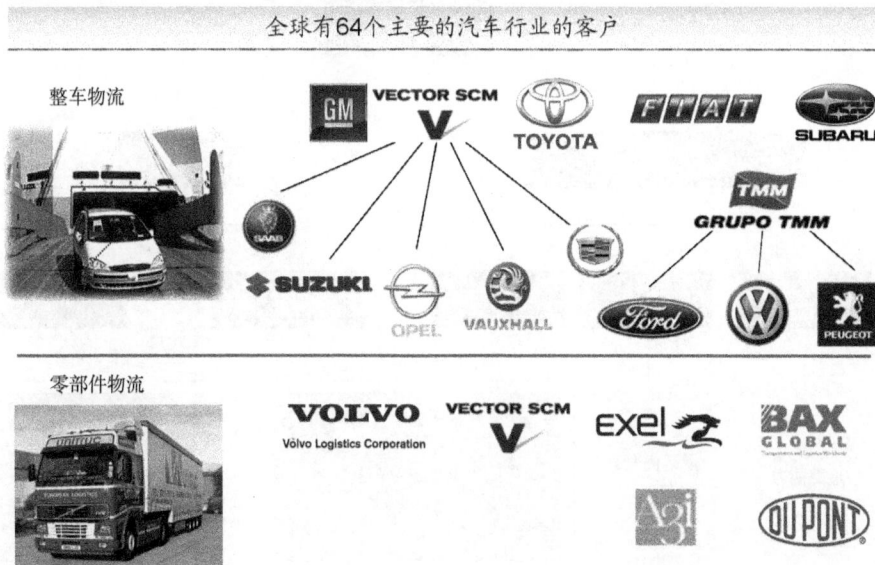

图 3-54　汽车行业主要的物流客户

其中整车物流直接关系到汽车销售网络的建设和客户的满意度,是各汽车企业关注和发展的重点,其管理目标与管理重点如图 3-55 所示。

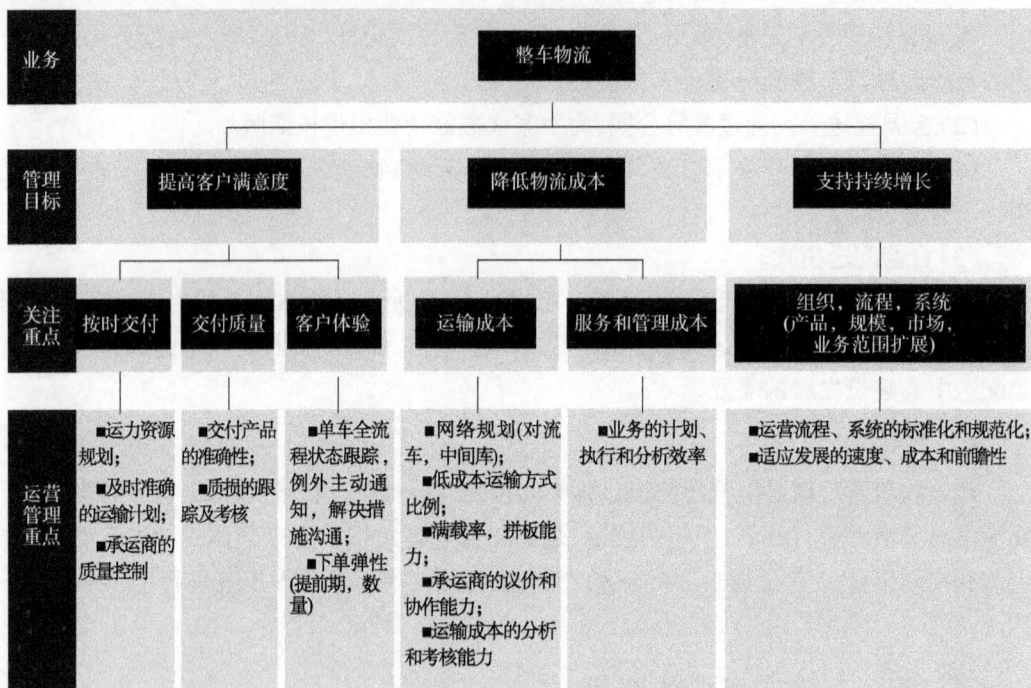

图 3-55　整车物流的管理目标和管理重点

零部件物流的业务主要发生在供应商和汽车总厂之间,其管理目标和管理重点如图 3-56 所示。

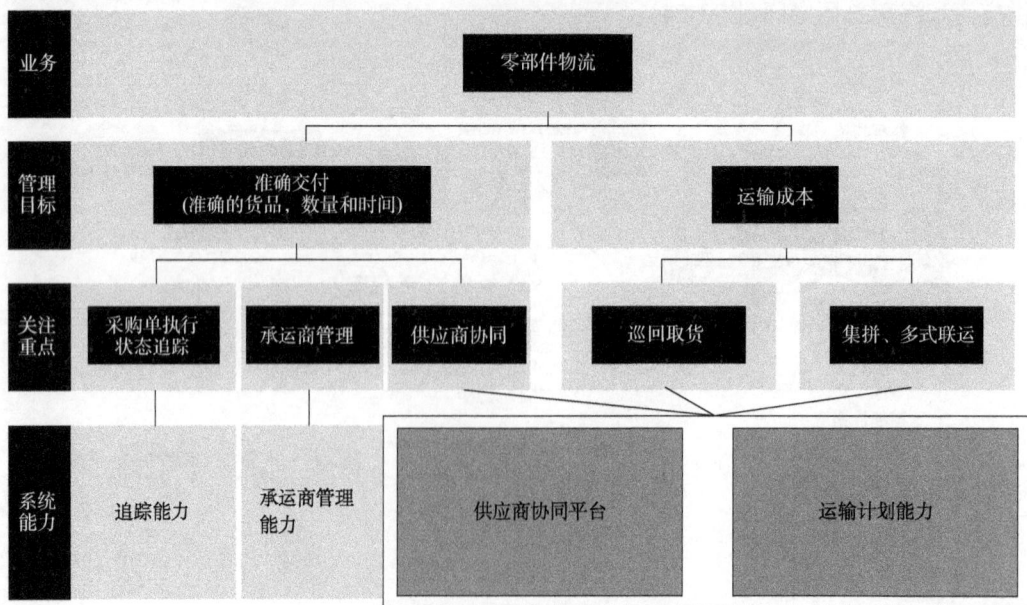

图 3-56　零部件物流的管理目标和管理重点

不同的汽车企业开展整车物流时,都根据市场特点和企业特点采取了不同的形式,比如大众公司的物流由汽车总厂主导,而丰田公司的物流部门由市场销售部门负责(图3-57)。

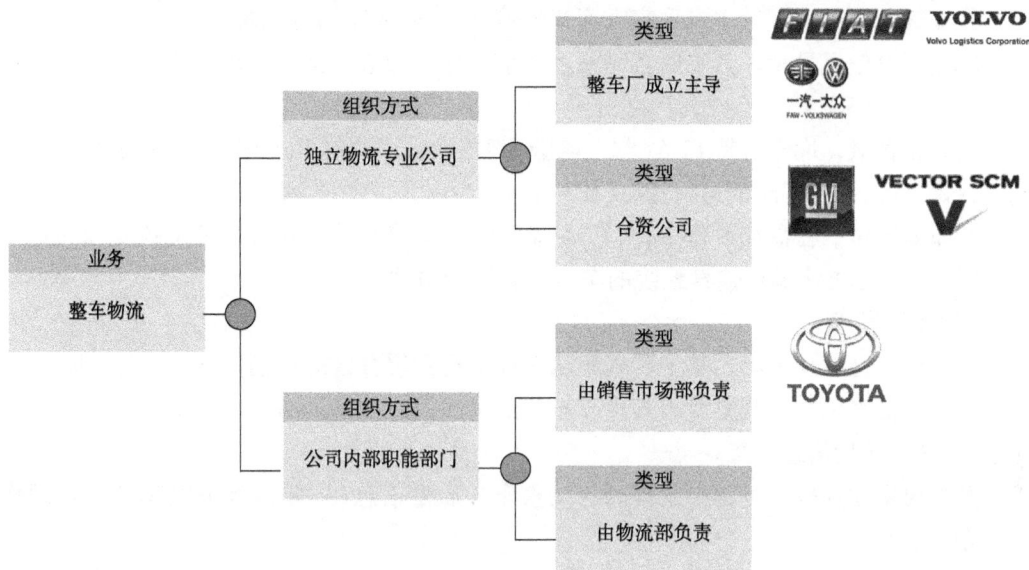

图3-57　汽车行业物流的不同模式

三　整车物流电子商务管理系统

1　整车物流电子商务管理系统的发展目标

(1)以物流一体化和第三方物流为发展方向。汽车业整车物流是信息化、现代化、社会化的物流,是采用网络化的计算机技术和现代化的硬件设备、软件系统和先进的管理手段所进行的一系列工作,是以物流系统为核心,由整车生产企业经由物流企业、销售企业,直至消费者供应链的整体化和系统化的物流一体化。

(2)以客户为中心,实现功能多元化的服务。整车物流企业应更多地考虑用户需要什么样的服务,而不仅仅考虑"我为用户提供什么服务";要彻底改变传统物流中单纯的仓储和运输功能,为用户提供专业的、多方位的服务。

(3)实现运输集装化,仓储自动化。在整车运输方面,采用铁路专用车和水运滚装船等多式联运的方式进行运输。在整车仓储方面,所有车辆采用条码管理,车辆入库和出库管理全部通过条码扫描实现。

(4)实现技术上的网络化和信息化。整车物流应实现网络化,改变过去下订单、仓库核对出库单、然后发货的做法。整车物流体系还应有良好的信息处理和传输系统,建立相应的物流决策支持系统及数据库。在物流管理系统信息化的基础上,根据库存模型、预测模型等管理决策模型,采用运筹学、人工智能等技术,解决物流优化问题。

2　管理系统功能模块

1)总厂库物流管理。

(1)入库处理。

①整车下线出总装车间信息采集。其主要采集汽车驳运员和车辆的关联记录。

②入库信息采集。其主要采集入库门时的车辆信息。

③车辆入库处理。其主要采集入库车辆信息,解除人车绑定记录。

④空车位信息显示。其主要实时显示当前车库中相应车型的空车车位信息。

(2)库存管理。

①日常存盘。库管员持PDA(掌上电脑)扫描库区车辆的VIN码,根据一定时期内车辆出入库情况,对在库车辆进行盘存,比对数量。

②车辆定位。在盘存过程中,当PDA显示的车位信息与车辆所处车位的实际信息不一致时,通过PDA终端对信息系统的车位信息进行修改。

(3)出库管理。

①入缓存区信息采集。其主要采集从车库驳运到缓存区的车辆信息。

②出库信息采集。其主要采集出库车辆经过库门时的车辆信息。

(4)PDI质量信息采集。

其主要采集在驳运过程中发现的有关整车的质量信息(主要是有关整车外伤等硬伤的质量信息)。

2)中转库物流。

中转库物流管理模块与总厂库管理模块基本相同。唯一的区别在于中转库入库过程中,不进行相关驳运人员与车辆的信息绑定。

(1)入中转库处理。

①入库信息采集。其主要采集入中转库的车辆信息。

②空车位信息显示。其主要实时显示当前中转车库中相应车型的空车车位信息。

(2)库存管理。

①日常存盘。其主要扫描库区车辆的VIN码,根据一定时期内车辆出入库情况,对在库车辆进行盘存,比对数量。

②车辆定位。在盘存过程中,当PDA显示的车位信息与车辆所处车位的实际信息不一致时,通过PDA终端对信息系统的车位信息进行修改。

(3)出库管理。

①入缓存区信息采集。其主要采集从车库驳运到缓存区的车辆信息。

②出库信息采集。其主要采集出库车辆经过库门时的信息。

(4)PDI质量信息采集。

其主要采集在驳运过程中发现的有关整车的质量信息(主要是有关整车外伤等硬伤的质量信息)。

3)第三方物流管理。

第三方物流管理模块主要是针对汽车经销商。汽车经销商的物流环节功能模块功能相对单一,主要目的是采集汽车物流环节的终端信息,标识整车运输环节的结束。

(1)入汽车经销商处理。

入汽车经销商信息采集主要采集入经销商处的车辆信息。

（2）PDI 质量信息采集。

其主要采集在驳运过程中发现的有关整车的质量信息（主要是有关整车外伤等硬伤的质量信息）。

（3）车辆状态跟踪管理。

运输管理模块的主要功能是显示车辆在运输过程中的动态位置信息。通过将大板车与其所运输车辆之间的关联，利用 GPS 的定位功能，便可以间接查询到每一辆在途车辆的位置信息。

①进入物流节点信息采集。采集进入物流节点时，大板车（第三方物流企业的运输车辆）及其所运输的整车（汽车制造厂商的成品新车）的标签信息。相关业务处理完后，解除大板车与所运输车辆的关联。

②离开物流节点信息采集。相关业务处理完后，将大板车及其所运输的整车标签信息进行绑定。

③实时定位。在大板车上安装 GPS 接收机和卫星天线，通过监测站和通信辅助系统，对大板车及其所运输的车辆进行实时跟踪定位。

整车物流管理系统工作流程如图 3-58 所示。

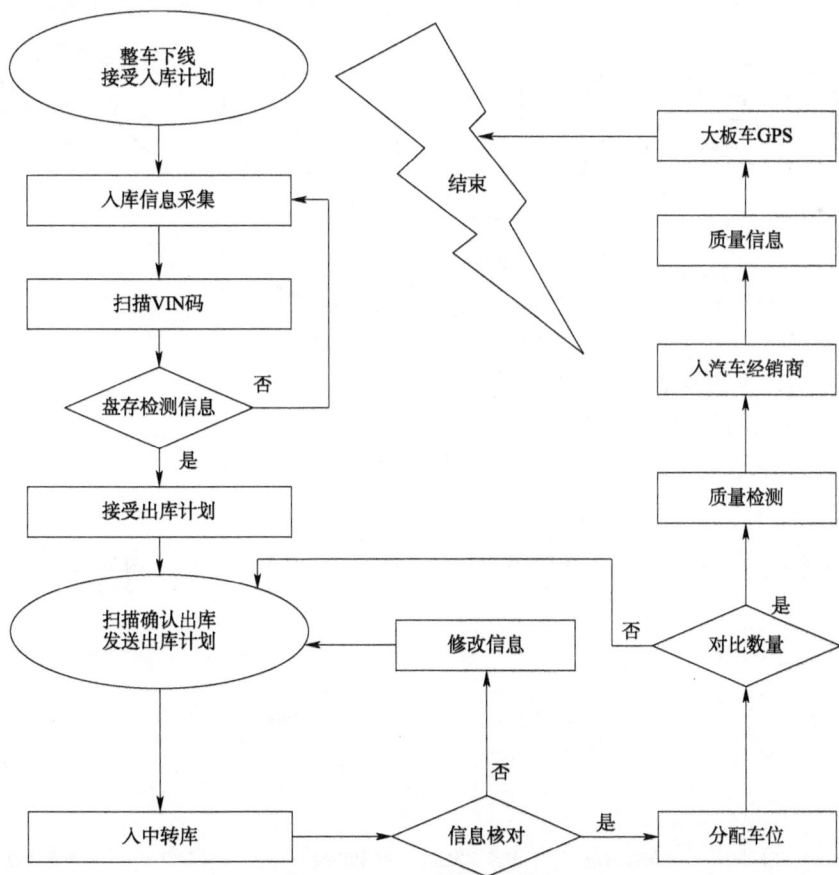

图 3-58 整车物流管理系统工作流程

3 通用汽车电子商务案例

（1）通用汽车物流电子商务项目的概况。

2000年12月，通用汽车决定与门罗物流共同投资60亿美元成立 Vector SCM 公司，作为主办物流服务商，处理全部通用汽车公司的外包物流业务，成为原先为通用汽车直接服务的所有物流服务商的主要接触网点。

Vector SCM 是一家建立在非物理资产之上的第四方物流公司，管理着全球最大的供应链之一。Vector SCM 通过物流控制中心 LCC（Logistics Control Center）来管理通用汽车的整个物流运输网络（图3-59）。

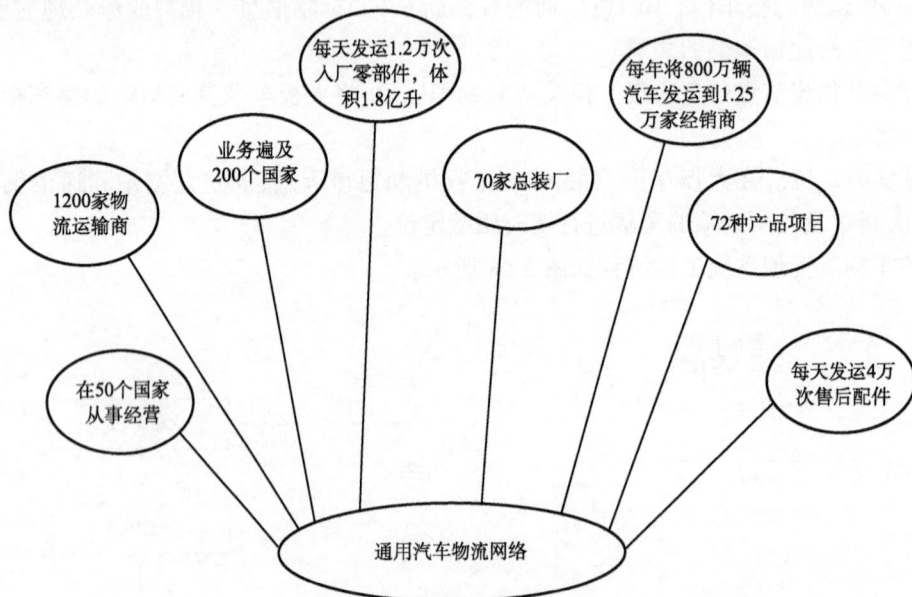

图 3-59 通用汽车物流网络

（2）通用汽车物流电子商务的管理目标。

①采用最新的技术，提高供应链的透明度，即时获取数据。

②减少车辆运输时间，提高车辆运输时间的可靠性（图3-60）。

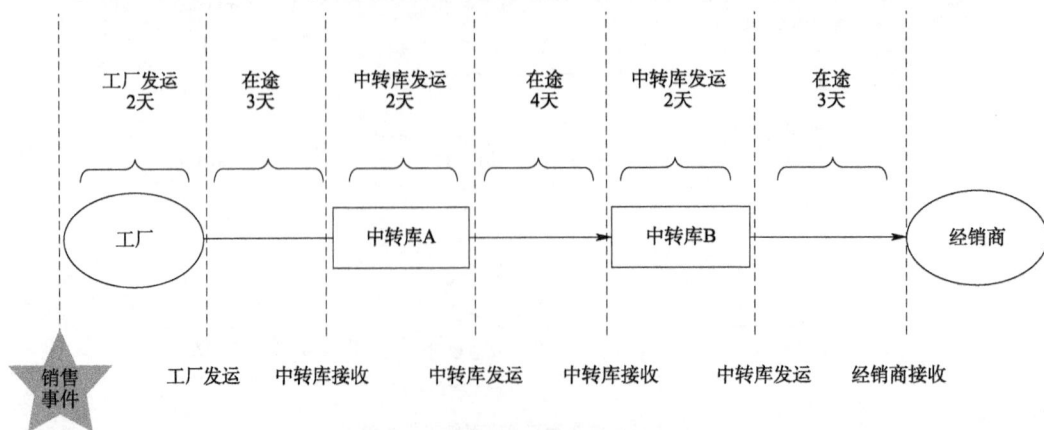

图 3-60 通用汽车物流精确的时间控制

③提高对在欧洲市场在途运输的车辆的可见度,实现例外事件的管理。

④通过消除不必要的车辆运输来降低成本。

⑤将运输商与通用汽车的供应链计划、智能系统集成,建立一个唯一的车辆物流数据库,从一个统一集中的视角来查看车辆的可获得性,提高对交货承诺和订单承诺的能力。

⑥为运输供应链上的各方生成一致的、准确的 KPI 指标。

⑦提高可扩展性,支持各种车辆运输方式(公路、铁路、海路、各种联运等)。

⑧IT 平台能够进行集中运费管理和控制。

单元小结

汽车电子商务的运用绝不是仅限于汽车销售企业,它贯穿于汽车生产制造、设计研发、销售管理、售后服务、保险租赁等各个环节,通过本单元学习能够使学生对相关内容形成全面的了解,包括了解汽车整车及零配件制造企业电子商务的运用情况,掌握电商环境下汽车营销的手段,了解汽车售后服务中电子商务的运用,了解汽车配件在电商环境下的营销和管理,知道汽车保险及租赁行业的电子商务运用情况,了解汽车整车及零配件物流行业电子商务运用情况,学生通过本单元的学习,能够形成一个系统的思维,提升学习高度,便于明确发展方向和学习目标。

思考与练习

(一)填空题

1. 企业存在的九种浪费包括:(1)_____;(2)_____;(3)_____;(4)_____;(5)_____;(6)_____;(7)_____;(8)_____;(9)_____。

2. 汽车企业电子商务贯穿于企业的_____、_____、_____、_____等各个环节,_____、_____、_____在企业内部以及企业之间有序流动。

3. 汽车电子商务是涵盖汽车产业链全过程的电子化技术的运用,也就是说从_____、_____、_____到_____、_____以及_____,各个环节充分运用以互联网为核心的现代信息技术,从达到提高经营和经济效益,改善客户服务的目的。

4. 4s 是指集_____(sale)、_____(sparepart)、_____(service)以及_____(survey)四位一体的汽车销售模式。

5. 汽配电商要做大做强,必须要解决_____、_____、_____这三个问题。

(二)判断题

1. 高库存仅与生产、采购等环节密切相关,对销售环节没有太大影响。　　　　(　　)

2. 汽车的更新换代是时代的必然趋势,所以创新的设计和开发是企业生存和发展的根本需要。　　　　　　　　　　(　　)

3. 虽然汽车品牌和汽车型号种类繁多,但是汽车售后服务方式方法基本相同,服务质

量能够保证。 （　　）

4. 机动车辆第三者责任险,是承保被保险人或其允许的合格驾驶人员在使用被保险车辆时,因发生意外事故而导致的第三者的损害索赔危险的一种保险。 （　　）

5. 整车物流是信息化、现代化、社会化的物流,是采用网络化的计算机技术和现代化的硬件设备、软件系统和先进的管理手段所进行的一系列工作。 （　　）

(三)课外拓展题

试着尽量详细地制作一个自己关注的车型广告,在自己的朋友圈、QQ 好友动态、微博或者相关网站上进行发布。

单元四　电商环境下的客户服务和管理

学习目标

完成本单元学习后,你应能:

1. 掌握汽车行业电商环境下客户服务的知识和技能;
2. 了解电商环境下的客户管理内容;
3. 了解电商环境下的客户开发手段;
4. 了解客户管理系统的结构和应用。

建议课时

12课时。

课题 1　电子商务客服

一　电子商务客服概述

① 电子商务客服的定义

电子商务客服是承载着客户投诉、订单业务受理(新增、补单、调换货、撤单等),通过各种沟通渠道获取并参与客户调查,与客户直接联系的一线业务受理人员。作为承上启下的信息传递者,客服还肩负着及时将客户的建议传递给其他部门的重任。如来自客户对于产品的建议、线上下单操作的修改反馈等。

② 电子商务客服的分类

按形式包括在线客服与语音客服两种。独立的 B2C 公司一般都不设立在线客服,C2C 购物市场主要以在线客服为主。

按业务职能包括售前客服与售后客服两种。

③ 岗位职责

电子商务客服的岗位职责包括解决客人的疑问(关于商品、快递、售后、价格、网站活动、支付方式等疑问)、处理交易中的纠纷、售后服务以及订单出现异常或者无货等情况时与客户进行沟通协调。

电子商务客服需要了解客户的实际需求包括：

(1)哪些是明示需求;(2)哪些是暗示需求;(3)客户是否满意;(4)客户的期望值(服务是否超过客户的期望);(5)客户的期望改进方面(如何提升个性服务,下一步的服务可做哪些改进)。

❹ 客服的意义

(1)塑造公司形象。

对于一个电商公司而言,客户看到的商品都是一张张的图片和文字描述,既看不到商家本人,也看不到产品本身,无法了解各种实际情况,因此往往会产生距离感和怀疑感。这个时候,客服就显得尤为重要。客户通过与客服的交流,可以逐步地了解商家的服务和态度,让公司在客户心目中逐步树立起良好的店铺形象。

(2)提高成交率。

通过客服良好的引导与服务,客户可以更加顺利地完成订单,进而提高订单的成交率。

(3)提高客户回头率。

当买家在客服的良好服务下,完成一次满意的交易后,买家不仅了解了卖家的服务态度,也对卖家的商品、物流等有了切身的体会。当买家需要再次购买同样商品的时候,就会倾向于选择他所熟悉和了解的卖家,从而提高了客户再次购买的概率。

(4)更好的用户体验。

电商客服可以成为用户在网上购物过程中的"医生",当用户线上购物出现疑惑和问题的时候,客服会给予用户更好的整体体验。

二　电商客服的能力要求

(1)客服基本要求。

熟悉电脑,用于快速录入,需要对电脑有基本的认识,会使用 WORD 和 EXCEL,会发送电子邮件,会管理电子文件,熟悉上网搜索和资料搜寻。

(2)品格要求。

诚信。作为商家在强调诚信的同时,作为客服,也应该秉持诚信的工作态度,诚信待客,诚实工作,诚实对待失误和不足。

耐心。在网上在线服务客户,需要客服有足够的耐心。有些客户喜欢问得比较多、比较具体,也是因为客户有疑虑或者比较细心,这个时候,客服需要耐心的解释,打消客户的疑虑,满足客户的需要。

细心。面对店铺中少则百种、多则千种的商品,每天面对不同的客户,处理多份订单,就需要客服非常细心地去对待。

同理心。同理心就是把自己当作客户,设身处地地体会客户的处境和需要,给客户提供更合适的商品和服务。

自控力。自控力就是控制好自己的情绪。

三　电商客服的知识储备

❶ 商品专业知识

(1)商品的专业知识。

客服应当对商品的种类、材质、尺寸、用途、注意事项等商品的专业知识进行了解,最好还应当了解行业的有关知识、商品的使用方法、洗涤方法、修理方法等。作为汽车电子商务的客服,要求则更高,因为汽车相比一般的商品,有更高的价值和更先进的科技,并且与提高人们生活品质息息相关,所以需要客服具备更加专业和更加丰富的知识。

(2)商品的周边知识。

不同的商品可能会适合不同的人群。比如有的人喜欢旅行,那么他可能更加适合城市越野车,有的人经常商务接待,他可能更加关注车辆的舒适性和豪华感;比如化妆品,不同的皮肤性质在选择化妆品上会有很大的差别;比如内衣,不同的年龄、生活习惯以及不同的需要,则适合于不同的内衣款式;比如玩具,有些玩具不适合太小的婴儿。这些情况都需要有基本的了解,对同类的其他商品也要有基本的了解,这样,客服在回复客户关于不同商品的差异的时候,可以更好地回复和解答。

❷ 网站交易规则知识

(1)淘宝等电商平台的交易规则。客服应该把自己放在一个商家的角度来了解电商平台的交易规则,来更好地把握自己的交易尺度。有的时候,客户可能第一次在电商平台上交易,不知道该如何进行,这个时候,客服除了要指点客户去查看平台的交易规则,有些细节上还需要一点点地指导客户操作。此外,客服还要学会查看交易详情,了解如何付款、修改价格、关闭交易、申请退款等。

(2)支付宝等第三方支付平台的流程和规则。了解支付宝等平台交易的原则和时间规则,可以指导客户通过平台完成交易、查看平台交易的状况、更改现在的交易状况等。

❸ 物流及付款知识

(1)如何付款。

现在网上交易一般通过支付宝和银行付款方式交易。银行付款一般建议同银行转账,可以网上银行付款、柜台汇款。当告知客户汇款方式的时候,应详细说明是哪种银行卡、银行卡的号码、户主的姓名。客服应该建议客户尽量采用支付宝付款方式完成交易,如果客户因为各种原因拒绝使用支付宝交易,客服需要判断客户确实是不方便还是有其他的考虑。如果客户有其他的考虑,应该尽可能打消客户的顾虑,促成支付宝交易;如果客户确实不方便,我们应该向客户了解他所熟悉的银行,然后提供给相应准确的银行账户,并提醒客户付款后及时通知。

(2)物流业务、快递业务。

首先,需要了解不同物流方式的运作方式。主要包括:邮寄,邮寄分为平邮(国内普通包裹)、快邮(国内快递包裹)、EMS、国际邮包(包括空运、空运陆路、水路);快递,快递分为航空快递包裹和路运快递包裹;货运,货运分汽运和铁路运输。

其次,需要了解不同物流方式的价格。其中包括如何计价、价格的还价余地等;了解不同物流方式的速度;了解不同物流方式的联系方式,在手边准备一份各个物流公司的电话,同时了解如何查询各个物流方式的网点情况;了解不同物流方式办理查询的方法;了解不同物流方式地址更改、状态查询、保价、问题件退回、代收货款、索赔的处理流程等。

最后,需要掌握常用的网址和信息。主要包括快递公司联系方式、邮政编码、邮费查询、汇款方式、批发方式等。

四 客服沟通技巧

1 树立端正的态度

(1)微笑是对客户最好的欢迎,是生命的一种呈现,也是工作成功的保证。所以当迎接客户时,哪怕只是一声轻轻的问候也要送上一个真诚的微笑,虽然说网上与客户交流是看不见对方的,但言语之间是可以感受到你的诚意。

(2)保持积极态度,树立客户永远是对的理念,打造优质的售后服务,树立客户永远是对的理念,当售出的商品,有问题的时候,不管是客户的错还是快递公司的问题,都应该及时解决,而不是去回避、去推脱,要积极主动与客户进行沟通。

(3)礼貌对客、多说谢谢。礼貌对客,让客户真正感受到上帝般的尊重。客户进门先来一句"欢迎光临,请多多关照"或者"欢迎光临,请问有什么可以帮忙吗"。诚心致意,会让人有一种亲切感。

(4)坚守诚信。网络购物虽然方便快捷,但唯一的缺陷就是看不到、摸不着。客户面对网上商品难免会有疑虑和戒心,所以对客户必须要用一颗诚挚的心,像对待朋友一样对待。

(5)凡事留有余地再与客户交流,不要用"肯定"、"保证"、"绝对"等字样,但这不等于售出的产品是次品,也不表示对买家不负责任的行为,而是不让客户有失望的感觉。因为每个人在购买商品的时候都会有一种期望,如果保证不了客户的期望,那么期望最后就会变成客户的失望。如果用"尽量"、"努力"、"争取"等,效果会更好。多给客户一点真诚,也给自己留有一点余地。

(6)处处为客户着想,用诚心打动客户。让客户满意,重要的一点体现在真正为客户着想,处处为客户着想,让客户满意。处处站在对方的立场,想客户所想,把自己变成一个买家助手。在网络购物不同的是客户还要另外多付一份邮费,卖家就要尽量为对方争取到最低运费。客户在购买时,可以帮助客户所购的商品化整为零,建议客户多样化采购,以便节省运费。

(7)多虚心请教、多听听客户声音。当客户上门的时候,并不能马上判断客户来意与所需求物品的信息。所以需要先问清楚客户的意图,需要具体什么样的商品,是送人还是自用,是送给什么样的人等。了解清楚客户的情况,才能仔细对客户定位,了解客户属于哪一类消费者。

（8）要有足够的耐心与热情。客服常常会遇到一些客户,喜欢打破砂锅问到底的。这时候耐心热情的细心回复,会给客户信任感。有些客户及时所有问题问完了,也不一定会立刻购买,但我们不能表现出不耐烦。就算不买也要说声"欢迎下次光临"。如果你服务好,这次交易不成功,但下次他有可能还会回头找你购买的。

（9）做个专业卖家,给客户准确的推荐。因为不是所有的客户对产品都是了解和熟悉的。当有的客户对产品不了解的时候,在咨询过程中,客服就要了解自己产品的专业知识,这样才可以更好地为客户解答。同时,还需要帮助客户找到适合的产品,不能客户一问三不知,这样会让客户感觉没有信任感,从而降低商品交易的成功率。

（10）坦诚介绍商品优点与缺点。我们在介绍商品的时候,必须要针对产品本身的特点。虽然商品缺点本来是应该尽量避免触及,但如果因此而造成事后客户抱怨,反而会失去信用,得到差评也就在所难免了。所以,在卖这类商品时首先要坦诚地让客户了解商品的缺点,努力让客户知道商品的其他优点,先说缺点再说优点,这样会更容易被客户接受。

❷ 活用通信软件

（1）通信软件沟通的语气和通信软件表情的活用。当在通信软件上和客户对话时,应该尽量使用活泼生动的语气,不要让客户感觉到你在怠慢他。虽然很多客户会认为是客服太忙而没有及时回复自己,但是客户心理还是觉得被疏忽了。这个时候如果实在很忙,不妨客气地告诉客户"对不起,我现在比较忙,我可能会回复得慢一点,请理解",这样,客户就会理解你并且体谅你。同时在交流中,尽量使用完整客气的句子来表达,比如当要告诉客户没有降价活动时,应该尽量避免直截了当地说"不降价",而是礼貌而客气的表达这个意思:"对不起,我们店商品没有降价活动"。可以的话,还可以稍微解释一下原因。如果我们遇到没有合适的语言来回复客户留言的时候,与其用"呵呵""哈哈"等语气词,不妨使用一下通信软件的表情。

（2）掌握通信软件使用技巧。比如可以通过设置快速回复来提前把常用的句子保存起来,这样在忙乱的时候可以快速地回复客户。比如欢迎词、"请稍等"等,可以节约大量的时间。在日常回复中,发现哪些问题是客户问的比较多的,也可以把回答内容保存起来,这样可以达到事半功倍的效果。通过通信软件的状态设置,可以给店铺做宣传,比如在状态设置中写一些优惠措施、节假日提醒、推荐商品等。如果暂时不在座位上,可以设置"自动回复",不至于让客户觉得自己好像没人搭理。也可以在自动回复中加上一些自己的话语,都能起到不同的效果。

五　汽车电商客服语音接待服务礼仪

❶ 语音接待服务概述

汽车销售服务工作过程中,许多工作上的沟通,与客户之间的联系都是通过电话进行的,在电话中,客服和客户都无法看到对方,只能从对方的声音、谈话速度及谈话内容来了解对方的状况。一般情况通电话的内容可能留住客户,也能流失客户,因此,拨打电话和

图4-1 语音接待礼仪规范

接听电话都是销售客服职责的重要部分，也是最困难的沟通方式。要时刻铭记自己的每一句话都代表销售顾问在客户心中的形象，代表公司的形象，还代表汽车品牌的形象，电话应答时应该保持良好的状态，尽可能给对方好感(图4-1)。

汽车电商客服在接听电话时，要在声音中融入笑容。通话的客户虽然看不到客服本人，但是一定会注意客服的声音。客服的态度应该是礼貌的；声音是适中的、清晰的、柔和的；注意力是集中的。

为了更好地完成客户的语音接待礼仪服务，客服需要掌握的基本的电话礼仪如下：

(1)声音明快，音量适中，语调热情、亲切、诚恳，语气平和，态度不亢不卑，语速适中，尽量配合对方的语速；

(2)打电话时身体坐直，调整呼吸，声音顺畅，不可趴在桌上；

(3)通话中保持微笑、不吃零食、不吸烟、不喝茶、不嚼口香糖；

(4)通话内容言简意赅，口齿清晰，表达完整；

(5)对于解决不了、自己不清楚的问题，不要简单地回答不知道，需要向客户说明，并表示自己稍后会给客户答复；

(6)当通话中有客户来店时，原则上以来店客户为主，向通话对方说明情况，征得同意后挂断电话，如果遇到重要电话不能挂断时，需向来店的客户说明情况，请他稍候，然后继续通话；

(7)通话结束后需确认对方已挂断电话后再挂机，要轻放话筒。

2 接听来电的步骤

汽车电商客服常用的接听来电的8个基本步骤及主要表达方式如表4-1所示。

汽车电商客服接听来电的8个步骤　　　　表4-1

接听电话步骤	主要表达方式
(1)铃声响起时接听电话。 ●铃声响起一声后，在三声内接听电话； ●准备好纸笔在手边	
(2)报上公司名称、客服姓名及职务。 ●清楚且有礼貌地表达	●您好，这里是某某某公司，某某客服。
(3)确认客户的身份。 ●如果有需要，请客户重复姓名； ●如果客户未表明身份，则询问客户	●请问您是某某某先生/小姐吗？ ●抱歉，请问您怎么称呼？
(4)与对方简短地问候。 ●使用寒暄用语	●早上好/下午好！ ●您的车辆使用得还好吗？

续上表

接听电话步骤	主要表达方式
(5)询问对方来电目的，并记下来电要点。 • 确认来电要点； • 注意倾听技巧	• 好的。 • 我记下了，您继续说
(6)重复要点(内容)。 • 确定正确无误； • 确定客户要找的人； • 重复名字(注意尊称)及部门，并将电话转给当事人	• 对不起，您方便再重复一次吗？ • 您是要找某某某部门的？请稍候，我现在就帮您转接。 • 您好，现在再确认一下您刚才说的要求好吗？
(7)挂断前，再次彼此问候。 • 衷心问候； • 将电话转接给别人； • 按保留键； • 转接电话时应注意礼貌态度	• 谢谢您的来电！ • 如果您还有什么疑问，请您随时来电！ • 您请稍候。 • 有位先生找您
(8)挂断电话。 • 确定客户先挂断电话，然后再挂电话(挂电话时轻放话筒)	

❸ 拨打电话的步骤

汽车电商客服常用的拨打电话的 8 个基本步骤及主要表达方式如表 4-2 所示。

汽车电商客服拨打电话的 8 个步骤　　　　　　　　　　表 4-2

拨打电话步骤	主要表达方式
(1)准备资料。 • 准备好有关资料、记录本、笔等； • 安排好说话的内容和顺序； • 外界的杂音或私语不能传入电话内	
(2)报上公司的名称和客服的姓名、职务。 • 清楚且有礼貌的表达	• 您好，这里是 4S 店，我是销售顾问
(3)问候对方。 • 音量适度，不要过高，态度真诚	• 早上好！ • 下午好！
(4)确认电话对象。 • 确认对方身份； • 适当的请求方式，注意尊称； • 简洁的表达方式； • 如果与要找的人接通电话后，应重新问候对方	• 请问在吗？ • 麻烦您请帮忙找某某某。 • 请问您是某某某吗？ • 您好，请问您现在方便谈话吗？ • 方便耽误您几分钟的时间吗？

续上表

拨打电话步骤	主要表达方式
(5)说明来电目的。 ● 说明来电的事项,使用清楚简洁的表达; ● 在讨论到重点时应格外有礼; ● 当你要找的人不在,需要稍候再拨时,礼貌地表达; ● 当你要留言时,礼貌地询问并请对方转达; ● 当你希望对方给你回电话时,礼貌地询问; ● 如果对方暂时没有时间时,礼貌地询问闲暇时间; ● 其他服务	● 您好,我今天给您来电是为了… ● 您看这样行不行? ● 谢谢您,我稍后再拨。 ● 请问您方便帮我留言给某某某吗? ● 您方便回电吗? ● 我可以在线等吗? ● 您好,请问您大概什么时候有时间,谢谢
(6)确定对方指导你所谈的事项。 ● 表达要让对方容易理解; ● 讲完后确认对方是否明白你的意思	● 不知道您是否已经了解了我的意思? ● 我刚才说的,您能接受吗? ● 您看您还有什么问题需要我们来解决?
(7)挂断前,再次问候客户。 ● 结束时向对方表明诚意的道谢; ● 用简单的语言对你给客户的打扰表示歉意	● 很抱歉,占用了您几分钟的时间。 ● 非常感谢您,某某某先生/小姐,如果您有任何疑问,欢迎随时致电与我们联络。 ● 祝您工作愉快!
(8)挂断电话。 ● 确定客户先挂断电话,然后再挂电话(挂电话时轻放话筒)	

❹ 代为留言的技巧

当某位客服代接电话时,客户需要找的人不在或抽不开身,那么就需要详细记录下客户完整的信息,确保无误的转交给同事。代为留言的技巧如表4-3所示。

代为留言的技巧   表4-3

代为留言与转交的技巧		主要注意事项或表达方式
(1)运用"5W2H"的方式记录下客户交代的所有详细要点	● 尽量记录下完整的信息	● 详细询问并记录客户的名字、公司的名称、电话号码、来电内容以及来电时间
	● 记得重复信息,以确认内容无误	● 现在确认一下您的留言,…您看还有什么问题吗?
(2)告诉留言对象该怎么做	● 告诉客户代接客服的名字	● 好的,我了解了。我是某某某客服,感谢您的来电
	● 即便客户未留言,仍然要告诉客户要找的人有人来电找他	● 我接到某某某先生/小姐的电话找您,不过他没有留言
	● 确定信息已经转交到留言对象的手上	● 您有看到我之前给您的留言吗?

六 其他电子商务通信礼仪

❶ 商务信函

向客户发送商务信函时,主题要明确,内容简洁明了,措辞得当,语言流畅,避免语法错误和错别字;邮寄时使用规范信封进行邮寄,信封尽量手写,表示尊重。

❷ 电子邮件

向客户发送电子邮件时,邮件内容健康,不要滥发电子邮件;主题要明确,内容清晰完整、文字通顺;邮件落款一定要有品牌及公司名称;邮件发送后应立即通过电话或短信通知对方查收;对于收到的邮件应及时地回复。

❸ 短信礼仪

短信应力求简洁,表达清晰完整,语言通畅;短信落款一定要注明短信发送人的名称和公司名称;短信内容要健康;重要短信注明请对方回复字样。

❹ 传真

传真要用专线,尽量不用分机,提供给别人的传真号码真实、准确;有专人管理或设置成自动接收状态;如为自动接收,等待铃音不要过长,以三声为宜;公司应设置固定传真格式,要有问候语和结束语;注意传真的保密性;收到传真后应及时地通知对方。

📖 **知识拓展**

电商客服管理制度

(1)上班时间:白班8:30-17:00,晚班16:30-24:00。每周单休,休息时间由主管轮流安排,晚班客服下班时间原则上以24点为准,如还有客户在咨询,接待客服工作自动延长。白班客服下班前要和晚班客服做好工作交接,晚班客服下班前填写好交接事项。

(2)客服部每周例会,讨论常见问题以及解决方案,每天由各组主管组织例会,调动员工激情,确定当天目标。

(3)每周一下午13:50召开例会,每位客服都需要汇报自己上周的工作,以及接下来需要修改的地方。

(4)在工作中要记录。空闲的时候可以记录自己的客户成交率,查找没成交的原因。

(5)客服必须了解会员制度及公司所有产品的属性,例如汽车的配置、卖点、适合人群等。

(6)接待好每一位咨询的客户,使用文明用语,礼貌待客,不得使用不文明用语,不得对客户不耐烦、不尊重,不得影响公司形象,如果一个自然月内因服务原因收到买家投诉,第一次罚款50元,第二次翻倍,第三次自动离职。

（7）每成交一位会员，都要到该笔交易订单里面备注自己的姓名，客户的姓名、电话、地址、邮箱等资料，如因自己失误，少得提成自己承担损失，如果客户有特殊要求的，或有任何建议，都要备注，并及时解决。

（8）如遇客户介绍客户，必须填写好应填写的资料，还需填写客户转介表。

（9）上班时间不得迟到、早退，有事离岗需向主管请示，并填写好外出申请单，如需请假，事先联系部门经理，并填写好请假申请单，部门经理签字才可生效。

（10）上班时间不得做与工作无关的事情，不得看电视小说，不得玩游戏，不得听音乐，工作时只能挂与工作必虚的聊天软件，如被发现与客户之外的人聊天，一经发现，每次罚款20元。

（11）上班时间，不许穿拖鞋夹板，不许穿着过于暴露的服装。

（12）没客户咨询时，多查看公司网页或电商平台，了解公司产品及制度，发现问题及时上报。

（13）保持桌面整洁，保持办公场所卫生，每天上班前要清洁办公区域，轮流值日。

（14）每位客服必须准备一个工作备忘本，在工作过程中，遇到任何问题都应及时记录，并及时解决。

（15）严格恪守公司秘密，不得将上司及同事的联系方式随意透露给他人，违者重罚100元。

（16）所有罚款存入部门基金箱，作为部门活动经费。

课题 2 电商环境下的客户关系管理

一 客户关系管理概念的产生

最早发展客户关系管理的国家是美国，在1980年初便有"接触管理"（Contact Management）的概念，即专门收集客户与公司联系的所有信息；1985年，巴巴拉·本德·杰克逊提出关系营销的概念，使人们对市场营销理论的研究又迈上了一个新的台阶；接下来在1990年，关系营销又演变成包括电话服务中心支持资料分析的客户关怀。

1999年，Gartner Group Inc公司提出了客户关系管理（Customer Relationship Management，CRM）的概念。Gartner Group 在早些提出的 ERP 概念中，强调对供应链进行整体管理。而客户作为供应链中的一环，为什么要针对它单独提出一个 CRM 概念呢？原因之一在于，在企业资源计划系统（Enterprise Resource Planning，ERP）的实际应用中人们发现，由于 ERP 系统本身功能方面的局限性，也由于 IT 技术发展阶段的局限性，ERP 系统并没有很好地实现对供应链下游（客户端）的管理，针对客户的多样性，ERP 并没有给出有效的解决办法。另一方面，到20世纪90年代末期，互联网的应用越来越普及，CTI、客户信息处理技术（如数据仓库、商业智能、知识发现等技术）得到了长足的发展。结合新经济的需求和新技术的发展,Gartner Group Inc 提出了 CRM 概念。从 20 世纪 90 年代末期开始,CRM 市场一直处于一种爆炸性增长的状态。

二　客户关系管理的概念

我们先通过三个案例来了解客户关系管理的实际表现。

案例一:一位男士,在下班回家路上,走进一家附近的杂货店,拿起一瓶酱油,看了看说明及价格,然后放了回去,三分钟后他又回到那家杂货店,再拿起那瓶酱油看了又看。这时如果你是杂货店的老板,你会怎么做? 这家商店的老板通常会走向那位先生然后告诉他,"张先生,您太太平常买的就是这种酱油,它含有较丰富的豆类成分,味道更香。另外您太太是我们的老客户,消费可以用记账月结,而且都打 9.5 折。您太太上次买酱油大概也有一个月了,应该差不多用完了,您只要签个名,就可以顺道带回去了,您太太一定会非常高兴。"

案例二:在你为你母亲的生日订购鲜花之后,花店会于次年,你母亲生日来临之前提醒你这个重要的日子,并送上祝福。

案例三:经过了一次旅行,旅行社会记得你喜欢靠窗的座位和备有有线电视的旅馆房间等,并记录你的旅游喜好,定期向你推荐行程。

这样的商家会给你怎样的体验和感觉? 你愿意继续在这里消费吗?

从这三个故事中可以看出,其实客户关系管理早就不知不觉地被人们所实践。只是一个具有一定规模的企业还能像那个杂货店老板那样记住每一个客户的详细信息,并采用相应的服务策略吗? 如果一个企业也想拥有像杂货店老板那样良好的客户关系,那么客户关系管理对这个企业无疑会有很大的帮助。

CRM 就是客户关系管理。从字义上看,是指企业用 CRM 的思想来管理企业与客户之间的关系。CRM 是选择和管理有价值客户及其关系的一种商业策略,CRM 要求以客户为中心的商业哲学和企业文化来支持有效的市场营销与服务流程。如果企业拥有正确的领导、策略和企业文化,CRM 应用将为企业实现有效的客户关系管理。

CRM 的实施目标就是通过对企业业务流程的全面管理来降低企业成本,通过提供更快速和周到的优质服务来吸引和保持更多的客户。作为一种新型管理机制,CRM 极大地改善了企业与客户之间的关系,实施于企业的市场营销、服务与技术支持等与客户相关的领域。

综上,CRM 有三层含义:是企业管理的指导思想和理念;是创新的企业管理模式和运营机制;是企业管理中信息技术、软硬件系统集成的管理方法和应用解决方案的总和。

其核心思想为客户是企业的一项重要资产,客户关怀是 CRM 的中心,客户关怀的目的是与所选客户建立长期和有效的业务关系,在与客户的每一个"接触点"上都更加接近客户、了解客户,最大限度地增加利润和利润占有率。

CRM 的核心是客户价值的管理,它将客户价值分为既成价值、潜在价值和模型价值,通过一对一营销原则,满足不同价值客户的个性化需求,提高客户忠诚度和保有率,实现客户价值的持续贡献,从而全面提升企业的盈利能力。

三 客户关系管理在实践中的误区

① 把 CRM 的实施简单地看成是一个软件的引入

CRM 首先是个管理理念,同时 CRM 又是一种旨在改善企业与客户之间关系的需求,保证客户实现的终生价值。CRM 的实施是一项复杂的系统工程,需要各个企业根据具体情况,采用适合于各自的实施方法和实施步骤。

② 将呼叫中心等同于 CRM

很多厂商认为呼叫中心就是 CRM,认为依靠建立呼叫中心采集客户信息,进行客户关怀和回访,就是 CRM 了,这其实是一个很大的误解。呼叫中心的核心作用在于降低成本与提高效率,而 CRM 的核心作用在于客户细分和客户价值定位。

③ 在 CRM 管理上试图建立统一的客户战略

对于不同的产品线、不同的销售区域和不同实力的经销商,其客户视图和客户流程是有差异的,因此客户战略也是差异的。因此汽车厂商不应该在通过 CRM 系统推广统一的流程、服务流程和客户信息视图时,不考虑差异化的因素并预留个性化定制的空间。

四 客户关系管理在汽车行业的应用

综观国内汽车行业的 CRM,可以将其应用分为四个层次,每个层次又因为不同的角色分为多种特色的实践,即使是同一层次同一角色也会因为具体的企业环境和管理因素而体现出不同的 CRM 需求。

① 基于呼叫中心的客户服务

基于热线、销售咨询和品牌关怀等方面的动机,大部分汽车厂商与部分有实力的经销商都建立了呼叫中心系统作为客户服务中心的热线。

在这一层次上,CRM 更多的还是被动式的服务和对主动关怀的尝试,价值体现在节约成本与提高客户低层次的满意度上。

该层次应用的典型代表包括上海大众、一汽大众、神龙汽车、福田汽车、江铃汽车等。

② 客户信息管理与流程管理

客户信息管理的重点对于整车厂商、经销商和零部件商是不同的,对于汽车行业的客户信息档案的采集分析,在三个不同角色的体现也是不同的。整车厂商更多的是已购车的客户信息管理;经销商更多的是潜在客户和有意向客户的信息管理;零部件商更多关注的是维系与管理维修客户的信息。因此客户信息管理对于整个汽车行业价值链而言并非一个简单的事情。

流程管理主要分为销售流程管理、服务流程管理和关怀流程管理。在一个客户购买与使用一辆车的整个过程,要经历整车厂商、经销商和维修服务商多个流程,这些流程的标准化和规范化如何去体现,又是整个汽车行业价值链的一个关键问题。

在这一层次上,很多整车厂商通过 ERP 系统和 DMS(经销商管理系统)来进行部分客户信息管理和交易流程的管理,但也有部分整车厂商部署了专业的 CRM 系统来管理客户信息,同时部分厂商的经销商体系也建立了 CRM 系统,比较整体地管理客户的信息。不仅如此,零部件厂商也开始关注客户信息和 CRM 管理流程,意图通过 CRM 战略实现客户导向的任务。

该层次应用的典型代表包括:以上海通用、一汽大众、神龙汽车、东风襄樊旅行车等为代表的整车厂商;以上海通用经销商、一汽大众经销商等为代表的经销商;以东风朝柴、东风康明斯发动机、江淮等为代表的零部件厂商。

❸ 客户细分与客户价值、客户满意度与忠诚度

这一层次只有在第二层次完善和积累的基础上才有可能进行,因为如果没有详细的客户信息和过程信息,那么对客户的细分和对细分之后的客户价值的定位是不可能完成的。基于积累的真实有效的客户相关数据进行建模分析,细分客户群,并分辨客户细分群的不同价值,从而实现客户的差异化对待。

当竞争激烈的时候,客户满意度是吸引客户并持续消费的一个重要因素。而当前的二手置换等服务使客户的转移成本降低,因此客户满意度与忠诚度将成为以客户为导向的汽车行业最关注的问题。

在这一层次,因为国内企业部署 CRM 的时间还比较短,所以只有像 2000 年就部署了 Siebel 系统的上海通用,在积累了多年的客户数据后,才能够开始部分分析和预测工作。

该层次应用的典型代表包括:上海通用、上海大众等。

❹ 企业价值链协同体系

在汽车行业的客户生命周期中,要经历汽车制造、新车经销、汽车维护、二手车置换、汽车贷款、汽车保险、装潢装饰、汽油消耗、汽车维修、备品备件、汽车租赁等多项服务。而这些服务又是由整个汽车价值链中的不同角色来分别承担的,如何有效地管理整个客户的生命周期,就意味着整个汽车行业的价值链内的相关企业要建立企业价值链协同体系,有效地共享资源和管理资源。

整车厂商关注销售收入和收益,但是他们没有与客户直接接触的渠道,客户信息是他们迫切需要的。经销商在共享销售信息上就会体现出两种态度:一种为他们乐于接受整车厂商通过其网站和其他媒介得到的销售线索和潜在客户信息,另一种为他们不愿共享他们收集到的潜在客户信息。由于客户生命周期涉及潜在客户、销售、服务、置换、汽车金融等多个价值链的环节,因此企业价值链协同的关键为信息共享的级别和权限。

五　客户关系管理对策研究

汽车客户服务需要实行全方位覆盖客户购买要求的发展战略,客户有什么样的要求,汽车厂商就供给什么样的产品,提供什么样的服务。同时,汽车厂商还需要做到不断挖掘客户的需求,不断了解客户的满意度,并努力超越他们的期望。

基于此,对于客户关系管理的关键对策为确保 CRM 在汽车服务行业的实施过程中,以客户为中心,并将 CRM 贯穿于整个实施过程中。

（1）完善客户资料信息，深度挖掘客户信息。组织专门人员来集中管理客户信息，保证客户关系管理的正常运作。

（2）要充分考虑客户信息的收集问题，利用在服务过程中收集到的各种潜在客户与现有客户的有效信息，建立一个客户资料库以及客户价值评估体系。

（3）在 CRM 系统拥有大量潜在与现有客户信息的基础上，对其进行分析，使决策者掌握的信息更全面，从而做出相关的服务决策。

（4）CRM 的实施要与客户建立一个统一的交流渠道，要让客户通过互联网或者企业建立起来的呼叫中心，与企业服务人员以及企业进行交流，而且确保这种交流是连贯的、方便客户的、有效的。

（5）让汽车服务企业各个部门的员工都能共享客户信息，让服务人员掌握第一手的客户信息，同时保证各个服务部门和 CRM 功能模块之间数据的连贯性。

（6）设立一个高效的 CRM 项目小组，负责监督整个项目的实施过程，并控制 CRM 的实施进度，并与企业员工进行定期沟通，定期向领导汇报 CRM 的实施情况。

（7）强化与 ERP 功能的集成。将 CRM 与 ERP 在财务、制造、库存、分销等方面的信息连接起来，从而提供一个闭环的客户互动循环。

课题 3　电商环境下的客户开发

什么是客户开发呢？我们先通过一个伟大的汽车推销员的案例来学习。

假设你接到这样一个任务，在一家超市推销一瓶红酒，时间是一天，你认为自己有能力做到吗？你可能会说："小菜一碟。"那么，再给你一个推销汽车的新任务，要求一天一辆的效率，你做得到吗？你也许会说："那就不一定了。"

如果是连续多年都是每天卖出一辆汽车呢？你肯定会说："不可能，没人做得到。"可是，世界上就有人能做得到，这个人在 15 年的汽车推销生涯中，总共卖出了 13001 辆汽车，平均每天销售 6 辆，而且全部是以一对一的形式销售给个人的。他也因此创造了吉尼斯汽车销售的世界纪录，同时获得了"世界上最伟大推销员"的称号，这个人就是乔·吉拉德先生。

那么乔·吉拉德的销售秘诀是什么呢？我们来看其中关于客户开发的几条。

（1）名片满天飞：向每一个人推销。

每一个人都使用名片，但乔的做法与众不同：他到处递送名片，在餐馆就餐付账时，他要把名片夹在账单中；在运动场上，他把名片大把地抛向空中；在打公用电话时，他把名片留在电话机上。你可能对这种做法感到奇怪。但乔认为，这种做法帮他做成了一笔笔生意。

乔认为，每一位推销员都应设法让更多的人知道他是干什么的，销售的是什么产品。这样，当他们需要他的产品时，就会想到他。乔抛散名片是一件非同寻常的事，人们不会忘记这种事。

当人们买汽车时，自然会想起那个抛散名片的推销员，想起名片上的名字—乔·吉拉德。同时,客户开发的要点还在于,有人就有客户,如果你让他们知道你在哪里,你卖的是什么,你就有可能得到更多生意的机会。

(2)建立客户档案:更多地了解客户。

乔说:"不论你推销的是什么东西,最有效的办法就是让客户相信你喜欢他、关心他。"如果客户对你抱有好感,你成交的希望就增加了。要使客户相信你喜欢他、关心他,那你就必须了解客户,搜集客户的各种有关资料。

乔中肯地指出:"如果你想要把东西卖给某人,你就应该尽自己的力量去收集他与你的生意有关的情报。如果你每天肯花一点时间来了解自己的客户,做好准备,铺平道路,那么,不论你推销的是什么东西,你都不愁没有自己的客户。"

刚开始工作时,乔将搜集到的客户资料写在纸上,塞进抽屉里。后来,有几次因为缺乏整理而忘记追踪某一位潜在客户,他开始意识到自己动手建立客户档案的重要性。他去文具店买了日记本和一个小小的卡片档案夹,把原来写在纸片上的资料全部做成记录,建立起了他的客户档案。乔认为,推销员应该像一台机器,具有录音机和电脑的功能,在和客户交往过程中,将客户所说的有用情况都记录下来,从中把握一些有用的材料。乔说:"在建立自己的卡片档案时,你要记下有关客户和潜在客户的所有资料,包括他们的孩子、嗜好、学历、职务、成就、旅行过的地方、年龄、文化背景及其他任何与他们有关的事情,这些都是有用的推销情报。所有这些资料都可以帮助你接近客户,使你能够有效地跟客户讨论问题,谈论他们自己感兴趣的话题,有了这些材料,你就会知道他们喜欢什么,不喜欢什么,你可以让他们高谈阔论,兴高采烈,手舞足蹈。只要你有办法使客户心情舒畅,他们就不会让你大失所望。"

(3)猎犬计划:让客户帮助你寻找客户。

乔认为,干推销这一行,需要别人的帮助。乔的很多生意都是由"猎犬"(那些会让别人到他那里买东西的客户)帮助的结果。乔的一句名言就是"买过我汽车的客户都会帮我推销"。

在生意成交之后,乔总是把一叠名片和猎犬计划的说明书交给客户。说明书告诉客户,如果他介绍别人来买车,成交之后,每辆车他会得到25美元的酬劳。

几天之后,乔会寄给客户感谢卡和一叠名片,并且至少每年客户都会收到乔的一封附有猎犬计划的信件,提醒他乔的承诺仍然有效。如果乔发现客户是一位领导人物,其他人会听他的话,那么,乔会更加努力促成交易并设法让其成为"猎犬"。实施猎犬计划的关键是守信用——一定要付给客户25美元。乔的原则是:宁可错付50个人,也不要漏掉一个该付的人。

1976年,猎犬计划为乔带来了150笔生意,约占总交易额的三分之一。乔付出了1400美元的猎犬费用,收获了75000美元的销售额。

从上面的故事可以看出,在竞争激烈的市场中,能否通过有效的方法获取客户资源往往是企业成败的关键。况且客户越来越明白如何满足自己的需要和维系自己的利益,并且其也是很难轻易获得与保持的。因此加强客户开发管理对企业的发展至关重要。

一 客户开发与管理概述

❶ 客户开发的定义

客户开发工作是销售工作的第一步,通常来讲是业务人员通过市场调查初步了解市场和客户情况,对有实力和有意向的客户进行重点沟通,最终完成目标区域的客户开发计划。但以上只是一个企业客户开发工作的冰山一角,要成功做好企业的客户开发工作,企业需要从企业自身资源情况出发,了解竞争对手在客户方面的一些做法,制订适合企业的客户开发战略,再落实到销售一线人员客户开发执行。这是一个系统工程。

❷ 客户开发的前提

客户开发的前提是确定目标市场,研究目标客户,从而制订客户开发市场营销策略。营销人员的首要任务是开发准客户,通过多种方法寻找潜在客户并对潜在客户进行资格鉴定,使企业的营销活动有明确的目标与方向,使潜在客户成为现实客户。

❸ 汽车企业可持续竞争的优势

在越来越激烈的市场竞争环境下,对于汽车电子商务企业来说,必须具备三个方面优势才能保持自身的竞争力:产品好、服务好、客户关系好(图4-2)。

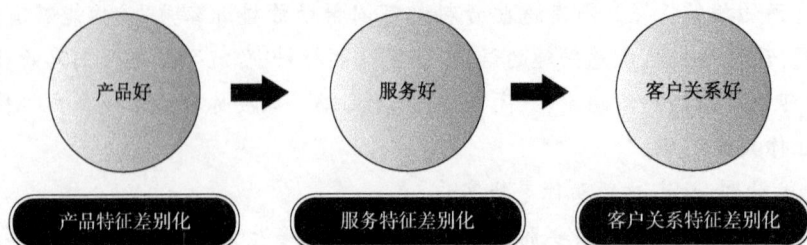

图4-2 汽车电子商务企业可持续竞争的优势

❹ 客户开发与管理的漏斗原理

针对客户开发与管理的过程,可以比作一个漏斗来分析(图4-3)。

根据漏斗原理,企业客户开发与管理所要做的就是扩大漏斗的上端:提高品牌知名度,扩大宣传,增加展厅客流量,提高留档客户的质量与数量。让漏斗变扁:积极缩短成交时间;扩大漏斗下端:争取更多的客户成交。

二 客户的分类

❶ 客户的购买周期

要对客户进行分类,先要从客户的角度分析客户的购买周期,以及心理的变化,然后才能准确判断客户处于哪个心理阶段,并根据客户对车辆需求的急迫程度进行分类。

客户在各个购买阶段的转变过程可以归纳为四个阶段。先产生注意,然后通过查阅产品资料、与经销商电话交流、分析产品带来的益处而产生兴趣,再通过销售顾问的产品介绍、试乘试驾而产生购买愿望,最后通过协商完成购买行为(图4-4)。

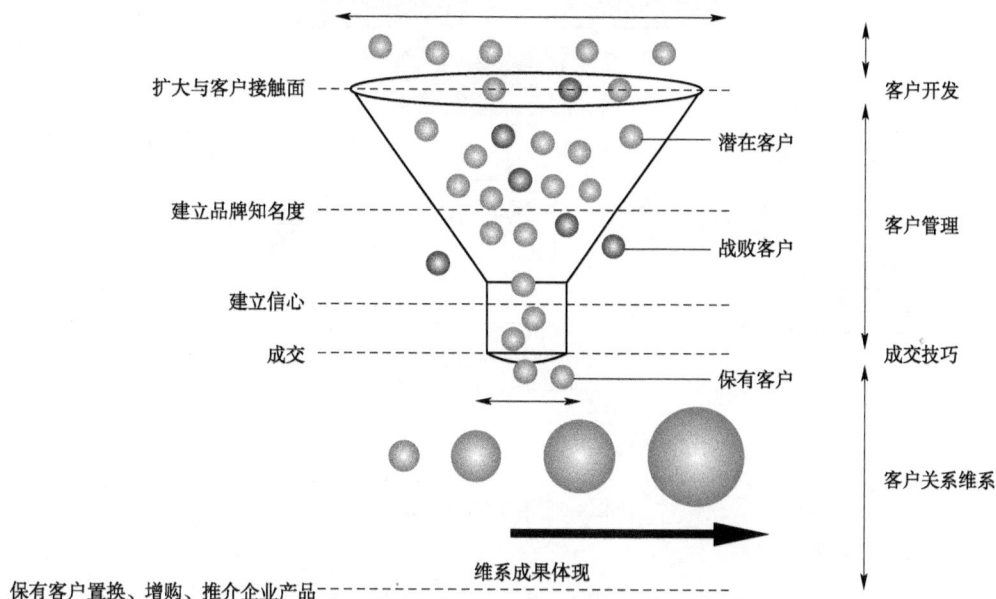

图4-3　客户开发与管理的漏斗原理

图4-4　客户的购买周期

2 客户的分类及定义

在不同的购买阶段可以将客户分类为潜在客户、保有客户、战败客户。

潜在客户指的是有联系信息且存在购车意向的客户。

保有客户指的是通过汽车经销服务企业达成成功销售的客户,这里可以包括本企业自销的保有客户与本品牌他销的保有客户。

战败客户指的是留下购车信息,并进行过一定程度的沟通之后,没有购买本品牌汽车产品,转而购买其他品牌汽车产品的客户。

对于潜在客户的来源有很多种,如图4-5所示。

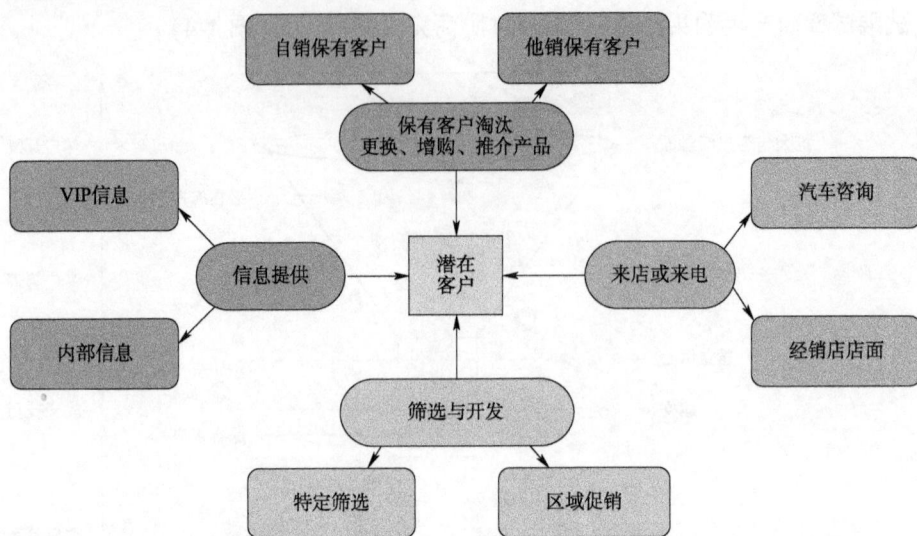

图 4-5　潜在客户的来源

❸ 客户分级

构成销售包含三个要素:信心、需求、购买力。三个要素同时具备时,才能完成销售。根据三个要素可以进行潜在客户的分级:

(1)H 级潜在客户:信心 + 需求 + 购买力;

(2)A 级潜在客户:信心 + 需求 + 购买力;

(3)B 级潜在客户:需求 + 购买力;

(4)C 级潜在客户:信心 + 购买力;

(5)O 级潜在客户:订单客户。

其中,H 级和 A 级客户是根据计划购买的时间进行分类,其中 H 级的潜在客户希望更快地拥有汽车产品。除这五个级别的客户以外,具有购买能力、准备购买但尚未接触企业所经营的品牌的客户都是潜在客户。

三　潜在客户开发流程

通过制订潜在客户开发的有效流程,可以提高客户开发的程序性和时效性,客户开发的流程图如图 4-6 所示。

对所销售的汽车产品的熟知,是一切销售计划的开始,然后对所有客户进行有效的分类,再根据不同的客户制订不同的销售计划。

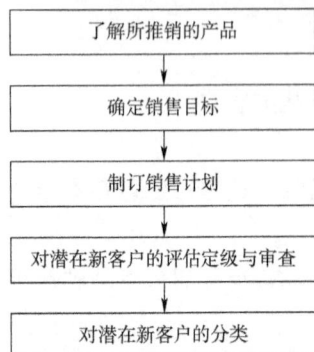

```
了解所推销的产品
    ↓
确定销售目标
    ↓
制订销售计划
    ↓
对潜在新客户的评估定级与审查
    ↓
对潜在新客户的分类
```

图 4-6　潜在客户的开发流程

四　保有客户的管理

❶ 新客户与保有客户的对比

开发新客户和维系保有客户的成本差异有多少?有调查证明,维系保有客户的成本是开发新客户成本的 1/6(表 4-4)。

新客户与保有客户的对比　　　　　　　　　　表4-4

比 较 项 目	新　客　户	保 有 客 户
好意度	不确定	高
忠诚度	低	高
信用度	待确定	已确定
信任度	低	高
劳务量	高	低
成交时间	长	短
销售利益	少	多

❷ 保有客户维系管理的目的和意义

保有客户的良好管理,能够为企业和个人创造利润。保有客户的维系管理,能够在客户身上产生化学连锁反应:保有客户会告诉身边的人自己的购买体验,宣传销售顾问和汽车电子商务企业;保有客户也存在车辆的更换需求,也是潜在客户的一部分;保有客户会来店进行维修、美容等业务,为汽车电子商务企业继续创造利润。

保有客户的管理要求建立完整的客户信息,以便后续有效追踪;要求有系统、有重点、有次序地追踪客户;要求适时地给客户提供信息和帮助;要求在合适的时机与客户保持联系;要求避免遗忘对重要客户的追踪。

❸ 保有客户管理原则

保有客户是公司财产而非销售顾问的个人财产,因此要将销售顾问个人资源转换为经销商的资源;保有客户的资料要经常更新、定期盘点,确保资料的正确性;保有客户的维系是有周期性的,不同阶段要有不同的维系方式,主要是以客户关怀和客户提醒为目的。

❹ 保有客户的维系回访

对保有客户的维系,主要是根据收集的客户信息,在特定的时间对客户进行回访(表4-5)。

保有客户的回访　　　　　　　　　　　　表4-5

类　　型	回 访 内 容
即时回访	●祝贺购买汽车产品,在客户最高兴的时刻予以回访,增近经销店与客户之间关系; ●对购买汽车产品的客户致谢,建立经销商与客户之间的感情联络
7天后回访	●对购买汽车产品的客户致谢,增强经销商与客户之间的感情联络; ●及时了解客户在最初使用阶段,对汽车产品的反馈信息; ●宣传售后服务,进行首保提醒; ●请求车主推荐亲朋好友购买
1个月后回访	●了解汽车产品的使用情况; ●宣传售后服务、进行首保提醒; ●请求车主推荐亲朋好友购买

类　型	回访内容
每 3 个月定期回访	• 了解汽车产品的使用情况； • 提醒车主 5000～7500km 免费维护及定期维护问题； • 协助解决车主在使用汽车产品中存在的问题； • 推荐精品装饰、零配件等
购车后前两年期间的每年定期回访	• 了解汽车产品的使用情况； • 请求车主续保，提醒车主年检事宜； • 协助解决车主在使用汽车产品中存在的问题； • 推荐精品装饰、零配件等； • 请求车主推荐亲朋好友购买
购车两年后的每年定期回访	• 了解汽车产品的使用情况； • 请求车主续保，提醒车主年检事宜； • 协助解决车主在使用汽车产品中存在的问题； • 引导车主换购车型； • 推荐精品装饰、零配件等； • 请求车主推荐亲朋好友购买

五　电商环境下的客户开发手段

寻求客户是一个营销和推广的过程，关键点是找到能够提供客户有价值信息的一些渠道和平台。其主要开发的途径与方法如下。

❶ 网络平台开发客户

(1)建立企业网站。

一个专业的企业网站代表着一个独立自信的企业形象。买家一般会首选网络搜索作为搜寻他们感兴趣产品的首要途径。其通过浏览企业的站点，了解供应商企业规模的大小、产品质量的优劣，以及做出是否下单采购的最初判断。所以网站的内容要务实明确、重点突出、层次分明、井井有条、易被访客理解。网站的内容要包括产品介绍和企业介绍。产品介绍最好有照片、规格、编号、产品标准，越细越好，同时要附上联系方式。

(2)依靠 B2B、B2C 网站。

通过注册 B2B 或 B2C 的网站，每天定时更新内容，等待客户的浏览，进而挖掘其成为的潜在客户。

(3)依靠企业黄页。

通过寻找一些企业黄页，来寻找相关企业的网址与邮箱，然后向其发送推广信来开发新的客户。

(4)依靠搜索引擎。

通过搜索引擎，按不同的国家和产品来搜索。搜索引擎可以采用像百度、Google、Yahoo 等。

（5）依靠行业论坛寻找客户。

每个行业都有自己的一些论坛，客户开发可以通过浏览论坛内容、与活跃用户交流来开发新的客户。

（6）在门户网站上做广告。

企业可以在一些门户网站上做广告，实力比较大的企业可以放在其比较显眼的位置，这样可以让客户更容易发现，这就是所谓的"软"营销。个性化消费需求使消费者在心理上要求自己成为主动方，而网络的互动特权又使之成为可能。虽然客户不欢迎不请自来的广告，但也会在某种个性化需求的驱动下，到网上寻找相关的信息、广告，此时企业只需静静地等待。这种广告的投放对象不仅仅是其他企业或单位，也可以是个人，涉及的范围比较广。

❷ 实体环境渠道

（1）在工作中积累。

留意向你咨询过的人、自己联系过的客户，还要留意自己的工作伙伴商人朋友，保持定期联系，使其成为潜在客户的来源之一。

（2）依靠展销会。

通过参加类似车展的展销会，与可能的潜在客户进行面对面交流，进而获得高质量的用户。

（3）参加交易会。

虽然网上外贸的比重越来越大，但传统的交易会仍是直接寻找客户的主流形式，效果也更为明显。其可以通过当场展示实物样品、直接洽谈价格和交易细节来促进客户开发的过程。

（4）查阅国内外出版的企业名录。

通过查阅报刊杂志的广告、互联网等，并以函电或者发送资料的方式进行自我介绍，发现潜在客户，建立关系。

❸ 电子商务环境下吸引客户方法

（1）吸引眼球。要想不被淹没在互联网的汪洋大海中，客户管理人员必须要有一定的知名度，要主动让人认识他：

①到著名的、流量大的搜索引擎注册网站，在有关新闻讨论组里发布消息，在 BBS 上发布公告，在其他网站加入链接、做广告，主动向潜在客户发送信息等。

②提供"免费午餐"，包括免费电子信箱、免费主页空间、免费网络硬盘、免费商品试用。通过"免费"服务增加网站的知名度和流量，培养固定访问群。

③举行网上有奖活动。举办这类活动可以吸引大家的注意力，提高网站的知名度。

（2）彰显个性。要在激烈的环境中立住脚，就要有自己的特色与个性，独树一帜：

①提供有针对性的产品，提供与网站所推崇的文化和潮流相符的产品。

②为网站营造一个独特的形象。从网站设计、布局到内容，从对外宣传到内部管理，要树立自身鲜明特色，向外界表达一种文化价值追求。

③建立自己的优势。可以是产品，也可以是服务；可以是速度，也可以是质量。

（3）提高客户回头率，培养顾客忠诚度。

①对于购买多的客户应给予奖励，例如给予一定的折扣，买得越多，折扣越多。再比如积分制，积分越高折扣越多。

②对客户实行会员制，加入成为会员的客户在购买时将获得较多的优惠和更全面的服务。这样做有利于提高客户的忠诚度。

③建立一套完整的、科学的客户资料数据库，并进行深入分析。通过分析客户的喜好，各种购买活动的相关性等，并将分析结果直接用于营销、销售和售后服务的各个方面。

课题 4　客户关系管理系统

一　客户关系管理系统概述

客户关系管理（CRM）是利用信息科学技术，实现市场营销、服务等活动自动化，是企业能更高效地为客户提供满意、周到的服务，以提高客户满意度、忠诚度为目的的一种管理经营方式。以客户为中心的管理理念是 CRM 实施的基础。

CRM 系统的宗旨是为了满足每个客户的特殊需求，同每个客户建立联系，通过同客户的联系来了解客户的不同需求，并在此基础上进行"一对一"的个性化服务。通常 CRM 系统包括销售管理、市场营销管理、客户服务系统以及呼叫中心等方面。

以客户为中心，提高客户满意度，培养、维持客户忠诚度，在电子商务时代显得日益重要。客户关系管理正是改善企业与客户之间关系的新型管理机制，越来越多的企业运用 CRM 来增加收入、优化赢利性、提高客户满意度。

二　汽车销售客户关系管理系统

汽车销售客户关系管理系统是根据汽车行业的经营特点及行业发展需求，专门为汽车行业经营管理量身定做的管理系统，主要任务是对潜在客户进行跟踪促进，系统包含客户登记、客户审核、客户回访、确认客户购车成功或失败等功能模块，可随时查看今日成功客户、今日失败客户、今日咨询客户、今日需回访客户等情况，使销售顾问对本店的业务经营了如指掌。

三　汽车销售客户关系管理系统功能

❶ 输入记录功能

汽车销售客户关系管理系统提供了对客户级别、信息来源、竞品车型、车辆颜色、从事行业、购车形态、购车预期、关注点、衣着打扮、交通方式、购车用途、欲购车型、参考竞品、客户登记、客户审核、客户回访等的模式录入和表格界面录入工具，以便全面记录掌握客户信息。

❷ 查询提醒功能

在客户的接触、销售、回访过程中，随时查看客户的信息及销售进度等信息，定时提醒每日、每周、每月需要回访或电话联系的客户，帮助销售顾问完成工作任务。

③ 报表分析功能

对所有人员录入的信息进行分析,形成报表,时刻了解汽车电子商务企业情况、客户流量情况、客户分类情况、销售计划情况,并制作数据图。

四 系统界面举例

不同品牌、不同地区的汽车电子商务企业都有各自的一套客户关系管理系统,功能上都包含客户的信息记录、客户跟踪提醒、销售计划、数据分析、资料查询、资源共享等内容。

(1)汽车客户管理系统的系统登录界面(图4-7)。

图4-7 汽车客户管理系统的系统登录界面

(2)汽车客户管理系统的基础信息录入界面(图4-8)。

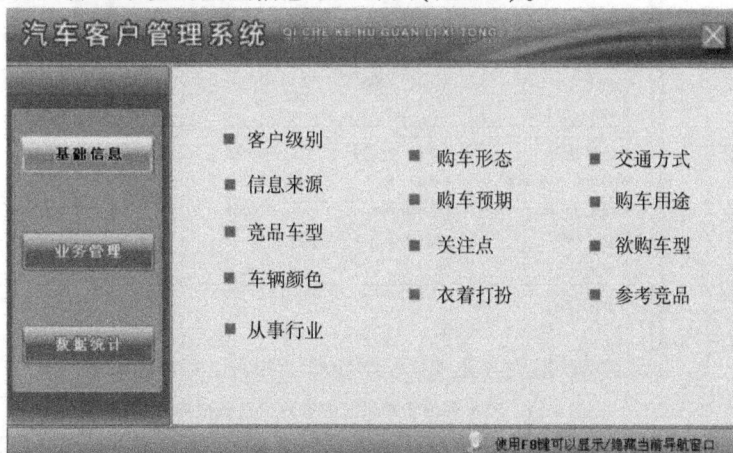

图4-8 汽车客户管理系统的基础信息录入界面

(3)汽车客户管理系统业务管理界面(图4-9)。

(4)汽车客户管理系统的数据统计界面(图4-10)。

(5)汽车客户管理系统的客户信息登记界面(图4-11)。

图4-9 汽车客户管理系统的业务管理界面

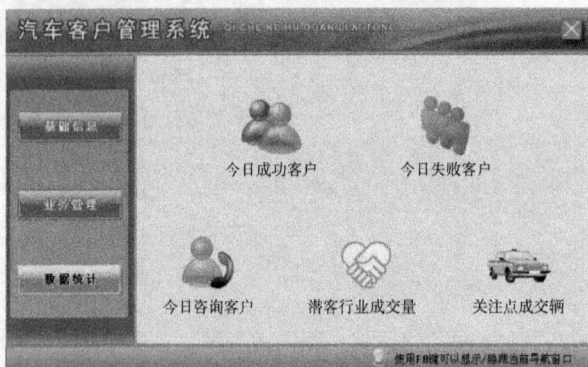

图4-10 汽车客户管理系统的数据统计界面

图4-11 汽车客户管理系统的客户信息登记界面

对汽车客户关系管理系统的有效利用,可以大大加强销售工作的条理性、时效性,方便对客户的管理以及对自身工作的日常管理,提升工作效率、工作质量和销售水平,能够最大程度的促进销售工作的最终达成。从企业角度来看,客户关系管理系统的应用可以提升企业收集、认识客户的能力,缩减销售成本以及销售管理成本,提升新老客户的满意度和忠诚度,扩大企业利润,使企业的管理更加科学、有效。

单元小结

客户资源是企业的第一竞争力,特别是在电商时代,通信技术越来越发达,客户能够获得到的资讯也越来越丰富,企业如何能够进行有效的客户管理和服务,提高客户忠诚度就显得尤为重要。通过本单元的学习,学生能够了解汽车行业电商环境下客户服务的技巧,了解客户管理的具体内容,掌握电商环境下客户开发的手段,并能了解常用的客户管理系统的结构和功能,从而提高学生在以后相关工作中,面对客户的服务能力和应变能力。

思考与练习

(一)填空题

1.电子商务客服是承载着_____,_____以及_____的一线业务受理人员。

2.在汽车行业的客户生命周期中,要经历_____、_____,以及_____、_____、_____、_____、_____、_____,还有_____、_____、_____等多项服务。

3.在越来越激烈的市场竞争环境下,对于汽车电子商务企业来说,必须具备三个方面优势才能保持自身的竞争力:_____、_____、_____。

(二)判断题

1.客户通过与客服的交流,可以逐步地了解商家的服务和态度,让公司在客户心目中逐步树立起良好的店铺形象。　　　　　　　　　　　　　　　　　　　　　　(　　)

2.电商客服的主要工作是在线咨询和处理客户投诉,与销售无直接联系,所以不会影响到成交率。　　　　　　　　　　　　　　　　　　　　　　　　　　　　(　　)

3.以客户为中心,提高客户满意度,培养、维持客户忠诚度,在电子商务时代显得日益重要。　　　　　　　　　　　　　　　　　　　　　　　　　　　　　　　　(　　)

(三)课外拓展题

在淘宝或者其他电商平台上完成一款商品的客服咨询,包括推荐型号、产品特点、发货时间、折扣情况等,如果不需要该产品,则再完成退换货任务,了解电商客户的工作程序。

单元五　汽车电子商务运行环境

学习目标

完成本单元学习后,你应能:

1. 了解汽车电子商务企业信息化的建设要求;
2. 了解汽车电子商务经济贸易的环境因素;
3. 了解汽车电子商务相关政策法律与法规;
4. 了解汽车电子商务网络的道德环境;
5. 了解汽车电子商务的人才需求和人才提升要求。

建议课时

10课时。

课题 1　汽车电子商务企业环境

一　企业信息化是电子商务发展的基础

企业信息化实质上是将企业的生产过程、物料移动、事务处理、现金流动、客户交互等业务过程数字化,通过各种信息网络系统加工生成新的信息资源,提供给各层次的人们来洞悉各类动态业务中的一切信息,以做出有利于生产要素组合优化的决策,使企业资源合理配置,使企业能适应瞬息万变的市场经济竞争环境,求得最大的经济效益(图5-1)。

据统计,企业日常活动中70%以上的工作时间是在做与信息处理和传递相关的工作。应用信息化手段,就可以在正确的时间和正确的地点将正确的信息传递给正确的人或部门。

目前应用的企业信息化管理系统主要有:MES,制造执行管理系统;DNC,生产设备及工位智能化联网管理系统;MDC,生产数据及设备状态信息采集分析管理系统;PDM,制造过程数据文档管理系统；Trcaker，工装及刀夹量具智能数据库管理系统等。

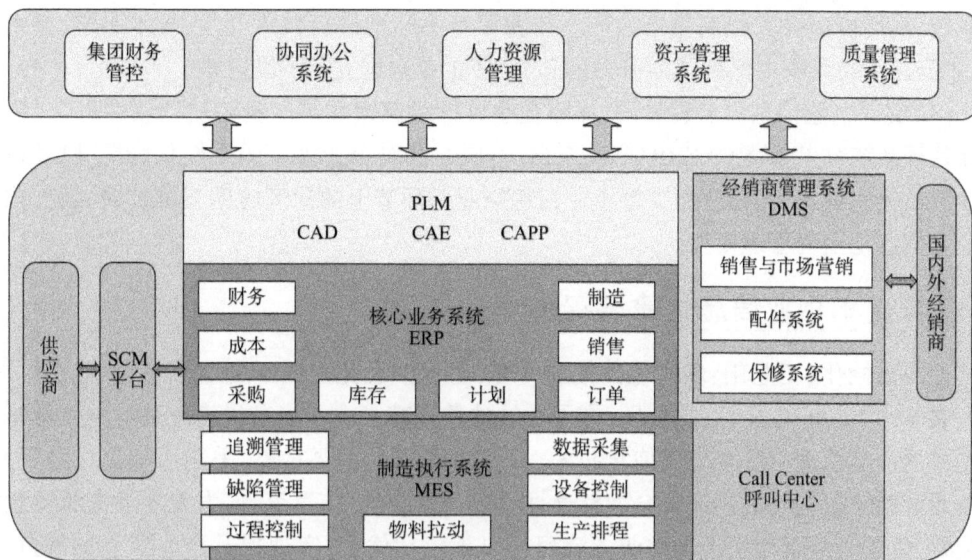

图 5-1　汽车企业全面信息化总体框架

❶ 企业信息化的要素

（1）企业信息化的基础是企业的管理和运营模式，而不是计算机网络技术本身，其中的计算机网络技术仅仅是企业信息化的实现手段。

（2）企业信息化建设的概念是发展的，它随着管理理念、实现手段等因素的发展而发展。

（3）企业信息化是一项集成技术。企业建设信息化的关键点在于信息的集成和共享，即实现将关键准确的数据及时地传输到相应的决策人的手中，为企业的运作决策提供数据基础。

（4）企业信息化是一个系统工程。企业的信息化建设是一个人机合一的有层次的系统工程，包括企业领导和员工理念的信息化，企业决策、组织管理信息化，企业经营手段信息化，设计、加工应用信息化。

❷ 信息化的目的

企业间的竞争应当包括产品竞争、价格竞争、品种竞争、服务竞争、市场竞争和信誉竞争等诸多方面。随着人们一边完成工业化进程，一边步入信息时代，这些竞争也都不可避免地被打上了信息化的烙印。企业要在日新月异的科技时代里求得生存和发展，就必须参与企业间的科技竞争，把生产和经营牢牢植根于科学技术的沃土之上，使企业在优胜劣汰的竞争中永远充满活力。一般说来，技术进步会从以下四个方面对企业产生直接的影响。

（1）技术的进步有助于产品和服务的质量提高。

（2）技术的进步使产品的生命周期普遍缩短，由于更新换代的加快，企业也不得不重视产品的再开发。

（3）技术的进步可以改进生产工艺和生产流程，可以研制出更有效的生产工具应用于生产，从而可以大大提高生产效率。企业只有不断地进行技术开发、技术引进、技术改造，才能在市场竞争中保持强劲有力的态势，使企业永远立于不败之地。

（4）实现企业信息化全程管理，保障企业可持续健康发展。例如航信软件融合"税务会计处理系统"的"懂税的ERP"产品系列，可同时针对企业涉及的个性化需求，以及行业化发展目标的特殊要求，全面支持企业在特殊业务环节上的深度应用与可扩展功能，构建了企业信息化全程管理模型。

二 汽车企业信息化建设实践

如同机械化、工业化、现代化的概念一样，企业信息化是属于企业战略、企业目标、企业发展等这类带有全局性、规划性、指导性的抽象范畴。企业信息化建设是指企业具体应用先进的科学管理方法和现代信息技术，以信息资源为主要对象，采用系统集成的手段，对企业管理的架构与机制进行全面整合，使物流、资金流、信息流、人力人才等资源得到合理配置，使企业经营与生产管理业务流程得以规范和优化，实现提升企业核心竞争力，达到提高企业经济效益和管理水平为目标的全过程。

针对制造业，信息化建设的含义是以管理创新的思路将现代管理技术、信息技术、自动化技术等相关技术与制造技术相结合，提高企业管理现代化水平、生产自动化水平，降低成本，增强经济效益，全面提升制造业的市场竞争力（图5-2）。

图5-2 汽车制造企业信息化的建设方向

企业信息化建设是具体的企业行为，是企业自身发展的一个阶段，与企业管理相辅相成并伴随在企业管理的进步之中，其最明显的特征是具有实践性和可操作性，常常以工程项目的形式体现。通常所讲的企业信息化实际上是指企业信息化建设，企业信息化建设只是企业信息化的一个进程，它不能等同于企业信息化。企业信息化建设的具体内容不是固有的，更不是一成不变的。其内容会由于各行业或各企业的不同类型、性质、规模大小而有所不同，并随着经济体制、市场格局、产业政策的变化以及管理科学的发展、信息技术的不断进步而发生改变。就其制造业的共性而言，大致有以下七点基本内容。

（1）生产过程控制的信息化。生产过程控制的信息化是控制技术自动化的发展和升华,是制造类企业,特别是批量生产流水线作业方式信息化的关键环节。其主要内容是综合利用自动控制技术、模拟仿真技术、微电子技术、计算机及网络技术实现对生产全过程的监测和控制,提高产品质量和生产效率(图5-3)。

图5-3 汽车企业制造过程信息化实例

生产过程控制信息化的重点是产品开发设计、生产工艺流程、车间现场管理、质量检验等各设计与生产环节。例如应用计算机辅助设计(CAD)、计算机辅助制造(CAM)、计算机辅助工程(CAE)、计算机辅助工艺过程设计(CAPP)、集散型控制系统(DCS)、计算机集成制造系统(CIMS)以及计算机集成生产系统(CIPS)等。

(2)企业管理的信息化。企业管理的信息化是企业信息化建设中比重最大、难度最大、应用最为广泛的一个领域,涉及企业管理的各项业务及各个层面。企业管理的信息化建设就是在规范管理基础工作、优化业务流程的基础上,通过信息集成应用系统来有效地采集、加工、组织、整合信息资源,提高管理效率,实时动态地提供管理信息和决策信息。例如事务处理系统(TPS)、管理信息系统(MIS)、决策支持系统(DSS)、智能决策支持系统(IDSS)、企业资源计划(ERP)、产品数据管理(PDM)、电子商务(EC)、安全防范系统(PPS)以及企业网站等。这是一项"牵牛鼻子工程",往往可以达到"牵一发动全身"的效果。无论什么类型的企业都必须根据自身的实际情况,选择适当的开发对象,花大气力、扎扎实实地把这项工作做好。

除此之外,在业务管理活动中还产生大量的非结构化数据,如各种文档、邮件、报表、网页、音像、视频、扫描图像以及演示幻灯片等。因此,办公自动化(OA)和文档管理也是企业管理信息化建设中的一项重要内容。

(3)企业供应链管理的信息化。在现代市场经济的条件下,制造业的生产也不再是单独、孤立、封闭的模式,企业的生产和管理活动发生了前伸和后延。企业从原材料、零部件的采购、运输、储存、加工制造、销售直到最终送到和服务于客户,形成了一条由上游的供应商、中间的生产者和第三方服务商、下游的销售客户组成的链式结构,这就是供应链。

制造企业的生产活动、管理流程受到这条供应链的制约和影响。因此,企业供应链管理的信息化是制造企业非常重要的一个组成部分。其重点是利用企业局域网络、互联网、数据库、电子商务等技术资源,通过对供应商、第三方服务商及客户的信息化管理与协调,将企业内部管理和外部的供应、销售、服务整合在一起,提高制造企业的市场应变能力(图5-4)。

✓ 波音787的全球化生产网络,实现了跨135个地区、180个供应商的协同工作

✓ 洛·马公司集成数字化环境,支持联合攻击机F-35项目的设计、制造与维修服务

新一代集成与协同技术支持大型集团企业在全球开展业务协作

图5-4 企业供应链管理信息化实例

(4)企业信息化组织建设及硬件配套。企业信息化建设最明显的特征是具有实践性和可操作性。因此信息化组织建设必须务实,做好组织到位与措施落实这两件大事。概括起来讲就是要抓好三个要素一个配套,即设计思路、开发工具、人员组织落实以及硬件设施配套。

(5)企业的成长路径会随着组织规模不断扩大、业务模式不断转变、市场环境不断变化,而导致对信息管理的要求从局部向整体、从总部向基层、从简单向复合进行演变,企业信息化从初始建设到不断优化、升级、扩展和升迁来完成整个信息化建设工作,体现了企业信息管理由窄到宽、由浅至深、由简变繁的特性需求变化。ERP软件系统对推动企业管理变革、提高绩效管理、增强企业核心竞争力等方面发挥越来越重要的作用,面对互联网时代信息技术革新和我国企业成长路径的需要,航信软件"懂税的ERP"通过B/S模式完成对C/S模式的应用扩展,实现了不同人员在不同地点,基于IE浏览器的不同接入方式进行共同数据的访问与操作,极大降低异地用户系统维护与升级成本,打造"及时便利+准确安全+低廉成本"的效果。

(6)企业信息化组织建设说到底是靠人去完成的,选择什么样的人员,这类人员应该具备哪些知识和素质对企业信息化建设是至关重要的。同时,采取怎样的组织形式和机构也直接影响企业信息化建设实施的质量和进度。实践证明高效精干的组织机构和复合型IT人才是企业信息化建设的根本保证。从这个角度讲企业信息化建设的一个重要任务就是要建立一支专业化复合型的人才队伍。

(7)企业信息化组织建设要重视硬件设施的配套。其中关键的是必须建立一个合理的计算机网络拓扑结构,主要包括互联网和企业局域网两大部分。要从通畅接入、防毒防攻击、可管可控、系统安全等方面来有效地配备网络结构和购置硬设备,同时建立、健全相应的网络管理制度,这些都是企业信息化建设的重要基础和支撑,也是企业进行电子商务活动的有力保障(图5-5)。

图5-5　汽车企业信息化安全保障架构

课题 2　汽车电子商务经济贸易环境

一　宏观经济环境

❶ 宏观经济总体状况指标

(1)GNP总量。国民生产总值(GNP)是衡量经济总体情况的最基本标准,是衡量国家或地区经济发展综合水平的指标。

(2)人口总量。人口基数大,那么潜在的上网资源就越丰富,电子商务的发展潜力也就越大。除了考察人口总量外,还需要考察人口年龄分布、地域分布、职业分布、失业率等重要指标,这些指标构成了支持电子商务发展的一个重要环境。

(3)经济增长率。将各年的实际国民生产总值进行比较处理,可以得出经济的年增长率。经济增长率反映了一个国家经济发展的势头。

(4)人均总量、人均增长率。人均总量和人均增长率可以从另一层面看出一个国家的经济水平。

❷ 经济体制

(1)计划经济。电子商务市场是一个以竞争占主导地位的市场,电子商务的另一个特点就是变化性,在计划经济体制中,电子商务的发展会受到严重的制约。

(2)市场经济。电子商务需要一个市场经济的氛围,用价格机制、竞争机制和供求机制来自发地调节电子商务的发展,从而使市场经济体制更适合电子商务发展。

❸ 产业状况

(1)产业划分。产业是具有相同再生产特征的个别经济活动单位的集合体,在社会再生产过程中从事不同的社会分工活动,其各有不同的地位、作用和特点。

产业划分是按一定的标准对构成国民经济的各种产业活动进行分解和组合,进行多层次的划分。最常用的产业划分方法是三次产业划分。但是随着电子商务的发展,第四次产业的提法正在兴起。

(2)产业结构。产业结构是指国民经济活动中各个产业之间的比例关系及其构成。

(3)产业政策。产业政策是指国家政府系统设计的有关产业发展的方针,是产业结构演进的政策目标和政策措施的总和,是从整个国家产业发展的全局为着眼点,系统设计的较为完整的政策体系。产业政策确定了一个国家的产业结构、产业组织、产业技术、产业布局等方面的发展方向。

❹ 就业状况

(1)就业程度。就业程度反映了一个国家的经济景气程度。一个国家的总就业人数除以总劳动力人口数,就得出了总就业率,其为一个国家就业状况的重要指标。

(2)就业人口在产业间的分布。就业状况的另一个方面是就业人员在各产业的就业状况,即产业间的分布状况。

❺ 通货状况

(1)通货膨胀。西方经济学中,通常将通货膨胀定义为商品和服务的货币价格总水平的持续上涨现象。通货膨胀在国民经济发展过程中是一种经常性的现象。

(2)通货紧缩。通货紧缩可以理解为物价疲软乃至下跌的态势,它不是偶然的、一时的,而是作为一种经济走向和趋势存在。

知识拓展

查找相关资料,解释相关经济词汇的定义,并讨论分析我国目前的经济状况是否适合发展电子商务。

二 中观经济环境

❶ 行业状况

现代汽车企业,应该根据企业的实际情况开展电子商务,没有物流的商务领域,应该首先采用电子商务;其次是有简单物流的商务领域,应该逐步采用电子商务;最后是有完全物流的商务领域,应分步采用电子商务。

❷ 区域经济

(1)区域经济划分。经济划分是以地理划分为基础的。

（2）区域经济特征。区域经济特征首先是各经济区域内部经济的总体特点,包括经济总水平、产业结构特征、就业状况、经济地理特征、人文和风俗等。

（3）区域经济合作与竞争。各经济区域之间的关系是合作与竞争的关系。

三　微观经济环境

❶ 企业经济环境

（1）法律环境。电子商务是近些年发展起来的,除了原有的法律之外,调节各领域电子商务企业行为及企业间关系的法律还很不健全。

（2）政策环境。政策的作用对于企业来讲,与法律的作用相似。但两者不同的是,政策更具有灵活性,而在强制性和权威性上不如法律。

（3）技术环境。技术环境对于企业的发展是非常重要的。

（4）资本环境。企业发展需要大量的资本。

（5）人才环境。企业发展的根本在于人才,电子商务企业更是如此。

❷ 市场经济环境

（1）管理环境。市场中有众多的法律、政策对其加以规范,加之市场的准入条件、企业所处的行业规范和行业自律及企业间达成的协调条款等,一起构成了电子商务企业面对的专业市场的管理环境。

（2）监督环境。监督是一个重要的职能,通过良好的监督机制,可以在破坏发生之前采取行动,避免伤害结果的发生。监督环境可以分为企业内部的监督环境和企业外部的监督环境。

（3）信用环境。电子商务企业所具有的高风险性必然要求有一个良好的信用环境来分担风险,以保障正常经营和应付突发事件。电子商务企业的信用环境同样可分为企业内部信用环境和企业外部信用环境。

❸ 消费者经济环境

（1）收入水平。消费者的收入水平直接影响了他们的购买能力,决定了电子商务企业的市场空间。

（2）消费观念。消费者观念越开放,就越容易进行购买行为,也越容易接受新的购买和消费方式。相反,消费者观念越保守,就越难引导其接受电子商务的购买和消费形式。

（3）消费者行为。消费者行为是说明消费者属性的一个重要部分。作为企业产品或服务的购买者和使用者,消费者的行为可以被分为两个部分,即购买行为和使用行为。

课题 3　汽车电子商务政策法律环境

一　法律环境

❶ 联合国的电子商务立法

《联合国国际贸易法委员会电子商务示范法》(The United Nations Commissionon International Trade Law Model Lawon Electronic Commerce)简称《电子商务示范法》。《电子商务示范法》对电子商务的一些基本法律问题做出规定,有助于填补国际上电子商务的法律空白。

② 经济合作与发展组织的电子商务立法

《经济合作与发展组织全球电子商务行动计划》(Organization for Economic Cooperation and Development Action Plan for Electronic Commerce)简称《OECD 电子商务行动计划》。其主要包括《OECD 电子商务行动计划》、《有关国际组织和地区组织的报告:电子商务的活动和计划报告》和《工商界全球商务行动计划》。

③ 欧洲地区的电子商务立法

(1)俄罗斯电子商务立法。俄罗斯是世界上最早进行电子商务立法的国家之一,1994 年便开始建设俄联邦政府网。1995 年,通过了《俄罗斯信息、信息化和信息保护法》,1996 年通过了《国际信息交流法》,2001 年通过了《电子数字签名法》草案。

(2)欧盟电子商务立法。欧盟于 1997 年提出《欧洲电子商务行动方案》,1998 年颁布《关于信息社会服务的透明度机制的指令》。1999 年末,制定《电子签名统一框架指令》。

(3)其他欧洲国家电子商务立法。其主要包括德国 1997 年的《信息与通用服务法》、意大利 1997 年的《数字签名法》、法国 2000 年的《信息技术法》等。

④ 北美洲的电子商务立法

(1)美国电子商务立法。1995 年美国犹他州制定了世界上第一个《数字签名法》,2000 年颁布《国际与国内商务电子签章法》。

(2)加拿大电子商务立法。1999 年,加拿大制定了《统一电子商务法》,正式承认数字签名和电子文件的法律效力。

⑤ 澳大利亚的电子商务立法

1999 年澳大利亚颁布了《电子交易法》,确定了电子交易的有效性。

⑥ 亚洲地区的电子商务立法

(1)新加坡电子商务立法。1998 年制定了《电子交易法》。

(2)马来西亚电子商务立法。马来西亚是亚洲最早进行电子商务立法的国家。20 世纪 90 年代中期提出建设"信息走廊"的计划,1997 年颁布了《数字签名法》。

(3)韩国电子商务立法。韩国 1999 年的《电子商务基本法》是最典型的综合性电子商务立法。

(4)印度电子商务立法。印度 1998 年推出《电子商务支持法》。

⑦ 我国电子商务立法

中国香港 2000 年颁布了《电子交易条例》。中国台湾地区 2001 年制定了《电子签章法》。《中华人民共和国电子签名法》在 2004 年 8 月 28 日十届全国人大常委会第十一次会议上表决通过,2005 年 4 月 1 日起施行。

《电子商务法》为我国电子商务领域的重要法规之一,其起草的背景是伴随着我国网购市场的高速发展网络欺诈、电商价格战、虚假促销、售后服务不当、个人信息被泄露,电子商务引发的合同问题、知识产权问题、信息安全问题、纳税问题,以及围绕互联网支付、理财发展越来越热的互联网金融问题,正变得越来越突出。

电商立法主要解决目前出现的信息安全、知识产权保护、虚拟财产保护、支付等问题。同时对于第三方平台的监管也要有法可依,提高电商行业准入门槛,维护消费者权益和整个行业的良性发展。

2012 年,我国电子商务交易额达 7.85 万亿元,同比增长 30.8%;网络零售额超过 1.3 万亿元,占社会消费品零售总额的 6.3%;电子商务服务企业直接从业人员超过 200 万人,间接带动就业人数超过 1500 万人。到"十二五"末,我国网民总数达到 7 亿人,电子商务交易额、网络零售交易额将分别增长至 18 万亿和 3 万亿元以上,我国将成为全球规模最大的电子商务市场,电子商务产业将成为最具发展潜力、最有国际竞争力的产业。

但是与电子商务迅猛发展的实践相比,我国至今尚未对电子商务进行专门立法,实践中规范、指导电子商务发展主要依靠部门规章。电子商务现有法律法规亟待梳理、补充、修改和完善。促进电子商务持续健康发展迫切需要加强立法。

2014 年 11 月国务院办公厅出台了关于加快电子商务发展的若干意见。国家发改委、国务院信息办发布了电子商务的发展规划。工信部发布了电子商务"十二五"发展规划。商务部发布了关于网上交易的指导意见、关于"十二五"电子商务发展指导意见等。国家工商总局发布了《网络商品交易及有关服务行为管理暂行办法》。

二　政策环境

政府的国家资金一般应作为引导、启动或配套资金进行注入,以表明政策支持那些经济效益与社会效益均好,或社会必需的行业、产业。政府投资的大小体现其重视程度或工程的难易程度。

1 我国电子商务税收政策

(1)由于我国目前还是发展中国家,在电子商务领域将长期处于净进口国的地位,因此最大限度地保障国家的税收利益是最重要的原则。

(2)税收政策应遵循税收中性、公平税负的原则,不应阻碍电子商务的健康发展。

(3)尽量运用既有税收原则。

(4)针对电子商务的税收政策,必须考虑到电子商务不断发展的特点,以保持税收政策的相对稳定。

2 OECD 国家电子商务税收政策

作为协调发达国家经济发展的 OECD 早在 1996 年 6 月就着手研究电子商务税收问题,OECD 国家就电子商务税收问题达成如下共识。

(1)保持税制的中性、高效、确定、简便、公平和灵活。

(2)明确电子商务中消费税的概念和国际税收规范。

(3)对电子商务无须开征新税,而是采用现有的税种。

(4)加强电子商务税收信息的国际交流,避免增加纳税人的不当负担。

（5）在服务与被消费的地方征消费税。

（6）要确保在各国间合理分配税基，保护各国的财权，并避免双重征税。

（7）在定义常设机构时，要区分计算机设备的硬件与软件，只有前者构成常设机构等。

（8）OECD 的税收协定范本可适用于电子商务的跨国交易，但该范本及其注释应视需要予以修改。

❸ 欧盟电子商务税收政策

1998 年 2 月，欧盟发布了有关电子商务的税收原则。

（1）目前尚不考虑征收新税。

（2）在增值税征税系统下，少数商品的交易视为提供劳务。

（3）在欧盟境内购买劳动力要征收增值税，境外不征税。

欧盟委员会对电子商务的税收问题，主要考虑到两个方面。一是保证税收不流失，二是要避免不恰当的税制扭曲电子商务的发展。

1998 年底，欧洲经济委员会确立电子商务征收间接税的第一步原则，主要包括如下方面。

（1）除致力于推行现行的增值税外，无须开征新税。

（2）电子传输被认为是提供服务。

（3）现行增值税的方法必须遵循和确保税收中性原则。

（4）互联网税收法规必须易于遵从，并与商业经营相适应。

（5）应确保互联网税收的征收效率，以及将可能实行无纸化的电子发票。

❹ 美国电子商务税收政策

1998 年 10 月，美国国会通过了《互联网免税法案》(Internet Tax Freedom Act)。其最简单、最基本的原则就是："虚拟商品"不应该被课税。

2000 年 3 月 20 日，美国电子商务咨询委员会再次通过了《互联网免税法案》，其主要强调了如下内容。

（1）即使征税，也要坚持中性原则，不能阻碍电子商务发展。

（2）坚持透明简易原则，不增加网络交易成本。

（3）征税应符合美国与国际社会现行税收制度，无须开征新税。

（4）跨国交易的货物和劳务免征关税。

（5）放宽税收征管。

课题 4　汽车电子商务道德网络环境

一　汽车电子商务的道德环境

❶ 汽车电子商务活动中的道德问题

（1）商业欺诈问题。

所谓商业欺诈，是指在市场交易、投资、服务过程中，通过虚构隐瞒事实、发布虚假信息、签订虚假合同以及夸大宣传等手段,误导、欺骗单位和个人,骗取钱财和各种物质利益,破坏市场经济秩序,损害人民群众合法权益的行为。

(2)商业诽谤问题。

诽谤是一种有损于别人或别的公司声誉的虚假陈述。如果这种陈述损害的是产品或服务而不是人的声誉,就称为诋毁产品。在有些国家中,对产品的真实比较也会被认为是诋毁产品。

(3)网上隐私问题。

如果商务网站未经访问者的许可,就将这些涉及访问者个人信息的资料随意公开或有偿提供给他人,则可能形成对访问者隐私权的侵犯。

(4)商业信息的安全问题。

由于某些技术上缺陷的存在,使得人们有可能通过采取不正当途径获取竞争对手的商业秘密。

(5)知识产权问题。

在电子商务中主要的知识产权有版权、专利和商标等。由于因特网的特殊性及其发展的超常规性,有关电子商务中知识产权的法律保护一直相当滞后。而且,在知识产权的保护与网络资源的共享之间,又存在着复杂的矛盾关系。

(6)商业信用问题。

商业信用是电子商务发展的重要支撑点,完整的电子商务活动有赖于完善的社会信用体系。其主要包括以下四个方面的问题。

①商品品质的信用;

②支付过程中的信用;

③物流配送中的信用;

④售后服务的信用。

(7)流氓软件问题。

从技术上讲,恶意广告软件、间谍软件、恶意共享软件等都处在合法商业软件和电脑病毒之间的灰色地带。它们都可以被定义为"流氓软件"。强制安装、逃避用户卸载、不经用户明确授权便收集私人信息等是流氓软件的典型"流氓"行为。目前,"流氓推广"、"流氓广告"等流氓软件的受害用户首次超过了电脑病毒,成为当今互联网上的又一大毒瘤。

2 建立无害、诚信、公正、尊重的网络伦理体系

(1)无害原则。

电子商务道德主体应该尽可能避免对他人造成不必要的伤害,应该提供安全而无害的商品、信息及服务。

(2)诚实原则。

这是民商法领域的"帝王条款",是市场经济交易当事人应严格遵循的基本商业道德。

（3）公正原则。

电子商务道德主体的权利分配应该体现社会平等，表现为参与电子商务交易的双方在权利和义务上是对等的。具体表现为在行为准则、技术应用、信息拥有、文化尊重等方面的公正。

（4）尊重原则。

在电子商务活动中，尊重原则表现为对电子商务主体的人格权、隐私权、知识产权以及物权等方面的尊重。

二　电子商务的网络文化环境

❶ 文化的定义

第一种定义认为文化是和文明紧密联系在一起的，即"文化是人类完善的一种状态和过程"。文化的第二种定义从狭义出发，认为文化仅仅是表现人类知性和思想的作品的集合，文化等于文化作品，即人类的精神创造活动的成果。第三种理解认为文化是一种特殊的生活方式的描述，这种描述的范围不仅仅包括艺术、思想等经典范畴，而且还包括日常生活行为中的某些意义和价值。

❷ 网络文化的特征

（1）快捷性。

网络信息的更新是以小时甚至分钟为周期的。

（2）民主性。

网络的异步传输与交互式沟通使得个人能够更从容地选择和吸纳信息，弱化了个体对社团及他人权威的相对依附，使更多的个人和群体享受到民主。

（3）渗透性。

网络集文字、声音、图像于一体，构成一种主体化的传播形态，营造了一种平面化、标准化、形象化的"快餐文化"，因此就具有更强的渗透性。

（4）虚拟与现实的并存性。

一方面因建立于数字化而表现出虚拟特征，另一方面保持着与"实体"物质的联系，而且赋予"实体"以新的含义。

（5）全球性。

网络创造了一种可以进行全球沟通的"网络语言"，它能够超越空间的限制而把世界各地的人们联系起来。

❸ 网络文化的影响

（1）对社会道德的影响。

首先，随着电脑的普及，人们的生活方式、交往方式、感情方式的改变必然引起心理、观念、情感等方面的变化。其次，网络带来个人隐私与社会服务和安全之间的矛盾。再次，就是垃圾文化的影响。

（2）对传统文化的影响。

①网络文化对文化生活的积极影响。

传统文化内容借助于网络文化时代的载体得到了更广泛地传播和更迅速地发展。同时,网络文化对传统文化的继承和发展也会使人们的文化生活结构发生变化,形成新的文化生产和消费方式。网络文化创造的虚拟世界和在线身份,给予现实生活中的人们充分的文化活动空间。

②网络文化对社会文化生活的消极影响。

网络打破了传统文化生活中的精英主导模式,在制造平民文化表现机会、释放平民文化欲望的同时,也给存在于街头巷尾的媚俗文化提供了流行和扩散的渠道。

(3)对社会稳定的影响。

在网络空间里,不仅能容纳各种不同的宗教、哲学思想流派,而且能够迅速地发展和传播。这些都将影响人们的思想意识和社会安宁。

想一想:

为什么 google 不敌本土的百度?试从文化、本土化、网民上网习惯等多个角度进行分析。

课题 5　汽车电子商务环境下的人才提升

一　电子商务人才需求类型

电子商务人才需求类型主要可以分为以下三类:技术型电子商务人才、商务型电子商务人才、综合管理型电子商务人才。

① 技术型电子商务人才

技术型电子商务人才是基础型电子商务人才,主要着眼于电子商务的技术实现。这类人才一般熟练掌握电子商务技术,同时具备一定的现代商务知识,懂得如何实现电子商务。技术型电子商务人才的培养,需要有扎实的计算机根底,能分析企业的客户需求,了解企业的流程与管理需求。

② 商务型电子商务人才

商务型电子商务人才是电子商务人才的主体,这类人才不仅需要精通电子商务所涉及的技术细节,而且需要知道如何利用电子商务技术开展工作。这类人员一般熟练掌握现代商务活动规律,充分理解商务需求,同时具备一定的电子商务技术知识,如企业网络营销、网上国际贸易、电子商务系统的推广、电子商务创业等。商务型电子商务人才是适用面特别广的一种复合型人才。对于他们,要求其一方面能够开展客户关系管理、财务管理、运销业务管理等商务活动;另一方面也要求他们必须掌握网络和电子商务平台的基本操作。

❸ 综合管理型电子商务人才

综合管理型电子商务人才是高层次电子商务人才,其特点是能准确把握电子商务全局,能够从战略上分析和把握行业发展特点和趋势,能够为企业电子商务发展设计战略,形成电子商务规划等。综合管理型电子商务人才需要要求其理论功底高,需要有广泛的、有一定深度的管理学、信息科学与技术专业、经济学专业的相关知识,并且具备企业电子商务整体规划、建设、运营和管理的能力。这类人才难以直接从学校培养,一般是市场磨炼的产物。

二 电子商务人才需求层次分类

电子商务人才需求层次可以分为操作层人才、实施层人才、战略层人才。

❶ 操作层人才

这类人才要求其能综合应用办公自动化软件,熟练使用互联网,具备文秘人员的基本素质;要求其掌握电子商务的基本概念、基本模式;要求其具备数据管理的观念及基本知识。这类人才一般从事现代化文秘、网站维护、电子商务系统数据采集与初步加工、企业信息发布等基本工作,属于电子商务最基础的应用。

❷ 实施层人才

这类人才能够根据企业规划实施电子商务系统的建设、技术支持及其业务流程处理,主要从事数据库管理、网络管理、客户关系管理、企业电子商平台的运作和管理等工作。

❸ 战略层人才

这类人才是企业中的中高层电子商务管理人员,主要从事电子商务战略规划、业务流程管理、组织人事安排和安全控制等工作。他们能够运用现代管理思想把信息技术与企业的营运活动有机地整合起来,并对电子商务的支持系统进行应用协调,对企业价值链进行全面的优化,从而提高企业的总体管理水平、营运效益和服务质量。

三 电子商务就业岗位

以下岗位为电子商务的主要就业岗位及其所需的技术能力与工作任务,但这些岗位并不是所有能力要求都要具备才能胜任。

❶ 网站运营经理与主管岗位

该岗位要求人员熟悉网络营销常用方法,具有电子商务全程运营管理的经验;能够制订网站短、中、长期发展计划;能够进行整体网站及频道的运营、市场推广、广告与增值产品的经营与销售;能够进行网站运营团队的建设和管理,实现网站的战略目标,提高网站流量与盈利水平。

❷ 网站策划与编辑岗位

该岗位要求人员熟悉网站策划、实施、运营、宣传等业务流程;熟悉电子商务运营与操作流程,能够洞悉电子商务的发展方向;对企业网站有比较深的理解,熟悉企业网站的功能要求;有较强的中文功底和文字处理能力,具有一定的网站栏目策划、运营管理知识;具有较强的选题、策划、采编、归纳的能力;熟悉电脑操作,掌握基本网络知识。

❸ 网站推广岗位

该岗位的职责任务为负责网站内容、网站网页设计,负责网站企划与网站营销企划;负责网站社群相关服务,内容规划及经营;负责会员维护及管理工作;负责市场宣传策划及文案的撰写;负责进行宣传推广工作。

❹ 网站开发人员岗位

该岗位主要负责网站 WEB 页面的开发与后台的技术支持。其需要的一些技能包括:精通 ASP/PHP/CGI3 种开发工具的一种,能够独立开发后台;精通 SQLserver、Access,能够独立完成数据库的开发;能读懂常用 JSP 代码,并且能够编写基本的 JSP 程序;精通 HTML 语言,能手写 HTML 代码;熟练掌握 ASP、ASP. Net、JAVA、JAVASCRIPT、SQLSERVER 等技术;熟练掌握 Windows2000/2003、Linux/Unix 操作系统;熟练掌握 SQLServer,熟悉 Oracle 数据库管理系统;熟悉网站的管理、设计规划、前台制作、后台程序制作与数据库管理流程与技术。

❺ 网站设计岗位

该岗位的基本要求包括:能熟练应用 Flash、Dreamweaver、Photoshop 等编辑网页;精通平面设计,熟悉 FrontPage、DreamWeaver、Flash 等网页制作工具,能够承担大型商业网站制作任务;熟悉 Photoshop、Coreldraw 等图形设计、制作软件,熟悉 HTML、ASP 语言;具备一定的视觉传达设计功底;对网站建设、VI 设计及应用有一定的经验;熟悉 JAVASCRIPT,能够应用 jsp、servlet、php 独立完成动态网页设计;掌握 HTML、JavaScript,了解网站程序实现原理,有与程序员配合经验。

❻ 网络营销员岗位

该岗位的基本要求为熟悉网络营销和办公软件;熟悉公司产品在网络上的推广方法;对网络营销感兴趣,并能很好地掌握电子商务及网络发展的各种理念。

❼ 外贸电子商务岗位

该岗位的职责任务主要为负责维护存在于阿里巴巴、环球资源等电子商务平台的外贸客户关系;参加各个大型的车展、广交会、德国科隆博览会等专业性展会。

单元小结

汽车电子商务是学生以后就业和创业的一个发展方向,要想工作取得成功,就必须了解相关的政策法规,通过本单元的学习,学生能够了解汽车电子商务企业硬件建设要求,汽车电子商务经济贸易环境因素,并知道相关的法规政策,以及了解相对应的网络道德环境,还能够掌握电商时代下汽车相关行业的人才需求和人才提升要求,从而有效地规避风险,提升就业能力。

思考与练习

（一）填空题

1. 企业信息化实质上是将企业的_____、_____、_____、_____、_____、_____等业务过程数字化，通过各种信息系统网络加工生成新的信息资源，提供给各层次的人们来洞悉各类动态业务中的一切信息，以做出有利于生产要素组合优化的决策。

2. 目前应用的企业信息化管理系统主要有：MES，_____；DNC，_____；MDC，_____；PDM，_____；Trcaker，_____等。

3. 电子商务人才需求类型主要可以分为以下三类：_____、_____、_____。

（二）判断题

1. 根据统计，企业日常活动中，70%以上的工作时间是在做与信息处理和传递相关的工作。 （   ）

2. 企业间的竞争应当包括产品竞争、价格竞争、品种竞争、服务竞争、市场竞争和信誉竞争等诸多方面。 （   ）

3. 在电子商务活动中，尊重原则具体化为对电子商务主体的人格权、隐私权、知识产权以及物权等方面的尊重。 （   ）

（三）课外拓展题

利用所学知识，设计一个自己的汽车相关行业的电子商务网站，规划相关功能，并在全班范围内进行展示和介绍。

参考文献

[1] 郑喜昭,黎贺荣.汽车电子商务一体化项目教程 [M].上海:上海交通大学出版社,2012.

[2] 吴泗宗,唐坤.汽车电子商务 [M].北京:机械工业出版社,2009.

[3] 李富仓.汽车电子商务 [M].2 版.北京:人民交通出版社,2011.

[4] 冯霞.汽车电子商务 [M].青岛:中国海洋大学出版社,2011.

[5] 牛艳莉.汽车电子商务 [M].武汉:武汉工业大学出版社,2010.

[6] 曹红兵.汽车及配件营销 [M].4 版.北京:电子工业出版社,2014.

[7] 黄岚,王喆.电子商务概论 [M].北京:机械工业出版社,2014.